羅光全書

冊廿七

牧廬文集（八）

臺灣學生書局印行

牧廬文集（八）

目錄

一九九〇年……一〇七

一九九一年……一九三

一九九二年……………………………………二八五

一九九三年……三七九

一九九四年 …………………… 四七一

一九九五年

一九九六年(一月至五月)

一九八九年

弘揚世道　彰益人心

社會變了，繼續不停地變，而且變得非常快。現在社會的變，不是通常情態下的變，而是在非常情態下，是傳統社會生活，改成新式社會生活的變，是過渡時間的變，是傳統文化變成新文化的變。

中華民族在這種變動中，已經一百年。由帝制走向民主，由農業走向工商業，由大家庭走向小家庭，由權威走向自由。中間經過軍閥的分霸、日本的侵略、共黨的專權。共產專權的制度，目前已經走到被迫需要徹底修改的時段，中華民族朝著民主統一的社會新式生活前進，尋求新生活的文化方式。

由台灣去看中華民族的這種變動，不是「隔岸觀火」，不是「袖手旁觀」，而是在變動之中去推行這種變動，在生活改革中去建立生活的新方式，使中華民族擁有適合時代的文化。

現在海峽兩岸的思想界，已經展開傳統思想的研討。退役軍人、商人、學生、專家，在兩方面尋求見面座談的機會，進而攜手合作。

我們提出「三民主義統一中國」的目標，中共喊出「和平統一」的手段，在尋求統一的途中，問題很多，陷洞遍地。我們必須堅持合於中華民族的傳統，中華民族福利的原則，睜開眼睛，事事斟酌，步步謹慎。

中華民國天主教的思想者，在輔仁大學的支持下，組成「益世評論」編輯會，出版益世評論半月刊，對中華民族新文化的建立，貢獻一分力量。

中華民族新文化應建立在中華民族傳統的文化上，不能摒棄傳統，也不能墨守傳統。現代是民主和科學的時代；中華民族的新文化應該是民主的和科學的文化。但是民主的和科學的文化，仍舊是人的生活方式，人的生活必定要合於倫理。我們在建立中華民族的新文化工作上，事事都要注意倫理。

倫理在目前的社會裏最缺乏；在研討新文化的建立中，又常被人忽視。益世評論對於倫理的建立，將多注意。

益世評論對社會生活各方面的評論，將是積極建設性的評論，以建立新文化的目標。不是破壞性的攻擊，不是抽象式的紙上空談，而是以實情實理，以各種學術智識，以求合於倫理的建設。

我對馬赫俊神父被逐出境的看法

三月十九日，在台北市中央大樓的記者會上，我任主持人，沒有多講話，但也明白表示了我的觀點，我的觀點有下面幾點：

1.天主教會應注意社會問題，因爲事關民眾的生活，而且關係一般窮人和勞苦人的生活，因此天主教會應有社會工作，講解社會正義，天主教的神父可以參加這類的工作。

2.天主教的社會工作當然應遵守當地政府的法律。辦理社會工作的方式，也應該配合各地的環境。在我們台灣地區，社會工作尚在萌芽的時期，一切法令尚不完全。又因近兩年政治情形正在改變，各種社會運動，例外是街頭遊行，自救活動，常會有政治勢力滲入，可能流爲暴力抗議，我不贊成神父參加這些活動，避免神父被捲入政治或暴力事件。

3.馬赫俊神父的事件，我前先希望和平解決，當事先警政署外事室負責人拜訪我時，說明馬神父的居留證滿期不再延期，我答以教會願不願他再留下來，由新竹教區劉主教作決定，因爲馬神父屬於新竹教區，我沒有爲他作保人，也不會作保人。

4.事件既然發生了，警察局處理這事的方式錯了，不合情理，我已向內政部許部長表示抗議，希望不再有同樣事情發生。

5.事情既然發生了，我認爲不宜擴大渲染，應視爲個案事件，由主教團和政府有關部門接洽，政府對於天主教會，對於外籍傳教士，沒有偏見；而且在亞洲地區准許外籍教士入境居留，算是最開放的國家。我看沒有理由，因這件事故使教會和政府對立，使政府和教廷對立。

6.爲解決這件事故，我認爲可以和政府交涉，馬神父在休息一段時間後，可再申請來台，政府在教區主教具保，馬神父又答應遵守教區主教的規定下，給予他入境及居留的簽證。

7.在中華民國的天主教會，雖然外籍傳教士的人數較中國神父多，然而中國神父是中華民國天主教會的主體，主教團處理教會事務，即使是馬神父這類事件，必定要聽中國神父的意見。這次事件發生太突然，主教團沒有時間召集主教會議，更沒有時間詢問中國神父的意見。在未來的年月裡，主教對神父參加社會工作，應該經過研究後在原則上有明白的指示。

8.最後補充一點，馬神父做社會工作，不是爲名，不是爲利，不是爲擴張或造成政治勢力，更不是爲擾亂中國社會，他是離鄉來華傳教，其受犧牲，完全爲愛，做社會事業，純粹爲愛窮人，不論作法不爲人所讚許，他的人格和精神，應該受到尊重，這是教會對警政署抗議的理由。

改良補習教育芻議

增設學校滿足需求

目前中華民國的中小學教育，是「補習教育」。城市裡充滿了補習班，學校裡補習時間超過正式授課鐘點。中學生的暑假和寒假，都在補習班上渡過。

補習教育使青年學生的身體受到傷害，尤其是眼睛，多成近視眼；青年學生的心理受到傷害，因著考期的壓力，逃學蹺課，結夥作惡；青年學生的生活受到傷害，因集中時間補習，疏忽了倫理教育，難於分辨是非；青年學生的智育受到傷害，因預備考試，祇記憶作答，不習慣思考。

補習的原因，在於預備聯考，聯考的困難，在於高中和大學校院很少。

中國人素來重視讀書人。傳統是士農工商。目前社會生活雖然改變了，看重讀書人的心理還留在中國人的家庭裡。前幾年，一位家長陪著鄉長來見我，鄉長對我說：鄉裡祇有這一個在輔仁大學畢業的學生，這個學生卻因品行扣分不能畢業，鄉裡人都覺得難過，務請設法解救。

教育部近年來提倡職業教育，職校和五專的學生，年年有增。但仍舊減少不了高中聯考的壓力，大學校院聯考的壓力，雖經聯招委員會改革考試方式，壓力依舊有增無減。

爲改良補習教育，僅僅在教材或方式上求改良不夠，我曾在教育部聯招會議上反對加考課目，阻止了考試課目的加增。去年又書面建議取消國文、英文、三民主義的聯招考試，但祇是枝葉的改革，改良不了青年學生的遭遇；根本改良的方法，在於增多高中和大學校院。聯招是好的，若是投考的學生三分之二或甚至四分之三能夠入學，補習教育祇限在求考入更好的學校，補習的壓力就可以減少三分之二或四分之三了。中小學的青年學生，心情可以輕鬆活潑，在身體、心理、倫理、智識各方面，都可以自由發展。

開放教書門户

近年來政府禁止學校的增多，第一是經濟短缺，中央政府和地方政府，沒有足夠的教育預算，沒有資本可以增設學校，有的國小仍採上下午兩班制。今後中央教育預算增多，地方政府也可以增加教育預算，或至今請求中央補助，各級學校便可以陸續增設。

私人設校的經濟能力，目前可以超過地方政府。一般人對於私人興學心理上則仍舊存有戒心，祇怕私立辦學斂財。固然在私立學校中或有害群黑馬，一般來說私立學校是在專心辦教育。

目前在城市裡，有錢買不到土地。在台北市找一塊符合法令的龐大土地辦學校，還真是難事。法令要有彈性，學校用地的面積不必太寬，也免得中小學校的人數過多。

增設學校的另一困難，在於師資不夠。目前正鬧中小學校師資不足，師範院校畢業的學生不夠分配。爲什麼不開放大學校院畢業生教書的門戶？師範學校的學生思想純正、品行端莊，使中小學的教育可以有保證。但是誰能說大學校院的畢業生就都在這兩方面趕不上師範院校的學生呢？但國家花費許多錢辦師範學校，在另一方面已經有國家或團體花錢培植出來的青年，可以作爲教師，卻又不要，使他們學不致用！

新設大學校院有不足教授，可以由國外留學者中聘請。近年常見青輔會送來的碩士願回國任教的名額真不少。另一方面政府也應設立專門從事研究的研究所或中心，培植學術人才。

增設新的大學校院的重大顧慮，怕學生畢業後沒有工作，造成畢業就失業的不良現象。教育青年爲就業，不是天經地義的原則。大專院校的教育，提高一般國民的智識和品質。女青年畢業後在家庭裡，可以提高家庭生活。

中國人看重讀書人，人人想讀大學；讀大學是好事，值得提倡，不必去打擊。學校多了，政府予以嚴格的監督，使學校辦好。聯考便不會產生過重的壓力，補習教育不為升學了，補習教育就會走上正軌，為特別或專門的智識而服務。

我們支持教育部多建新校的政策，期望這種政策早日生效。同時也支持教育部改進聯招的計劃，減輕聯招對中等教育的壞影響。教育部雙管齊下，從根本和枝節兩方面改良補習教育，補習教育必定可以改好了。

天主教會在中華民國的地位

近月因馬赫俊神父事件，教會內外人士寫了多篇文章。讀後覺得對天主教會在中華民國的地位，還有說明的必要。

天主教會在中華民國的地位，有其歷史背景。從南京條約開放五口通商，天津條約給予列強傳教權，天主教和基督教在中國取得一種特殊地位，每逢教會在中國各地發生事故，都由列強駐華使節代表教會，和中國政府交涉，因而爲賠償殺害教士，乃有租借港口的賠款事件。中國人民便認爲教會爲列強侵華的工具，進行文化侵略，假藉外國勢力，剝奪中國的主權。

爲改正這種不正的觀念，洗除污蔑教會的罪名，教廷駐華第一任代表剛恆毅總主教，曾訓示全國教士，注重中國文化，漸漸以中國教士作中國教會的主體。雷鳴遠神父提倡愛國愛民，于斌樞機畢生爲國家民族奔走，又發起春節祭祖。我自己一生從事研究中國哲學，融會天主教信仰和中國傳統思想。因此在台灣少有人指責天主教爲列強的侵略工具。這次馬赫俊神父被驅逐出境，天主教會提出抗議，輿論界竟又標出維護中國主權，指責教會藉梵蒂岡外交勢力，保護外國人。

另一方面教會內卻有人重唱近年所唱論調，以爲中華民國主教團事事順從政府，不能像亞洲其他國家的主教團，能夠和政府對立。但是天主教的教義告誡教會人士愛國，服從政府，祇在政府違背倫理和侵害教會權益時，挺身抗議。亞洲各國的天主教會除韓國以外，沒有反抗政府的行動。菲律賓則因爲是天主教國家，和中南美一樣，主教在社會具有領導地位，對國事常發表言論。若說台灣的長老會能和政府對抗，對抗的原因在於以台灣獨立爲號召。天主教會是不是應該跟他們走？他們反抗政府有什麼結果？結果是政府的忌視和民眾反感。韓國天主教會反政府，和韓國社會反政府的情緒有關係，韓國社會可以反政府，也藉著美國駐軍抵抗北韓共軍，否則那裡能有反抗行動的自由，北韓共軍早已揮軍南下了。

還有一點，大家群起維護天主教的社會工作權，這一點是對的。中國主教團的社會工作委員會的第一任主任委員是我，當時在這個委員會裡包括教友傳教組。我那時和任秘書的德國道明會士，多次組織社會工作講習班，訓練神父修女和教友，參加社會工作。主教們所關心的，是從事社會工作人員的靈修生活，因爲全球各地從事社會工作的神父修女，常因工作而疏忽這一點。中國社會按照傳統的觀念，對教士的看重是在他們的靈修。我們社會上的人，尤其是智識階級，對長老會的社會工作，不表示看重，對佛教禪靜生活，則非常欽佩。

星雲法師講現世涅槃，弟子滿天下。去年暑假，七八十個年輕大學生，到佛光山學習坐禪。上月，三月十日下午，星雲法師和我在台北耕莘文教院對談宗教，他的弟子來了兩百，我出門時，祇有四個天主教信友陪我。我們天主教講教義，祇講教理疏忽了實際的宗教生活。對馬赫俊神父，有一篇文章說他一點神父的氣味都沒有，又一篇文章說一個不祈禱的神父，何必要他再回來。這都表示中國社會對宗教的傳統觀念。我們天主教在中國已經傳了四百多年，對於中國的傳統觀念還沒有注意到。但在無形中，卻造成了中國神父和外國神父對社會工作的看法不相同，也造成社會一般人士對教士從事社會工作的忌視。德蕾莎修女引起中國社會的敬重。不僅因著她的慈善事業，尤其因著她安貧樂道，口口聲聲常講天主的愛，又事事處處實踐天主的愛。在中國從事社會工作的神父修女，要有內心靈修生活，才能受我們社會人士的看重。

在交際場中，我聽見多種恭維的話；但祇有一句話是我所喜歡接受的。有一次，在台視的五人座談會中，一位先生對我說：「和總主教坐在一起，心裡很安定，覺得上帝跟我更近。」

天主教在中華民國的地位，是「天國臨近了」的地位。

大陸愛國會無權要求教廷與中華民國斷交

中國大陸愛國會的主教口口聲聲，幫助中共喊統一、梵蒂岡應先和台灣斷絕外交關係，然後中共才和梵蒂岡談判。

教宗和各國政府通使，不是以梵蒂岡國元首身份，而是以教會元首。當義大利併吞了教宗的國土，教宗還沒有和義大利訂拉德朗和約以前，梵蒂岡國還沒有成立，在那幾十年裡，各國駐教廷的使節並沒有撤退。現在教宗和各國通使，是以教廷的名義，不以梵蒂岡國的名義，教廷是天主教會的中央政府。

教廷駐各國的使節，有兩項工作，一是和駐在國的政府打交道，一是和駐在國的教會相連絡。教廷駐中國的公使黎培里總主教在各國使節都撤離南京以後，奉教宗命，留在南京，協助當時遭難的教士。中共南京軍管委員會於民國四十年九月四日宣佈驅逐教廷公使，九月八日實行驅逐黎培里公使出境，黎公使到香港暫住，次年十月廿四日來台北主持祝聖台北總主教郭若石典禮，典禮後，在台北恢復教廷使館。

愛國會的主教呼喊教廷應先斷絕與中華民國外交關係，然後中共和教廷談判。按外交慣例，教廷不自動單獨和一國政府斷交，教廷駐華使節被中共驅逐，中共自動和教廷斷交，現在不向教廷接洽，也不表示歡迎教廷使節回大陸，又以爲教廷不承認中共政權，不與教廷交涉，有什麼權利可以要求教廷斷絕和中華民國的外交關係？

中共和其他國家都先行交涉，雙方同意後，才能提出和中華民國斷交的要求，中共說教廷不承認他的政權，不和教廷交涉，中共也不承認教宗的教會統治權，教廷又怎能和他交涉，愛國會的主教應該知道這個問題，不應扯在他們的肩上，即使教廷答應中共的要求，爲他們也沒有益處，他們不要扯這種問題。

目前，地下忠貞教會已公開行動，大陸民主浪潮正在醞釀，大陸天主教會要大家聯合組成一個陣線，向中共要求宗教自由，公開教會與羅馬教宗連繫的信仰。愛國會的主教放棄權宜的辦法，真誠實行信仰自由，大陸的教會必能加強信仰的效力。

大陸天主教面臨三大問題

星雲法師到大陸探親弘法去了，周聯華牧師也要去大陸訪問，有許多好心人口頭上、通信上都催我到大陸去訪問天主教。感謝這些人好心，但惋惜他們不明瞭大陸天主教的情形。

在大陸公開又被中共承認和支持的天主教會，是愛國會的天主教，同時在地下隱藏而受百分之八十以上的信徒所支持的是忠於教會領袖—教宗的教會。這個隱藏的教會近來已從地下出來，公開與愛國會的天主教會相抗，造成了當前大陸教會的一片混亂現象。

在我未前往大陸以前，我想先表白我對大陸教會的觀點，以免將來若去訪問，陷入混亂的情況中，增加大陸對我的誤會，或增加大陸教會的混亂。

大陸天主教會，有三個實際問題值得注意，一、正統的問題；二、選任主教的問題；三、參加宗教禮儀的問題。

正統的問題

愛國會的天主教會，主張獨立，脫離羅馬教宗。有的主教公開聲明這種主張，且公開攻擊教宗；有的在外面行動上，接受這種主張，內心則相信教宗爲教會元首，且暗中與教宗通訊息。

天主教的信仰，則是相信教會是至上、至聖、至公，由宗徒傳下來的教會，每一區的地方教會必須和全球天主教會相團結，必須隸屬羅馬教宗。大陸的地下教會，即忠貞教會堅持這種信仰，寧死不屈。

愛國會的主教們，有救大陸天主教的苦心，怕堅持與中共對抗，一切教堂遭封閉，一切宗教活動被禁止，日久天長，天主教將會消失。又恐信徒幾十年不能參加宗教儀禮，不能領受聖事，信仰將會淡忘。更怕目前所有主教去世以後，沒有繼任的人，教會就要瓦解。所以，他們想用權變方式，接受中共的指示，脫離教宗，以維持教會的存在。愛國會的主教和國際間許多教會人士承認他們這點功績。

但是忠貞教會人士則認爲宗教信仰不能分割，不能隱藏，也不能用權變而改變。目前所有教士都曾受過承認教宗爲教會元首的神學教育，可以內心保持這種信仰，將來的教士沒有受過這種教育，內心根本就不能有這種信仰。愛國會的作法，絕對不能接受。在信仰上祇能有信或不信，不能有幾分信或半信。我認爲這種態度是正確的。在歷史上英國亨利八世自立爲教主，法國大革命時的政府建立獨立的國家，當時殉道的聖人，就是堅持了這種觀點。我們大陸近年殉道的天主烈士，也就是堅持這種觀點。

祝聖主教的問題

民國四十七年（一九五八年）四月十三日，在漢口愛國會自選自聖主教，電請教宗承認，教宗庇護第十二世拒斷，以後愛國會便繼續自選自聖主教了。當時中國大陸百分之八十主教爲外籍教士，都被中共驅逐出境，其餘的國籍主教都被中共牢禁。在大陸的大的省區內僅祇有愛國會的幾位主教，教會無法生存。愛國會的主教認爲教會生存的事件重大，由教宗選任主教的規定在求教會生存的特殊情勢中可以不守。目前有些國際人士也同意這種作法，解釋教會法典對自選自聖主教的懲罰可以免了。但是他們忽略了一件重大的情形，就是愛國會公開否認教宗任命的權力指爲教宗干涉內政；而且祝聖的主教聲明脫離教宗，因而造成祝聖主教的問題。

若是愛國會承認教宗是教會元首，教宗必定合理、合情，又合法地解決這個問題，因爲這個問題不關乎教義，祇關乎法律，教宗有權可以追認已經祝聖的主教。

參加教會禮儀問題

教友可不可以參加愛國會的主教神父所行彌撒聖祭和其他的聖事？大陸教會爲這個問題鬧得很凶。局外人沒有辦法可以答覆，在原則上，教廷雖有指示；然而在實行上，要看當地的情形若何。這個問題，必須要看當地教會負責人的定奪。我們局外人，最好少插嘴，否則，必定更增加大陸教會的混亂。

實質外交

亞銀年會在北平閉幕後，中華民國代表團回台，立法院邀請團長郭婉容部長到院作報告。有些立法委員就這次開會代表團參加開幕典禮的方式，舉行質詢，表示異議。但是國內的輿論，早已表示贊同。

這次參加亞銀年會，我國代表團能夠取得各國記者的注意，又能獲得各國代表團的同情和重視，雖然因爲是第一次官方代表團赴北平，又因爲團長郭部長爲一位有才能有風度的女士，然而背後還是因爲我國是經濟發展迅速，外匯存底最高的國家，在國際經濟會議上，必定受到各國的重視，這就是所謂實質外交。

我國的外交素來注意在名稱上，注意參加會議的名稱、國旗、國歌。二十幾年前，國際奧運會在羅馬舉行，我國代表團由鄧傳楷先生領隊，因爲名稱問題，退出會場，收旗回國，我那時在羅馬教書，也在駐教廷大使館服務，跟謝壽康大使講論這事，覺得非常可惜。

我們的傳統非常看重名稱，因爲孔子很看重名稱，主張正名。歷史作者對於三國南北朝和唐朝滅的十國，就發生正統問題，歐陽修、司馬光和朱熹的看法就不相同。民間又非常崇拜「字」的神秘力，道家的符籙，力量就在「字」上。

政府遷台後的外交，執著在正名問題，動也不能動。目前，政府和民間逐漸走出正名問題外，開始所謂實質外交。可是實質外交，不是因爲打破正名就能到處受人重視，還是要靠外交後面的實力。

目前，我國的國際外交，表現在經濟、體育、文化方面。經濟的實力已經相當強，處處受人重視；體育和文化則離受人重視的程度還很遠。不久以前，我國赴北平參加亞洲賽的體操選手，第一次成功地到了北平，後來在電視和報章上就沒有選手的成績報導。國內體育界和關心國事的人都希望我國選手參加各種國際比賽，並且參加奧運會；然而選手的技術遠不及人，主辦比賽會的人對我們的隊伍持可有可無態度，再遇到我國代表隊爭名稱的問題，覺得厭煩，若是我國的選手，技術很高，主辦比賽會的人，對我國代表隊的要求必將重視，那時才有實質外交。否則，雖出席比賽，還是會受人輕視。

在文化方面，目前各種國際會議很多。但是我們的科技，根據剛開會的顧問會議的報告，離著開發國家的科技還很遠！大陸目前盛行中國傳統文化和歷史考古會議，他們開孔學會議，定在北平和曲阜開會，參觀孔廟、孔陵、孔府；開歷史會議，在北平和西安召開，參觀西安的發掘。對於中國傳統思想和學術，他們可以展出千百種的新著作。我們在台北召開漢學會，我們的資本僅僅一座故宮博物院！

經濟既然發達了，就應盡力發展科技和傳統學術的研究，培植運動人才，積極參加各種國際會議，爭取外交的開展。

社會需要什麼樣報導

新聞記者應做社會導師，闢邪說、正人心，不應怪力亂神，破壞社會秩序。

四月廿三日晚上，我前往豐原文化中心頒發孝行模範獎，典禮由省主席邱創煥主持，參加頒獎的有內政部、經濟部、教育部的部長。四十多位獲獎者中年紀最大七十三歲，最小十二歲。頒獎人之一梅可望校長對我說：「爲頒獎，你眞可以不必來。」我答說：「爲頒孝行獎，再遠我也會來，我很看重這類獎。」

可是在報章上，除一段簡短消息外，有關模範孝行卻不見一字。然而立法院每次暴動搶麥克風、跳主席台時、電視報章聲聲色色詳細報導，就連一個怪癖的女子到立法院脫衣，電視報章也有長篇描寫。還有不幸且不合新聞法的長篇報導，描寫犯法者作惡的經過。

新聞報導的目的，在報告社會發生重要的事件；重要的事件不限於行動好奇的事，更要有激發國民向善的事件。新聞事業的目標，要能是孟子所說：「正人心，闢邪說」，新聞記者的身份，有爲社會教師的身份，學校的教育，是教育青年；社會的教育，則教育社會一切人士。社會教育的最大工具，是報章和電視。

好奇心，是人的天性，大眾傳播工具爲了吸引數人收視，特別注重人的天性。但是滿足好奇心的事往往違反倫理道德，往往破壞社會秩序。

目前，國家進入全部民主化的行程中，在民族建立新的文化階段中，新聞教育有引導國民向民主和新文化進行的重大責任。

孝行事跡不容易引起人的好奇心，也可能不會引起人的興趣。但是一位七十三歲的老人，一個十二歲的小孩，能夠因孝行而獲得孝行模範獎，孝行一定不平凡，記者若能以生動之筆，描述幾樁孝行，在副刊登出，不會減低副刊的價值。

我也讀到幾篇報告由童年苦幹而成名人的文章，可是現在的人都不在那種生活的環境裡，他們想自己用不著那種苦幹了。其他每年所表揚的傑出青年、傑出工業家、傑出農人、傑出女青年、好人好事⋯⋯大家只知道有這種典禮，典禮的意義卻什麼都不懂，所表揚的人的事蹟，還是點點無聞。

社會的道德，我不相信一代不如一代。今日的社會也一定不是萬惡滿盈的社會。可惜，新聞的報導則祇報惡事，不報善事，造成了今天的萬惡社會。

我在新聞評審議會擔任十年的委員，每件案件都是控告新聞記者僞造新聞。記者報了惡事還不滿足，還要自己編造惡事先報導。記者作社會導師的身價，掃地無餘。社會上的民眾生活受害不淺！

對私立學校法修正的建議

大學法已經在立法院審查，可能在這次會期通過。教育部又開始草寫或改寫私立學校法，廣徵意見。我對於私立學校法有幾個注意點。

近年，私立學校，特別是私立大學和專科學校，發生糾紛，常是董事會發生糾紛。我最反對董事長干涉校政，因爲有些大學校院完全由董事會控制，校長等於是董事長的秘書長，學生畢業典禮也由董事長主持。校內的事務、財政、人事、教務都操在董事會手裡，實際上所說的董事會也就是董事長。而且又把學校看成家族企業，家族人士操縱校政。

私立學校法原本對於預防這種現狀，在規定董事會的條文裡，有明白的條文，可是有些學校不遵守規定，還想在新的私立學校法裡，修改現行條文，使他們不合法的行爲變成合法。

他們說私立學校是一財團法人，財團法人由董事會管理，學校便由董事會主管。但是董事會是一個團體，團體不能管理學校，祇能選聘一位校長，管理校政。董事會監督校長，如對校長不滿意，可予以更換，否則，既有校長，再有董事長，兩人都管理校政，不是兩頭政治，便是校長服侍董事長。這兩種現象，幸而在教會所辦學校裡，都不出現。在新的私立學校法，仍須如以往有明文規定，予以預防。

私立學校的另一困難，是經濟短絀，所以，每次和教育部交談，都常在經費問題上談話。我常覺得對於校長的身份有點難看，一開口就討錢。教育部和立法委員原本可以說：既是私立，經費應由董事會負責，但是董事會既然籌款建設學校，學校的工作和發展；應該由學校負責。學校負責則祇有三條路：一、由學生的學雜費負擔。二、由募捐負擔。三、由政府津貼。三條路不宜單獨走，要能同時運行。學校的經費除常年經費外，要有長期發展，教師退休、保險、親屬保險的種種經費。爲能使這些經費有穩定的來路，則宜提高學雜費，更須提高政府的津貼。因此，在新的私立學校法，學雜費的規定，應採彈性，由政府規定最低和最高限度。對於政府的津貼，不宜採獎勵制，宜採百分之幾的津貼制，對於每學年經費的運行情況，教育部可採嚴厲的監督機構，同時，在學校內也可以有監督機構。

同政府官員交談時，我們提出缺錢，常能聽到官員中有人說私立學校存款很高，聽起來很刺耳！辦大學或學院祇能缺錢，不能存錢，因爲學術研究，需錢太多。專科雖沒有研究所，但是科技方面新的設備或新的智識，也需要不少的錢。一座日日求新的專科大概也不能有太多的剩餘。

歷史的意義

歷史哲學家湯因比曾經嘆息目前所謂歷史，都祇是考據，考據則祇能作歷史的資料，實際上，現在大學的歷史教授，都想以考據見長，對於教通史則看作沒有出息。

現代社會一般人，也都缺乏對歷史意義的認識，大家都祇看現在，又把以往的事，也都扯到目前，用目前的眼光去評論，如同義大利唯心哲學家克法本(CNOCE) 所說，歷史事件都是現前的事件，需要我把歷史的事蹟放在腦裡，我去想，才有這些事蹟。但是，同時，在另一方面，現在人又主張事事都看成歷史事件，歷史隨時代變，一切事件也都跟著變，世界沒有不變的真理，沒有不變的原則。

實際上，歷史是人類生活的歷程，生活常在變，但在變中又有不變的原則。昨天是母親節，母親節常變，母親愛兒女，兒女愛母親，這個原則是不變的。我們研究歷史，就是在變化無常的史事中，尋求不變的原則。歷史的原則，所有不變的程度，當然和自然科學原則的不變程度不完全相同。自然科學的原則是必然性的，歷史的原則是可能的、或然性的，因爲有這種原則，歷史才對人生有意義。

歷史既是人類生活的歷程，歷史便是活的。考據家考據歷史的史事，好似解剖學解剖人體，醫師施行手術則要把解剖學的智識結合起來，用在解剖的活人身上，研究歷史便要把考據的史料，結合起來，結成一樁活的人事。這樁人事，若是以往的事，就要嵌在當時的生活裡。先評判；若是目前的事，便要把以往相似的事情對比，看史事會不會重現。

最近我看到中共出版的兩冊書，一冊講中國清朝和民國所發生的天主教教案，一冊講歐洲中古西班牙的教會法庭，都用現代人的看法，把一切的罪過歸到天主教會，絕不考慮當時社會的宗教和政治的關係。另外，現在國際人士對中國大陸愛國會的天主教會，表示支持，不把英國亨利八世建立國教，法國革命時，革命政府設立獨立教會，以及路德達爾文分裂天主教會時的情形和後果拿來和大陸愛國教會比較，作一番研究。

中華民族是愛好歷史的民族，擁有一部廿四史的民族史，歷代皇帝細心讀歷史，爲能「仰古以治今」，司馬光便編有一部《資治通鑑》。教廷也特別看重歷史，梵蒂岡宮的大小重要門戶上，都刻有某年由某位教宗所修。聖保祿殿內嵌有歷代每位教宗的像。各部大廳也都懸掛歷任部長的畫像。我自己喜歡研究歷史，寫了幾冊傳記，又寫了歷史哲學書，任台北總主教時，在公署大廳懸有歷任總主教像，我離職以後，像都不見了，因爲有人說是太炫耀，其實則是歷史大列。

養成愛歷史的習慣，社會上許多事可以更有改革，在社會運動和政治運動上，可以有根底，在私人生活上，也能使人多反省。

支援大陸學生

一切的事情，應該有自己的時間。靜默有靜默的時間，說話有說話的時間。目前，對於大陸青年學生爭取民主自由運動，是我們該說話的時候了。若是我們還守靜默，還平安無事，就要被國際人士指責我們不關心民族的命運，不支持大陸同胞爭取民主自由，忘記了中華民族的文化。

今天我們應該大聲呼號，我們盡心盡力支持大陸青年學生爭取民主自由運動，盡心盡力援助他們，使他們達到目的。

大陸青年學生爭取民主自由運動，是中華民族文化的覺醒。中共四十年統治大陸，首先摧毀了中國人的家庭，組織所謂人民公社；摧毀了中國人的家產，實行全國共產；摧毀了中國人傳統的倫理道德，宣傳階級鬥爭；摧毀了中國人的基本人權，建立無產階級的專制政權。但是中華民族的傳統文化，以仁道貫通一切，以孝道作生活的規範，以中庸作行動的道途。人有家，家有產，立家治產人人自由。經過四十年的慘無人道的暴政，老年人呻吟無力，青年人則血氣方剛，耐不住自身血裡傳統文化的衝擊，大家集合起來，要求中國人作中國人，不再作共產制度的牛馬。他們又看到中華民國在台灣的經驗，又渴望中國人應該有的仁愛、和平。

中國的傳統文化，要讀書人有禮貌，不好打鬥。大陸今天爭取民主自由的青年學生，推行民主自由運動，有理性、有規矩，絕不用暴力，也不和警察對打。這是柔中有剛，亂中有理，不是烏合之眾。

中國的傳統文化，要求讀書人作事有經久的毅力，還要有「見危授命」的決心。今天，大陸青年學生正在表現這種精神，他們寧死不屈。

可是，中共當局卻在運用王船山所講的歷史原則，以為「暴雨不終朝」，來勢越大，越不能經久。又以為青年人常是一片熱心，容易熱也容易冷。但這次運動卻得其反，愈久愈強，愈久愈堅，中共乃用武力鎮壓，就犯了王船山所說力抗時勢的忌諱，反使呼勢加高加久。

我們為支援大陸青年學生爭取民主自由的運動，我們要能支持他們的耐心和決心，使他們的一片熱情不要冷卻下去。繼續把台灣的經驗告訴他們。

因此，我們要在精神上互相連繫，還要使他們知道我們在支持他們。透過各種管道，把我們心情，告訴他們，用中央電台向他們廣播，用空投或空飄把消息送過去。

大陸青年學生爲推行運動需要錢，需要醫藥，需要生活急需品，我們要節省我們的花費，去捐錢、捐藥、捐衣服。由紅十字會轉送過去，或由空投空飄送過去。

我們有宗教信仰的人，尤其相信祈禱的力量，人事是在天主上帝的掌管之下，我們更懇切祈求天主援助大陸的青年學生，真能爭取到人生最需要的自由，五月廿八日星期天上午八點半，在聖家堂曾舉行祈福彌撒，又將由輔大發動台北天主教大專中學學生，聯合舉行追悼大陸殉難學生彌撒。

這樣，我們在精神上和他們相連繫，在精神上作他們的後盾。

對大陸教會、慎重判斷

「獻縣、邯鄲地區的愛國會受菲律賓耶穌會姚天民等司鐸支持，于是他們散布保定教區范主教寫成的一部書，反對愛國會的十三條爲錯誤的，提出很多誹議，甚至他們的修士天天在學習這些誹議，務使他們的神父堅持反地下教會的立場，並提出辛海梅樞機的文告，妄言地下教會不與政府聯合是錯誤的，只有參加愛國會才對教會有利，他們大肆宣傳，引起了教友們思想混亂。獻縣、邯鄲的老神父及主教，本來都是參加愛國會的，眾所周知，但他們反爲自己辯白，仗勢欺騙不少教眾，把反對愛國會的神父執事，抓扣了好多人，邯鄲的陳伯蘆主教先被山西洪洞韓主教祝聖，又被劉定議公開祝聖一次，爲得到愛國會的承認，他還爲自己辯護。

菲律賓的耶穌會大部分的人帶有傾向愛國會的思想，攻擊正統教會不遺餘力，領導中國的愛國會，與正統教會勢不兩立，這種作法，希望台灣主教團密切重視，加以更正，希望主教團考查一下中國的實際情況及愛國會的片面理論，是否符合基督的精神標準！不分立場和性質的與政府聯合是不符現實的。

以上只是簡單的一點點情形，現在實際上的矛盾，非常激烈。

這是今年五月廿九日，由一位往大陸訪問的記者，帶給我的，這位記者是天主教教友，他見過易縣的劉主教。他爲自己的母親行殯禮，則在北平請宗懷德主教主禮。他問我說：劉主教希望我說幾句話以表明態度。我說已經在益世評論和教友生活週刊上，最近說明了我的觀點。

關於馬尼拉方面，我所知道的，是辛樞機曾經告訴他，他因教宗曾託付他關心中國大陸教會，也設法協助教廷解決困難，所以他兩次到大陸訪問。第一次去以前，曾來信詢問我的意見，我回了一封長信，說明我的看法。後來，他組織了一個大陸教會小組，用馬尼拉的一位曾在台灣傳教的耶穌會蘇神父作小組負責人。第二次往大陸以前以後，和我都沒有連繫了。

那位耶穌會神父說是中國大陸教會問題專家，對大陸教會很樂觀，認爲愛國會的天主教會可以復興中國的教會，教廷需要和愛國會打交道，承認他們的主教，斷絕和台灣的外交關係。地下的忠貞教會應該接受愛國教會的指導，不談服從教宗的問題。而且地下教會的主教神父，不懂神學，都是鄉愿之士。

這種態度，可以說是最大多數外籍的所謂中國專家的態度。幾年前，香港的一位義大利專家，還向中國主教建議自動向教廷表示斷絕中梵外交關係。我那時到香港有事，他特別到飛機場看我，但沒敢向我提這種建議。

這都是不懂中國文化和歷史背景，也沒有研究中國天主教會的歷史，單憑著一種政治感和社會型態感，判斷中國大陸教會的實況，況且根本上他們就不懂大陸教會的實況和根由。我國在外國居留的中國神父，有些就跟著他們跑。大陸教會的實況和根由很深很複雜，不是和愛國會人士談幾次話，就能明瞭的，須慎重研究事件因由，和地下教會的人士懇談可能明瞭大陸教會實況，但仍不要對大陸教會的將來自充專家。

宗教教育

讀了中央日報本年五月二十三日林洋港院長的談話，很有點感觸。林院長前不久訪問了歐洲七個國家的司法界人士，並觀察了這些國家國民的生活，他說：「讓我感覺必須特別注意的，是人家的文化心理建設及良好的生活習慣、除了學校教育之外，我想宗教教育、社會教育的功勞也不少。無論大小城鎮都有教堂，這是他們的信仰中心，研讀教義並且力踐實行，不像我們只知燒紙錢、畫紙符。」林院長走馬看花的觀察，較許多在歐美留學多年的留學生深刻多了，這些留學生根本就不懂或不願意懂這一點。回國之後，卻大談歐美文化，就像胡適所說：中國文明是三輪車的文明，西洋文明是機車的文明。

中國從古到今就以爲宗教信仰祇在於求福免禍，在商朝已經問神卜卦。孔子臥病的時候，門生的建議禱告神祟。孔子乃主張「敬鬼神而遠之」，又主張禍福是善惡的報應，人爲求福免禍祇要自己行善避惡，用不著求神問鬼。他便把《易經》的卜辭，都用倫理道德去解釋，造成了儒家祇講倫理道德，不講宗教的傳統，把宗教摒在學術以外，中國社會乃充滿了迷信，因爲人的求福免禍心理，並不因信四書五經就消失。

五四運動提倡科學，反對宗教，又因提倡民族自覺，又反對列強的侵略。發動和倡合五四運動的人，認爲天主教和基督教，不僅是反科學的迷信，而且還是列強侵略中國的工具，所以一股反宗教的情緒，瀰漫在青年學生的心中。蔡元培提倡以藝術代宗教，吳稚暉更是罵遍一切宗教。民國以來智識界和教育界都忌諱談宗教。

目前，政府盡力推動精神建設，在各縣市建造文化中心，舉辦藝術活動；但是從來沒有聽說舉辦宗教活動。在一般人的心目中，宗教就是神壇，就是廟宇；宗教活動就是拜佛敬鬼，林院長說「燒紙錢、畫紙符。」

實際上，宗教信仰是人精神的歸宿，是人生之道的基本。宗教信仰應當告訴人「生命的由來，生命的目的，生命的規律。」

儒家祇告訴人「生命的規律」。孔子雖說：「不知生，焉知死」；他卻不講生的由來和目的；但是他尚相信上天，相信自己一生奉有天命。

不講宗教信仰而講精神建設，那是「緣木而求魚」。講精神建設，必要承認有精神；承認有精神，必要承認精神不來自物質。世界都是物質，精神的來源總超於世界，應單是絕對的精神。

不願意承認絕對精神的人，以精神爲物質的進化；這種精神仍舊是物質，祇是物質的另一方面。我們人當然是心物合一體，心不離物；然而心不是物。藝術當然可以使人超出物質以上，使人心欣賞「美」。但是藝術之美還是在宇宙以內，祇有宗教信仰到宗教生活，才使人心歸到超於宇宙的絕對精神。

因此，宗教教育才真正使精神心理建設可以成功，又可以洗盡不合信仰的迷信。

原形畢露

多年來歐美左傾學者，常替中共說好話；近兩年前，竟有人建議可以和中共談判以求統一。香港左傾的報紙雜誌，更把批評和責罵的目標，放在台灣和國民黨。六月四日，鄧小平、楊尙昆和李鵬一批中共頭腦，下令以坦克和槍炮，屠殺在天安門廣場的學生，全世界都跳起來，一齊指責中共的泯滅人性的罪行。

近年，中共已經披上了改革的外衣，大談傳統的儒家思想，每年召開國際孔學會議。雖形的私產制，在農家和小商店開始恢復了。尋求外來的投資，接納台灣的探親客，顯示大陸的竹幕已經打開了。大家都認爲鄧小平帶著中共走向民主的大路，台灣方面有些人已經迫不及待地高呼全盤開放大陸的接觸；還有一些搞台獨的人，心想可以假手中共推翻國民黨的勢力，建立長久一國兩府的制度。就連反共的亞盟，也因反共的口號已不受歡迎，變更自己爲亞洲的文化組織。

六月四日，天安門廣場青年們所流的鮮血，顯露了中國共產黨的本來面目。毛澤東昔日殘殺兩千萬同胞，以建立共黨的政權；今天鄧小平爲保護中共的政權，要屠殺一百萬主張民主自由的同胞；中國共產黨的本質，絲毫沒有變。因著中外在大陸的記者，殘酷的罪行，暴露在全世界人的眼中，中共雖盡力掩飾，越掩越彰。

左傾人士的眼睛也開了，也開始唾棄中國共產黨了，美國的左傾中國學人再不能把國民黨放在共產黨以下了，把以往攻擊台灣戒嚴法的熱火，現在要用來攻打中共屠殺青年的坦克了。從世界大局來看，天安門六月四日的慘劇，可以禍中生福，扭轉危局，全世界的人不分左傾右傾，一致譴責中共，一致支持追求民主自由的青年。

在台灣的大學生中，搞學運者的面孔，也在六四的事件上，原形畢露。當大陸成千成萬的學生，在天安門廣場靜坐，甚至絕食，爭求民主自由，全世界的中國留學生，另外是香港的大學生，熱烈響應，表示支持。台灣大學生卻靜不作聲，僅僅發起簽名運動，六四慘劇發生以後，台灣各界都非常激動了，高中學生也走出校門去參加集會了。大學搞學運的學生有的竟在搞圖騰劇，搞選舉，有的袖手旁觀，不參加追悼死難青年的遊行，搞學運者的原形便顯露出來了，搞學運的人，目的在打擊執政黨，在搞台獨，認為大陸和他們不相干。

大學的學生眼睛也開了，開始批評這些學運領袖。大學的僑生來祖國大學學祖國文化，今天竟是僑生來指責祖國的大學生不認識祖國文化、祖國文化由他們來維護；這是一個痛心的諷刺！

因著這個痛心的諷刺，大家開眼了，連搞學運的人也開眼了，知道中共不會放棄以武力阻擋台灣獨立，將來他們的命運，逃不了中共坦克的輾壓！

大家爲中華民族的將來，共同手牽手一齊向前。中華民族仍舊要是一個仁愛的民族，中國仍舊要是一個自由民主的國家。

傳教須懂本地文化

傳教的目的是希望人們按著基督的福音去生活，由瞭解本地文化開始，從三方面著手：傳道方法必須與當地習性結合、使福音思想進入本地文化思想裡，福音才能在當地打下根基，將教友生活與本地人生活融合一起。

在中國有四位領導傳教工作者按中國文化傳福音：利瑪竇、雷鳴遠神父、剛恆毅代表及于斌樞機。然而整個中國傳教工作到現在還沒有走上本地化的路上，而且還因為傳教士不懂中國文化使得傳教工作受害。

一是禮儀問題，外籍傳教士反對中國人敬祖祭孔，教廷禁止到孔廟祭孔，家中也不能擺設祖宗靈牌。因此原先對天主教有好感的康熙皇帝進而禁止傳教，這使得傳教工作與知識階級脫節。當時反對敬祖祭孔最烈的是顏璫主教，一回康熙問御座後貼有四個字，他認不認識？顏璫回答只認識一個字。皇帝只想知道顏璫是如何解釋中國經書上的文句，覲見時，顏璫竟不識字。八月二日，康熙下御批，斥責顏璫：「愚不識字，擅敢妄論中國之道。」八月三日又下御批，諭示多羅特使。顏璫既不識字又不擅中國語言，對話須用翻譯。這等人敢談中國經書之道，像站在門外，從未進屋的人，討論屋中之事，說話沒有一點根據。（見教廷與中國使節 羅光著 p.126）害得中國傳教歷史全改了，如果沒有禮儀問題，現今中國教會的光景必然不同。

其二是自簽訂南京條約，開放五口通商，簽訂天津條約，准許傳教士在中國傳教，法國政府與其他歐洲政府享有保教權，凡是傳教士與地方政府發生問題，都可以以外國駐中國之公使、領事解決，這免不了偏袒外國教士造成社會輿論，認爲天主教是列強侵略中國的工具，致使這種反天主教的情緒從清朝至民國遍及社會。雷鳴遠神父、剛恆毅代表和于斌樞機都努力改變這種思想，到台灣以後，則有些年輕外國傳教士不懂中國文化；搞台獨運動、勞工運動，目前又有些中國大陸教會專家不懂中國歷史，一心捧愛國教會，以愛國教會代表中國教會，使中國神父和外籍神父之間感情分裂。

在另一方面，中國神職人員本身對中國文化也很疏忽，沒有深入研究，使教會本地化運動不能生效，因此，近年提倡教會本地化尚未見顯著成效，這是需要更加努力的。

食色

英國名作家佛爾莫(Patrick Leigh Fermon)曾經在星期時報(Sunday Ti mes)作文論食色，指出義大利人愛吃麵條，損壞了自己的文化，造成溫柔散漫，不積極的習氣。佛爾莫作文雖以遊戲的口吻，事實上義大利人是不及德國人和英國人的嚴肅積極，發展高度的工商業。

我們中國人素以「食色、性也」建立了好吃好色的傳統，而且以食色爲高雅的藝術。烹調爲中國傳統藝術之一，而且傳遍普天下。娼妓則爲文人的靑樓韻事，宋詞幾乎都爲妓女寫情。到了現在的社會，藝術和韻事的色彩消失了，肉慾和金錢的氣味非常濃厚。嫖妓而造成了販賣雛妓，摧殘少女的人性。好吃而造成了當街殺虎，以一百萬元而烹娃娃魚。還有毒殺家犬以惡補，濫殺野生動物以壯氣。在以往的時代，食色帶藝術性的習俗，尙表現一分特殊的文明顏色，現在的肉慾食色則暴露野獸粗氣。

中華民國的社會，已經廢棄一切禮節，婚喪典節時，參禮者的服裝，雜遝紛陳，莫衷一是。原先的社會，事事有禮；目前的社會，事事無禮，形成野蠻的暴發戶風氣。孟子曾經說：「非禮之禮，非義之義，大人弗爲。」（離婁下）何況禮義都沒有了，想做好人也不知道怎麼做了。

在目前工商業的時代，什麼狎妓雅興，什麼烹調藝術，已經沒有人去講了，所講的是肉慾。爲享受肉慾的滿足，需要金錢，有了金錢便享受食色，沒有金錢就想法拿錢，因而金錢等於食色，食色等於金錢。爲金錢失去了義，爲食色失去了禮，生活的品質越粗越劣。

政府近年努力提高國民的生活品質，各縣市建造文化中心，各中心排演藝術季節，但是越講藝術，便越講享受，享受不分高下，則越增加食色的追求。政府提高藝術的享受，認爲藝術是精神，欣賞藝術，便是提高精神的享受？黑格爾講精神哲學時，以藝術、宗教、哲學爲精神哲學的三部，由藝術而宗教，由宗教而哲學。蔡元培也曾主張以藝術代宗教。但是人的生活，若是沒有一個超於物質肉體的目標，一切都會歸到物質肉體。孔子雖不以與上天相結合爲生活目標，但仍以贊天地之化育與天地合其德爲目標，乃能有仁民而愛物的聖賢。宗教則以與上天相結合，欣賞上天的絕對真美善的目標，生活才能絕俗，或至不淪於肉體的污泥中。

提倡宗教教育，提倡思想教育，乃是提高生活品質的途徑。提倡科學，大家目前都不遺餘力；然而科學是生活的工具，是人才的科技，不是生活的目標，而且科學還指不出人生的目標。所謂科學的人生觀，那是說腳踏實地而科學化的生活方式。哲學指引人向宗教、宗教指示人生的目的，有了超物質的人生目標，才能不爲食色所困。

知恥

中共的發言人袁木，向全世界的人說中共在六四慘案中沒有殺死一個人，更沒有殺死學生。全球的人都罵他撒謊，「恬不知恥」。實則中共以撒謊爲政策之一，不是羞恥的事。

我們自由中國，也有許多羞恥而被認爲不恥的事。教師要以師道爲尊，卻有教師在教室不好好教書，以便多作學生的補習，月收萬金。既不以爲恥，還認爲理所當然。

立法院乃國家法律的廟堂，卻有委員奇形怪狀，跳上主席台，搶播音機。既爲全國人所詬病，卻認爲大顯個性。

女子在餐廳舞廳、跳脫衣舞、傷害風化，破壞社會道統，卻有女子到立法院或議會，當眾脫衣，大家罵爲瘋狂，她卻認爲表揚藝術。

青少年，立志向上，求學修身，自強不息，卻竟有青少年結夥作惡，搶竊殺人，自認敢向法律挑戰。

不必說早年大家認爲羞恥的事，今天已經公認爲合於時代的好事：如男女戀愛，如女子在外工作，當然無所謂知恥不知恥。但是有些事，今天大家公認爲可恥的事，有些人公開認爲不可恥。

在民國初年時，學者們曾經大鬧人生觀的論戰，當時自認爲新時代的學者，主張「科學的人生觀」，青年們也心向這種主張。他們認爲科學的人生觀是合於實事，不含迷信，不務空談的人生觀。實際上，科學是尋求新的科技，新的生活方式。科學的人生觀是祇注重方法的人生觀。今天不知恥的人，他們的人生觀就是祇講方法的人生觀，目標可能是好，方法則不合理。

最基本的人生觀，應該是「合理的人生觀」。「理」在那裡？理在每個人的心裡，在每個人的良心上。今天我們常說「理性」人是理性動物。究其實，理和性是兩事。「理」是事物之「所以然」，是事物的意義。事物之「所以然」和意義在那裡？在事物的本性上，理性乃由宋代理學家合成一事。因爲在《中庸》裡就有「天命之謂性，率性之謂道，修道之謂教」。

狗自然按著狗性生活，桃樹自然按著桃性生長，礦物也各有物性，玉是玉，銅是銅。人當然有人性，可是人有理智，自己又自主，自己知道自己的性，自己要遵循自己的性，《中庸》乃講「率性」，乃講「誠」。

人們又說「人性」是哲學家造出來的，倫理道德是人們隨時代而訂立的。但是王陽明曾經說就是慣做賊的人，你當面叫他「賊」，他還要忸怩呢！人祇要反身自問，自己一定會知道一件事可以做或不可以做，祇是因著私慾的貪情蒙蔽自己的心，就不辨是非。但在半夜驟然醒來，問問自己的良心，必定知道自己作事對不對，自己對得起自己否！

孟子曾說：「上不愧於天，下不怍於人」為君子三樂之一。孔子也說這樣人可以無憂無懼。

人又要說我食古不化了；但是孔、孟的這句話確實是知恥的根本道德。

自私

最近看到報章上一個標題，不許車進校園，學生將有反應。小標題是校園大、行走費時。我沒有讀這則新聞或評論的內容，想必是坐車的學生，反對學校不許車子駛進校園。

對於輔仁大學，我同意轎車駛進校園，不同意機車在校園駛走，也不同意單車在校內走。同意轎車進來，因爲校門外和校門旁沒有停車場，停車場設在校園內。機車和單車在校門外和校門旁都設有停車的場所。

不必說，曾經有教授在自己的校園內被機車撞傷，且有一位被撞死。祇要說一萬學生，日間在校園熙熙攘攘，往來行走，若是常要擔心給機車或單車讓路，心理上就感到不舒服。你有車，用車代步趕時間，沒有車的，不是步行嗎？你說他們可以買車，大家都有車，校園充滿一萬輛車；另外夜間部五千學生，五千輛車，夜間校園燈光不如白晝亮，結果，醫務處要坐滿受傷的學生。

我坐車，要想想不坐車的同學怎樣，「己所不欲，勿施於人。」我不坐車，必定想安安靜靜地在校園步行。

社會上，不想別人的事真多哩！

計程車一看見有人招呼，馬上停車載客，不管停車的地位是在路中間，或在轉角處，妨不妨害別人行車。

公路局的車噴黑煙，跟在後面的車不能超過，祇有一路跟著吃煙。還有馳走的機車，有時一輛一路冒煙，行人道的路人，掩著鼻子都來不及，滿口煙味。

下大雨，紅綠燈壞了，駕車的在十字路口，個個都想先走，結果一些車，或者只一輛，夾在中間，前後左右的車都不能走了，自己還覺得威風：「一夫當關，萬軍莫進！」

一家養狗，卻不許狗進門，狗在門口大叫，而且久叫，鄰居不安，養狗人無動於衷。要等到周圍鄰居忍無可忍，報到派到出所，警察先生來帶狗了，養狗人怒罵鄰居，才想法安撫自己的狗。

行人道上擺攤子，堆東西。公寓門口和樓梯上各戶門口，排著機車單車和雜貨，不但不好走，而又髒污不潔。

這些都是祇顧自己，不顧別人的現象。

還有人們祇顧自己的口腹和賺錢、濫殺鳥獸、濫砍樹木、亂刺網的問題，鬧成了國際問題。

若說天安門慘案，更是中共祇顧自己一黨的權力，用坦克車輾平了爭自由青年的頭顱！人們要有互惠的精神，才能平安快樂地活下去。做事，想到自己，還要想到別人！天地萬物，也是生命相連，彼此要互惠。人們若僅想自己的利益，糟蹋萬物，最後受害的，還是人們。目前，環保問題，已是全球性的問題。

天地間沒有一個和人、物斷絕關係而還能孤獨生活的人，也不應該有尼采所講超人，或奴役人類的暴君秦始皇，古今中外的聖人，則都是「仁民而愛物的聖人」。

金錢的禍害

有人類開始，人就以貧窮爲禍害，中國最古老一本書《尙書》，在〈洪範篇〉裡講人類的禍福，列舉五福六極。在五福的第二福「二日富」。在六禍的第四禍「四日貧」。

孟子第一次見梁惠王，「王曰：叟不遠千里而來，何以利吾國？」梁惠王所說的利，就是富強，強且必須由富而來。

治國必須使國家富而有錢，今天大家所歌頌的台灣奇蹟，是經濟發達出乎意料之外，大家都有錢。

國家有錢，國民有錢，是一件好事。人的本性趨向舒服，追求生活的幸福。初民時，祇求溫飽；再進而求衣食住的舒服。人類的歷史，人類的文化，都在這條路上走。老子的「歸真反璞」回到初民生活的理想，違反人性不能實行。墨子的節儉主張，也不爲人接納。

今天，台灣已經是金錢主義的世界。大家愛錢。合法合理地發展經濟的人，固然代表現代的中國人。但是非法而違情背理去求理的人，則擾亂了整個社會。爲中彩而迷信明牌，爲勒索而綁小孩，爲漁色搶財而有計程車殘暴女性乘客，爲結怨而縱火，爲狂歡而有青少年結夥搶劫，爲濫捕魚而不守國際法，爲走私而販賣武器。而且還有警界與黑道掛鉤，政黨和幫會結緣。

由農業社會進入工商業社會，常要遇到社會道德衰落的苦惱；但是像台灣社會在十幾年中，從一個安定的社會，驟然變成「人人自危」的殘暴社會，原因在「金錢狂」作祟，「金錢狂」產自「享受慾」。第二次世界大戰和中日抗戰，使大陸和台灣社會陷入了貧困，大家都經歷了飢寒的煎熬。現在大家有錢了，便滋生了生活享受慾。政府爲謀國家的存在，盡力圖謀經濟發展。「錢」充滿了政府民間每個人的腦海。大家挖盡心思去賺錢，在民族傳統文化遭受摧殘，祖傳道德早被人遺忘之際，追求金錢的人不擇手段，擾亂了整個社會的秩序。

急切補救的辦法，在於嚴刑峻罰，快審快決。然而治本的辦法則在於教育，一則是社會教育，政府要和經濟發展政策一樣，實行文化政策，鼓勵各種大傳媒體，傳播精神價值，具體地講明道德在各種行業的重要。二則是學校價值，開放設立私立學校，增加現有大學院系和私立高中的班數以增加聯招錄取名額，減少補習教育的壓力，加重生活教育的課程。三則是家庭教育，實行三代同居，使青少年和小孩能得到祖父母或外祖父母的照顧，督導生活倫常，加強家庭的向心力。

最重要而最不受人理會的，則是宗教教育，歐美小孩和青少年在家庭和學校以及教堂裡，都受宗教教育，奠定倫理道德的基礎，今天我們希望政府一方面加強取締斂財的神壇，一方面在學校設宗教教育，既可破除迷信，又可培育倫理道德的信念。

人格的可貴

報載錢穆教授聲明搬家，放棄住了二十幾年的素書樓，遷到公寓去住，表示讀書人的風骨。他本來可以安住素書樓裡，吳伯雄市長也說過他是借住，不是佔住。當年總統蔣公令陽明山管理局爲他建屋，請他回國安居。同樣也爲林語堂造房，給吳經熊招待所，讓聞名國際的學者，回到祖國，領導學術研究，也增加台灣在國際學術界的聲譽。

現在環境變了，台灣的經濟已成爲國際小龍，中華民國的政治改革，已作爲大陸政治改革的模型。台灣社會的一般人士，看不見學術界人士如錢穆教授在社會的重要，台北市議會才有議員提出錢穆教授的住宅問題，又有高玉樹資政提出同是錢資政爲何可以不搬家的問題。雖然這些法令，都不能推翻錢教授借住素書樓的理由，錢教授還是決定搬家，寧可吃苦，不讓人家說佔便宜，表示讀書人的本色。

中國古代的士大夫，素來講氣節，孔子就說過「君子憂道不憂貧」。去年國民黨中央文化工作委員會，因蘇雪林教授年老貧困，聘她爲文工會顧問，蘇教授聲明接受聘書，不接納車馬費，也表示讀書人的氣節。

政府當年遷台時，上下都窮，大學教授趕著上課，多收鐘點費，少有人能從事研究工作，更少有人著書。在當日的情況下，我們不能責備教授們的苦心，祇能同情他們的辛勞。但是現在中等學校的教師，或者放棄學校的職務，或者疏忽學校的功課，一心趕著爲補習班授課，多撈些錢。這種風氣就不是表現士大夫的氣節了。還有二三私立學校被人罵爲學店，一意斂財，更失去了士大夫的精神。

輔仁大學在台北市有一座推廣部大樓，推廣教育的工作很難展開，甚至於賠錢。有人便向我建議在推廣部辦實習幼稚園，因爲輔大本設有家政系的幼稚園；我不接受這項建議。輔大的實習幼稚園實實在在爲學生實習，所收小孩人數有限，連職員的子女都不收。又有人建議將一部份教室租給蘭陽舞蹈團辦舞蹈訓練，因爲這個舞蹈團是天主教辦的，我自己是董事長；但是我也沒有接受這項建議。

輔仁大學是一座大學，有大學的校格，不能辦幼稚園和補習班去賺錢。

因此，對於文化大學夜間部租房事件，我想若文大爽快地把夜間部遷到華岡校本部，不和台北市政府拉鋸，更能表示辦校的骨格。我曾想輔大夜間部設在新莊，路途過遠，計劃遷到台北市推廣部，不料夜間部的學生群起反對。我又想把日間部大傳系遷入市區推廣部，大傳系的學生也不贊成；因爲他們說既是輔大的學生，就要在輔大上課。

我的話拉得太長了，還沒有說到本題呢！士大夫的骨格，大學的校格，就是我們所說的人格。人格是人之爲人，又是我之爲我，應受人尊重。然而人必自重，而後人重之，人必自侮，而後人侮之。每個人要自重，看重自己的人格。每個學校必要自重，看重自己的學格。每個國家要自重，看重自己的國格。然後才受人的尊重。

我對中共三號文件的想法

中共在今年三月九日發佈對天主教的第三號文件，要求天主教人一律遵守。

這項文件的內容分爲四段，第一段題目爲「堅定不移地貫徹獨立自主、自辦教會的方針，加強對神職人員和廣大教徒的思想教育。」肯定中國教會獨立自主辦理教會的成績，重中處理中梵關係的兩項原則，斷絕和台灣的外交關係，不干涉中國教會的事務，中國天主教會繼續自選自聖主教，自行決定教會一切事務。第二段題目爲「繼續抓緊落實政策，幫助天主教會解決自養問題。」歸還教會的房屋和土地，允許天主教愛國會根據自己的條件和力量，興辦以自養爲目的的企業和社會公益事業。第三段題目爲「妥善解決天主教地下勢力問題。」可以由愛國會主教承認的，予以承認：不可承認的，嚴厲依法處理。第四段題目爲「加強對天主教會的領導。」各級黨部互相配合，分工負責，教導天主教信徒支持愛國教會的神聖人員，孤立地下教會的神職人員，使教徒大家團結。

中共的這一類指令，原因是近兩三年地下教會的力量日漸增加，公開地和愛國教會對抗。原先祇在地下有信仰活動的信友，近來公開地，正面地指責愛國教會的主教神父違背信仰，不信教宗爲教會領袖。地下教會原來有大陸天主教會百分之八十信徒，現在公開地和愛國教會爭教堂、爭禮儀執行權、爭教會的正統，愛國教會雖有中共的支持，也感到很大的威迫，因此地下教會造成了大陸天主教的重大問題。中共在這項文件裡沒有下令嚴格取締或消滅地下教會，沒有像毛澤東當年逮捕了成千成萬反抗愛國教會的主教，神父和信徒。這項文件指示收容地下教會人員，對不接受收容而繼續反抗的人員將嚴厲依法處理。另一方面，中共決定歸還教會財產，允許爲自養而辦社會公益事業，以表示寬大。

在本年四月廿四日至廿九日，愛國會的主教們在北平開會，接受了這項文件的指示，同時也表示了在信仰上願意承認教宗爲教會首領（據說反對者祇有五個人）。

我當時想，若是愛國教會的主教們決定取消愛國會的名字，祇用天主教教務委員會的名字，又決定由主教團指揮天主教教務委員會，則和地下教會接洽可否打開了一道門，因爲用愛國教會的名字，地下教會不會開始接洽。

接洽的第二步，則是表示將對教宗領袖的信仰予以公開聲明，奠下雙方接談的基礎。沒有這一步，地下教會不會來的。有了這一步，對於實際上應可和教宗發生關係，那是中共的政治問題，教會祇要肯定自己的信仰，勉力在具體環境中求實踐，能做多少就做多少，信仰方面不會有問題。這種作法在六四慘案以前，似乎可能辦到，今天就很難說了。在本年六月中旬，中共要求大陸各教會，聲明擁護鄧小平對六四的重要談話和共黨中央及國務院告全國黨員和人民書。大陸天主教主教團，教務委員會，愛國會於六月二十日已經答覆將認真擁護。

大陸學術界曾邀請我在本年十月裡到北平和西安參加三個國際學術會議，我本答應去參加。輔仁大學在本年十二月爲紀念六十周年校慶，將舉行兩次國際學術會議，將邀請大陸五位主教來與會。我去和他們來，都想把上述的思想和大陸主教互相談談。目前，我不去，他們也不能來，我的想法已成了昨日黃花。「夜來風雨聲，花落知多少！」

新起的專制

專制就是跋扈，不講理。在古代，專制是獨夫的跋扈，獨夫乃是暴君。在目前，有新起的專制，乃是群眾的跋扈。

新起群眾的專制，第一是輿論的跋扈。社會上最近出現一些事件，案由並沒有弄清楚，例如大學聯招的改革問題，例如某某工廠的污染事件，某某擬建工廠的可能污染問題，只要一個記者的指責，輿論界就群起而攻。又如這次高爾夫球場的關說問題，一傳說蕭天讚部長涉案，雖說蕭部長舉行記者會說明沒有涉案，記者們大都假定他已涉案，責他說話不清楚，愈說愈迷糊。甚至於身為檢察官的人公開要求他辭職。在法律界，犯罪沒有證明以前，誰都是假定無罪。舉出證明者，該是告他犯罪者，若證據不足，還不能判人有罪。輿論界一面倒時，便造成專制的壓力，使被害一方沒法向社會表明。目前我們的社會就新起這種輿論的專制，把一件單純的事，引進複雜的政治壓力。

新起的第二種專制，是走上街頭的自救運動。國民有自己表明自己的自由，也有維護自己權利的自由。當自己的權利遭遇侵害，可以採取維護的行動。第一種可以採取的行動是法律的行動，第二種可以採取的行動是請願的行動。目前，在我們社會裡，環保問題常常發生群眾包圍工廠，逼迫停工或者阻止動工，建設新廠的事情。又有另一種自救的請願，夾雜暴力，打擊警察，引入政治利害關係。這種新的專制，群眾不講理，擾亂治安。

新起的第三種專制，是升學的壓力，中國人歷代看重讀書人，現代仍舊要進大學，不幸大學數目有限，學生名額不能濫，高中也不多，因而造成聯招的壓力，學生在中等教育時，拚命補習，不願意承擔壓力的學生就蹺課，或退學，被不良分子，引入邪途，作惡犯法。

新起的第四種專制，是專家學者的專制。現代的學術，分門別類；現代的科技，更是專門知識。政府的各種設施，應該詢問學者專家的意見，乃是時代的需要。但是在專門的抽象學術，以及技術知識和實際應用這些智識的事實上，常有相當的距離。單單有抽象智識，沒有具體環境的認識，例如在國外定居的學者專家，對台灣的環境沒有多加接觸，則學者專家的意見祇能供參考，而不能作爲定論。就是在台灣的學者專家，也不能對台灣的各種實際環境都能明瞭。目前，每遇一新問題，電台和報紙，立刻訪問專家，而且對於同一類問題，每每訪問同一專家學者，造成一種專家學者所說都對的風氣。

人文社會是一種理性社會，作事要有理由。民主自由制度是講理的制度，自由要合法合理。中華民族傳統，貴在作事合於情，不虧於理。雖然看輕了法，但是充滿人情味。目前，學校祇背死書，不習慣思考；社會的風氣，又新起這些不講理的專制壓力，我們若不及時加以改正，將來的社會，更加不能是人文的社會，也不能是民主自由的社會。

改正的方法，首先在於伸張公權力和公信力，打破不合理的群眾壓力。要減輕升學的壓力，增加每年錄取新生的名額，同時加強大學生的思考訓練，倫理教育當然更是民主自由的基礎。

重陽敬老

陰曆九月九日，時值天高氣爽，宜於登山。九爲陽，兩九便是重陽；九月九日乃是重陽節，也是家人團聚節，古來詩人登高賦詩，王維曾有一首七言律詩「九月九日憶山東兄弟」：「獨在異鄉爲異客，每逢佳節倍思親，遙知兄弟登高處，遍插茱萸少一人」。九月九日登高，緣起是費長房教桓景在這天登高，佩茱萸囊，飲菊花酒以避災。登高插花在後代成爲趣事。重陽又成爲老年男子的象徵。重陽節登高敬老。

現在以陽曆九月九日爲重陽節，跟登高避災的習俗就離遠了。和敬老的精神則還相合。敬老，在歷代成爲習俗。孝，爲修身齊家治國的基礎，既孝敬父母，推己及人使「老吾老以及人之老」，對於父執輩便表示敬重。孟子當時就主張「頒白者不負戴於道路，七十者衣帛食肉。」（梁惠王上）而且還說「敬老尊賢」爲治國的大政。社會上歷代也有習俗，家中的好衣好食，先讓老人用。

現在社會變了，變的恰恰相反。好衣好食，先讓小孩子吃，大官大事，讓年青人做；老年人處處感到孤獨，時時覺得遺棄。老字幾乎等於廢字！

老年人當然應該面對現實，精力衰弱了，思想枯乾了，記憶消失了，自己承認不能承擔重職。社會生活隨著時間走，思想潮流變，生活環境變，政治制度變，應該讓年青人來應付。年青人到三十而立的時代，精力充沛，正當工作的時候，便讓他們來工作。今天便盛行退休制度。

退休的人，造就了今天的社會，他們有功。退休的人，工作了幾十年，有學識，有經驗。時刻變更複雜的時代，把退休的人完全當成廢物，爲國家社會一大損失。

老年人養育子女，培植了人才；爲公爲私，工作了一生；晚輩對他們應當敬重。目前卻不是這樣，我們的社會既然忘了「孝」，也忘了「敬老」；只要看立法院逼資深委員退休，所用的粗俗方式，所吐的侮辱言語便可知！

退休人有學識有經驗，不再佔有公職，然而在政府，在學校，在企業機構，可以設立顧問制度，聘請專才的退職人擔任，不把才棄於地而不用。

退休人最感到寂寞無聊，沒有工作，很難消磨時間。政府和學術機構應設法給予彼等機會，可以求學；如設立老人大學，如開放大學夜間部以便選修。又有退休人在藝術或技術方面有所專長，在老人福利中心，設講習班，由彼等任教。

老年人最感孤單，應提倡三代同居，老人和一子或一女同居一家，或同居一公寓，或作近鄰；子女可以照顧老年父母，老人可以關心教養孫兒女或外孫兒女。

三十年前，中華民族是青少年多於老人；幾十年後，若現行的糊塗家庭計劃不改好，將是老盛少衰。那時，社會非敬老不成！所以，還是現在保留敬老的傳統罷！

泱泱大國

十月十日，中華民國國慶，台澎金馬熱烈慶祝，全球華僑也普天同慶；祇有中國大陸嚴守默靜，在默靜的山河中，響著十億心靈的呼號，和我們慶祝的爆竹聲相應。

中華民族爲世界歷史上的最長久的民族，中華民國爲全球最大的國家。目前的情況，中華民國祇有台澎金馬的島嶼，人民祇有兩千萬人口，其他整個的大陸河山和人民，爲中共所統治，作爲中共的人民共和國。然而我們的心靈，我們的信念，台澎金馬和大陸不相分離，我們仍是長久而廣大的中華民族之一份子，我們相信中華民族是個大民族，中華民國是個大國。

中華民族從開始就有大民族的胸襟和國度，在《尚書》〈堯典篇〉，帝舜命皐陶說：南蠻東來侵擾叛亂、攻劫殺人，造成內亂外患。你作獄官之長，施行五種刑罰，要使犯罪人心悅誠服。……祇有刑罰清明，才能使犯人信服。

對於境外民族，常予以教化。對於國內人民，則常互相親睦。個人的修養，胸襟廣大，「窮則獨善其身，達則兼善天下」，更要「先天下之憂而憂，後天下之樂而樂。」

到了民國初年，歐美和日本的思想，強勢衝進中國，青年人一心學外國，唾棄傳統文化。台灣大學傅斯年，曾經勉勵青年學外人的長處，莫學外人的短處：「偏偏中國學生，一學外國，每先學其短處，這因短處容易學。學德國，先學其粗橫。學法國，先學其頹唐。學英國，先學其架子。學美國，先學其花錢。學日本，先學其小氣。」（民國三十九年 中國學校制度之批評）

今天我們看台灣社會和政壇的各種表現，都是胸襟狹小，專謀私利。政黨所爭，以黨的利益爲先，更以個人的知名度爲第一，把國家的利益拋在腦後。國家的利益爲大家的利益，爲吾黨的公益，爲國家的利益；兩黨溝通而不能得結果，因爲以黨爲先，以國爲後。

環保的利益爲社會的公益，爲爭環保，住民和廠方溝通而不得結果，因爲以本身利益爲先，環保爲後。

勞資的利益爲兩方的利益，而且也是社會大眾的利益。勞資相爭，互相溝通而不得結果，因爲以本身利益爲主，雙方公益爲附。

在國際上的各種接觸，大家對於名稱非常敏感，常因爲名稱而失去實質的外交。對方外交談判，當然要顧全國家的權利，但當同胞不守法守約引起他國報復時，若不約束同胞守約守法，怎樣能夠力爭國家權利呢？例如流刺網捕魚的問題，商品假冒的問題。

但此時此刻最重要的問題，還是政黨的問題。在小小的台灣，一下子就組織了三十多個政黨。在還沒有黨員當選民意代表以前，政黨就吵著要分配選擧委員會的名額，就打破麥克風，還到街頭中靜坐抗議。這不是泱泱大國的政黨政治。地方派系、台獨思想、個人恩怨，使政黨成爲私利的工具，雖想推進民主政治，實則作反民主政治。一黨專政不是民主，反對黨不健全，沒有政治道德，也不是民主。中華民國的國民，在心理上仍然要意識自己是泱泱大國的、心懷廣大的中國人，不是一個島國的偏狹小島人。

政治化

孔子在《論語》裡曾經兩次說明：「不在其位，不謀其政」，曾子也說過「君子思不出其位」，孟子則主張「窮則獨善其身，達則兼善天下。」儒家學者雖以做官爲求官趕考的目標，但若實際沒有官位，就不談政治。中華民族在農業的社會裡也就養成了不談政治的習慣，把政治交給國家的官吏。

政治是國家的事，是大家的事，梁啓超曾經作文罵中國人缺乏公德，只有私心。這一點，罵得不公平。在中國幾千年的政治制度裡，人民沒有參加政治的管道，也沒有參加的工具，因此便不問政治；但是對於家族的公事，對於社會的公事，還是熱心參加。

民國以來，實行民主制度，在初期的幾十年，國民沒有參政的習慣，民主變成了軍閥的割據。抗日戰爭興起，軍閥被打垮了，共產黨佔了優勢，乘機佔據大陸，發動政治洗腦，《毛語錄》學習，人民法庭，一般人民被逼著參加政治，雖然沒有一點主動，也沒有一絲利益，但是大家關心政治的心理漸漸養成，大陸今年能夠出現民主運動，可以說是一種結果。

中華民國政府遷來台灣，剛從戰禍的廢墟裡出來，重建一切，大陸來者和本省出生者都要再建家園，大家埋頭苦幹。三十年後，經濟建設有了成就，國民富裕了，大家抬頭看天下。四十幾歲的壯年人，紛紛想動。在抗日戰爭政府遷重慶時，四川人有點怪下江人來吃四川人的飯。台灣本省人看中華民國政府被擠出聯合國和國際外交界以外，認爲是國民政府死心抓住大陸不放，必定要代表中國。他們想若台灣自成獨立國，取消國民黨的政權，中共必沒有藉口阻止台灣獨立國進入國際舞台，卻不料中共最恨台灣獨立，聲言若獨立就以武力犯台。台獨的思想漸爲本省籍有識之士所不採納，提倡台獨的人組織黨也不明白以台獨列入黨綱。可是爭奪政權，打擊執政黨則成爲在野新起政黨的共同目標。政府取消戒嚴法，取消黨禁報禁，一時組織了三十八個政黨，而在今年選舉的期間，更激進地反對執政黨，於是社會上發生稍爲重大的事，立刻把事件政治化，報紙一面倒。民眾示威遊行，發生暴力。但所謂政治化，實則是政黨化，不是爭國家的利益，而是爭黨的利益。而且所標舉的政黨化，骨子裡又是地方派系化或家族利益化；更還有連這點小團體的利益，都不是爭的目的，目的是一個人的作秀，製造知名度，以取得選票。本來民主制度不要一黨專政，須有反對黨；但需要反對黨有參加政治的規律和風度。在台灣的小地方，一時出現三十八個政黨；若是都進入政府，或一半或三分之一進入行政院，那就要較比義大利每半年改組政府還更快，那就不是民主了，也不是參政。

國民參加政治乃是一種好事，但要有知識和道德。目前最重要的是用大學教育和社會教育，加強民主政治的教育。再則需要政府加強公權力，厲行法治。

爲真理作證

—頒贈鄧總主教龔主教名譽博士典禮致詞

耶穌基督在羅馬總督審問祂時，答說：「我是爲真理作證而來到人世」；祂就爲真理作證而被釘死。祂的開路前驅聖若翰，曾被耶穌基督指稱不是身穿細軟華服，隨風搖擺的人，也爲真理作證，當面向黑落德王說：「你不能娶你弟弟的妻子作妻子」因而被殺。

耶穌基督乃說：「誰要跟隨我作徒弟，就要背著十字架跟著我走。」天主教開始時，三百年受羅馬皇帝的迫害，聖伯多祿和聖保祿都在羅馬殉道，成千成萬的教徒，在鬥獸場被處死。

君斯坦丁皇受洗入教以後，天主教成歐洲各國的國教，安享尊榮，教會的紀律逐漸崩潰下，聖職員的生活世俗化了，卒至造成路德的分裂，接著有英國亨利王的自主爲教主，有法國大革命的革命政府創立國家教會，不接受分裂的聖職員和平信徒，遭受迫害，以身殉道。從歐洲航海家發現各種航線以後，天主教的傳教士到非洲、美洲、亞洲傳教，前仆後繼地遭受殺戮。爲眞理作證的精神，從耶穌基督一直傳流到現今，現今就在共產黨暴政的政權下，充分表現中國大陸四十年被中共統治，監獄和勞動營裡，監禁了成千成萬的天主教教士和教友。

輔仁大學六十年前在北平正式成爲大學，當日本人佔據北平時，輔仁大學留在北京，繼續開課，培育愛國精神，教授和學生遭日本人的拘捕，苦刑審問，抗戰勝利後獲得國民政府嘉獎。中共佔據北京，沒收了輔仁大學，改爲師範學院。二十七年前，輔仁大學在台北復校。

爲慶祝創校六十週年，在慶祝的節目中，有頒授榮譽法學博士學位禮，表揚爲眞理作證的豪傑。本年四月十二日，表揚了波蘭馬佳斯基樞機主教，十一月三日，表揚中國廣州鄧以明總主教和上海龔品梅主教。波蘭天主教會領導佔全國國民百分之九十九的天主教徒，抵制共黨，不屈不撓，終獲勝利。鄧以明總主教被中共監禁二十三年，假釋出獄，到香港醫病，龔品梅主教遭中共判處終身徒刑，在被監禁二十三年後假釋出獄，現在美國就醫。

自由中國的台灣，享有宗教自由，爲著保護宗教信仰不會遭受迫害。但是現在台灣的社會是個追求金錢，一切爲個「利」字的社會，誰想「見得思義」，就要有勇氣。現在台灣的社會又是個色情泛濫的社會，誰想「出污泥而不染」，就要有勇氣。現在台灣的社會又是個追求享受的社會，誰想「君子謀道不謀食」，就要有勇氣。台灣現在的社會又是個缺乏理性的社會，誰想在群眾暴力示威時，在報紙一面倒時，挺身出來講理，就要有勇氣。

我們輔仁大學以耶穌基督的精神，培養學生的正義感，培育學生爲眞理作證的精神。在六十週年校慶特別頒贈榮譽法學博士給爲眞理而甘受迫害的豪傑。鄧總主教和龔主教爲中國天主教主教，是中國大陸天主教的精神中流砥柱，他們不見報館記者，他們不發表宣言，靜靜地渡著不爲人知的簡樸生活。但是大陸幾百萬的天主教人士，睜著眼睛看著他們。原先他們兩位在牢獄裡，大家在精神上和他們兩位相連結，共同受苦；現在他們兩位在國外治病，大家在精神上仍舊互相連結，共同愛護信仰的眞理。輔仁大學表揚兩位主教爲眞理作證的豪氣，也就表揚和兩位主教連結一起的大陸爲信仰眞理作證的忠貞教會。耶穌基督爲眞理作證被釘在十字架上，信仰祂們的門徒也要是爲眞理作證甘願受苦的勇士。中國儒家的傳統也教訓中國人：「貧賤不能移，富貴不能淫，威武不能屈，此之謂大丈夫。」（孟子 滕文公下）「君子和而不流，中立而不依，國有道，不變塞，國無道，至死不變，強哉矯？」（中庸第十章）基督的教會更不能隨流和污，隨風搖擺，改變教義以求活，而是爲眞理作證四面受攻擊，埋身地下，從地下再同基督而復活。

選舉

目前，選舉覆蓋了一切，淹沒了一切，也激動了一切。有人說台灣現在正在發燒，選舉使整個社會脈搏跳動得最快最高。可見這次選舉的重要。

我們誠切希望這次選舉是一次美滿的選舉；選舉的過程，美滿；選舉的結果，美滿。美滿的選舉過程，是和平自由的過程。和平，是有秩序；爲有秩序，必須遵守選舉法規，否則必亂；爲有秩序，必須遵守社會正常規範，競選行動不宜怪得使人不能理解，競選言論不宜偏得使人痛心。若競選活動遠離了社會的常軌，社會也會亂。

自由選舉，不受外來壓力。外來壓力，可以來自政府，可以來自政治派系，可以來自黑道壞人。當前政府早已迭以宣言，並以實際措施，要使選舉公平、公正、自由，政府的壓力可以肯定不會有。政治派系的壓力在言論上，一定不能免，候選人的互相攻斥，從政見到私人生活都將滿天飛。但是不能公開或暗地威迫，更不能公開大打出手；也不能賄賂，賄賂造成金錢壓力。黑道壞人的壓力，真是目前社會罪惡的現象，政府的公權力應該可以阻止。

當前，台灣社會發燒了，社會發燒，很可能選舉變成情緒化；民眾情緒化了，紊亂出軌的事就不可免，選舉過程中的和平自由便要大受影響。因此，冷靜的理性雖然在這時候很難保持，但是不失去理性，則非常必要。

美滿的選舉結果，由我們一般不在黨的人去看，該當是保持台灣經濟的繁榮，國民生活品質的提高，民族文化的發展和統一，在這三方面制訂法理的立法院，實行政策的中央和地方政府。

新選的立法委員，在立法院應以國家民族的利益爲先，黨派的利益爲次，更不能以個人的私利爲最愛。近兩三年來，立法院的表現，常在鬧黨派的利益，常在演個人秀，把國民的道德觀和行爲價值觀都搞亂了。新的立法院應該爲國家立法，爲國民謀福利。互相辯論，互相爭執，乃理所當然，但是希望不再演出失去理性的野蠻行動。中國素來有君子小人的分別，立法院的爭執，應當是君子之爭。選舉之後，按選舉的結果，政府或將改組，或將待總統選舉以後才改組。我們一般國民所潛意識的政府，是能言能行的政府。政策既宣佈，必須實行，尤其要強化公權力，以保障社會的秩序。

政府的政策，第一要能保持經濟的繁榮，對於投資的意願，投資的環境，投資的功效，必須加以檢討。對於工業的高等科技，對於工業的外籍工人，對於勞資的關係，都須有明瞭的法規。商業的自由化和國際化，國際的信譽，將須予以加強。

第二要提高國民生活的品質，加強文化活動，保護文化資產，促進生活教育，重建三代同居小家庭。

第三要發展民族文化，邁進民族的統一。在政治上，在經濟上，台灣將來不能獨立發展，必要在民族統一內求繁榮。

因此，國民在選舉時，先明瞭候選人的政見，看清候選人的人格，然後慎重地投下自己的一票。

宗教教育研討會議開幕詞

在七八年十二月四日輔仁大學

宗教教育現在被擠在中華民國教育制度以外，但是中華民國的現代教育制度卻是宗教團體—天主教和基督教開創的。在一七八六年，在當時的北京，天主教設立第一座修道院，隨後設立了教授兒童的小學。在一八三七年西灣子設立了小學，招收女生，基督教則在一八四二年在香港設立男生小學，一八四四年在香港設立了女生小學。以後天主教繼續在全國各省，設置小學和中學。庚子賠款後，美國基督教在北京創立了燕京大學，以後基督教在全國創設了七所大學，天主教在中國設立了三所大學。

在民國成立以前，教會學校有宗教教育，民國初年教育部不承認宗教教育，國民政府的教育法令禁止在私立學校以宗教為正式課程，並且不容許學生參加宗教儀禮。

為什麼有這種事實呢？中國智識分子，認為天主教與基督教為侵略中國及中國文化的歐美帝國主義，再者，他們認為宗教是迷信，和現代的科學相矛盾。

但是，現在我們若問政府官員和社會知識份子，大家都不說天主教和基督教是帝國主義，也不願說是迷信，然而卻又覺得宗教和教育不相關，不必在教育內有宗教教育。這是因爲中國歷代對於宗教的觀念，只知道是人和神靈的關係，這種關係僅只是求福免禍的關係。天主教和基督教則肯定宗教信仰爲人生的基礎，包括人生的各部份、人生的目標和人生價觀，都以宗教信仰而定。教育既爲培養人格，便應該有宗教教育。

目前，我們的政府和社會的人士，面對社會的各種犯罪現象，擔心社會治安的惡化，想到了宗教信仰的感化力，要求宗教人士發揮效力，以挽救社會道德。

我可以告訴各位，從我五十年研究中國哲學的經驗，我看到中國歷代的教育是宗教教育。中國歷代教育以宗教和私塾教育爲主：宗教教育孝道、孝道把父母配天，私塾教育四書五經，經書都教訓人有「天命之性」，人性有天生的道德規律，即是良知或良心，人應按良知做事，因爲上面有上天的賞罰。《易經》在〈坤卦〉就說了：「積善之家，必有餘慶，積不善之家，必有餘殃。」這是宗教的教育。

民國以來，知識階級打倒了孔家店，推翻了傳統文化，接納西方文化，卻不知道西方文化是建立在宗教信仰上，所接納的只是西方文化的外皮，中國傳統文化的內容又被拋棄了。現階段的中華民國的社會，變成了沒有文化的社會，才演變到今天無惡不作的道德破產的社會，政府需要用嚴刑峻罰來統治。

這次學術研究會，研究宗教教育和中國社會，要從這方面深入探討，道德固然和宗教不可分離，人生和宗教也不能相分離。若是這樣，大家就可以看到宗教信仰對目前中華民國以及中國大陸的社會可以有的貢獻。我謹祝這次研討會圓滿成功。

一九九〇年
中華文化和現代生活
——學術會議開幕詞

民國七八年十二月十九日

文化，是人民的生活方式；民族文化，是一個民族的生活方式。一個民族的生活，開始常很簡單，後來漸漸複雜。初民的文化因此便常簡單，民族進化了，他的文化也就複雜，或者說是燦爛絢麗。中華民族的歷史已經五千年，五千年的文化，從現有書籍所載，和地下挖出的古物，已經是程度很高的文化。這種文化流傳到現今，沒有中斷，從外雙溪的故宮博物院和一套四庫全書，我們可以看到中華文化的精華。

中華文化既然這樣高貴，這樣豐富，爲什麼我們今天卻說中華人民的生活，沒有自己的文化，又說中華民族的文化不適用於今天的生活？

生活不是固定不變的，時常繼續在變易，變易有小有大，有深有淺。一個民族因著思想變了，或生活工具有了新發明，或自然環境起了變化，民族的生活便由這些內部的原因發生變易。一個民族，因與外來的民族接觸，接受外來民族的思想或生產工具，民族的生活便由這些外來的原因發生變易。民族生活一變，生活的方式隨著也變，這對沒有新的文化出現，新的程度，跟生活變化的程度相等。

中華民族在五千年，所接觸的民族、文化均比中華文化低，中華文化便沒有受外來文化的衝擊。國內的思想常是儒家的一元思想，南北朝五胡亂華，佛家傳入中國，但沒有分化傳統思想，因此中華文化從三代直到清末，變易的程度不多不深。到了清末，和西洋的政府相接觸，遭遇到侮辱侵略，又因看到日本因接受西洋文化而革新自強，中國的智識份子，遂大膽呼號毀棄傳統文化，接納西洋的生活方式和思想。然不幸遇著國內戰爭連年不斷，民不聊生，不能有文化建設，只有到了台灣，享受四十年的平安，政府建設了豐裕的社會，現在大家乃認真討論中華文化和現代生活，兩方的關係究竟該是怎樣。

如今台灣社會的衣住行三方面的用具，都是西方的了，穿洋裝、住公寓、坐汽車，僅只吃飯還是多喜中國餐。工具既然是西方的，用工具的方法當然也是西方的。社會的思想也西方化了，政治的民主，大家庭的分化，工業的技術，生活的價值觀，形形色色都是西洋的思想。在這種情形下，傳統的中華文化對現在的生活還可以有什麼關係？

文化雖是生活的方式，方式雖常符合生活的工具，然而民族的文化，因著內部的思想，使生活方式積累內在的意義，結成生活的規律，養成民族的精神。每個文化高尚的民族必定因民族精神而有自己的民族性，有自己民族的特點。中華民族因著儒家的思想，養成仁愛、中庸、樸素的特性，這種特性乃是中華文化的精神。

今日我們的生活工具改了，生活的方式也在改；但是中華民族的特性流在我們的血脈裡，成爲規範生活的工具。住公寓、坐汽車、穿西裝，要有仁愛、中庸、樸素的特性。實行民主、講求科技、組織小家庭、行國際貿易，也要有仁愛，中庸、樸素的特性。今天的中華國民，才能夠是中華民族的後人。

關於這一點，大家非常關心，這次來參加研討會的學者非常踴躍。我僅祝這次學術會議多有收穫，對於中華人民和中華文化的現代化，多有貢獻。

新年談新大學法

一九九〇年元旦開始了，對於新年的希望和計畫也開步進行。我們辦教育的人，在新年內的希望和計畫，當然是教育工作的革新。

新的大學法和新的私立學校法在今年內，將由立法院通過後，成爲革新教育的路途。在這條路還沒有完全開闢以前，我們先表示一點希望。

新的大學法必定要適合民國八十年代的社會。我不贊成以「百年樹人」的濫調來肯定教育法在百年內可以有效，我是以「十年樹人」的心理看教育法每逢十年應該修改。八十年代的社會是多元化、民主化、經濟化的社會，而且八十年代的社會，又是中國統一和台灣獨立的爭執局面。大學培植的青年，要能應付這些情況，要能有正確的思想，有縝密的思考，有強烈的勇氣，有自立的倫理人格。大學法便不可以只在行政的結構上立條文，而應在教育行政的目標上表現法規的精神。每條條文都能和教育目標相關連。

呆板的行政一線化，不問基礎而只求齊頭的平等化，學系課目的一元化，都不應再留在新的大學法裡。還有教育部大小事一手管的傳統，再不要留下痕跡。教師治校和學生參政的思想，要有明確的原則，但不可有一致的條文，因爲學校的環境不能同是一樣。

新的私立學校法，第一不要冠以私立，第二不要偏於防患的消極精神，要重在積極鼓勵的精神。以往，提到私立學校，就想到要預防私立學校作弊，斂財作學店。現在提到私立學校，卻要打倒明星學校。我希望這些不健全的心理不要反應到私立學校法裡去。

私立可以稱爲民立；既然有國立、省立、市立的名稱，民立的名稱便可以成立。

輔導的字眼還是少用！所謂輔導，常把民間創立的學校，看成小孩，看成歹徒，嚴加看管，派來從沒有辦過大學的督學，按照法規條文，指出專任教授人數不夠數目，他也不想民立學校的經濟不能和國立的學校相比；指出教外文的教授，外籍人數過多，他也不想教美文以美國教授，教西班牙文以西班牙教授，可以教得更好。若以法規來輔導學校，中等學校在督學來校以前，借書籍借儀器陳列出來，送走了督學，就送回書籍和儀器。不用官式輔導，而用彼此信任的協助，學校才可以真正得到助益。

補助經費，一個富裕的政府應該樂於去做，使國民所受教育常是優良的教育。但爲補助應規定明瞭的原則，不要由教育部隨意去獎勵，或者由學校千方設法去追求。

全民保險，是政府的責任，不要把教師、配偶、直系親屬的保險費，都加在民立學校的肩上。民立學校不是營利機構，是替國家辦教育事業，教職員的工作薪金，學校要付，他們的保險金和退休金，應該由政府負責，公務員和資深退職的民意代表，都拿政府的保險金和退休金。

民立學校法要少有消極的條文，應多有積極的條文，更要留給民立學校活動與發展的空間，不要綑綁它的手脚，防止它和公立學校競爭，因爲有民立學校的競爭，公立學校才可辦得更好

恭喜發財

在農曆新年中，以往各處都聽到「恭喜發財」！目前的台灣社會裡，在農曆春節時，大家都拱手說拜年，拜年，可是在大家的心裡，還是想「恭喜發財！」

「財」字，是目前社會的一種「香氣」，瀰漫在滿天的空氣中，入鼻入心。

「發財」，是目前台灣社會的狂風，吹向「投資」的大海，向高爾夫場投資，向房地產投資，向地下公司投資，向股票證券公司投資，向建神廟投資，向教育基金會投資，還要向建造私立學校投資。這些投資的方向多不正確，多不合理，可是在投資的大海裡飄東飄西，浮上浮下，大家都想發財。

爲什麼向這些不正確又不合理的方向投資呢？因爲社會沒有投資的好環境：近年台幣升值，工資增高，勞工糾紛，環保造成暴力，工業家轉向國外投資設廠，國內不再增設新廠。還有些不務正業的青少年，不投資而求發財，結夥搶竊、綁架。社會秩序因此更亂，工商業的資金更轉向國外。

在農曆新年，恭賀發財。恭喜大家發財，恭賀國家民族發財。首先，台幣匯價要穩定，不宜再增高。分散市場，進入西歐和東歐北歐，免受美國貿易的壓力。

勞資糾紛，應有合法的公平調節途徑，不宜常訴於罷工，更不宜訴之暴力。

環保問題，應以平常的理性心態來解決，不宜常以情緒性的暴力去爭鬥。工廠需要作好環保，運用國際科學方法，民眾也應接受不可免的一些傷害。現在的社會絕對不能回到農業時代的清淨天地。各處都有污染，都市裡的汽車，發煙發響，污染整個城市。飛機場的油槽和響聲，污染到周圍數十里；但誰也不能想廢除汽車和飛機。祝望新年內環保和工業的發展，同步進行。

立法院正在通過加強刑罰的治安條例。祝望青少年反省自己的生命價值，重視自己的天生才能，立志要爲國家社會的福利，愛惜自己的才能和生命，不要做傷己傷人的事，恭賀他們身心兩面發財。

恭喜整個台灣社會人士發文化的精神財。直到目前台灣的社會充滿了物質的財貨，卻最貧乏精神的財富。博物館和文化中心，所收藏的藝術品很少。全台灣圖書館的書合起來，還趕不上美國一座規模宏大的大學圖書館的書。青年所希望的大學，每年只能收納三分之一的考生。大報小報的篇幅，大半登載求錢的廣告。不能怪大陸訪問台灣的留學生，都批評台灣富於錢，貧於文化。

恭喜發財，恭喜發文化的精神財；藝術品增多增高，圖書館書籍更加豐富，大學校院新建幾所。不過，希望擁有金錢財貨的人，千萬不要弄壞或污染這些精神財寶，不要假造藝術品，不要設營利爲先的教育文化基金，不要選爲謀利的學店，更不要建爲榨取信徒捐獻的神壇廟宇。金錢已經污染了一切，切不可再加深，我們的社會才可以成爲眞正富裕的社會。

立法院的新氣象

整個系列的選舉後，當選的委員已經宣誓就職，新會期開始，立法院應該有一種新的氣象。

民主國家的政治制度，以政黨運作政治，立法院是運作的場地，中華民國的立法院一向由一黨執政，現已經成立在野的反對黨，但近兩年的經驗，反對黨以人數過少，按照法律的程序無法與執政黨抗衡，乃採取自救的方式，表演出暴動的作爲，今後反對黨應改變方式，以合法的方式抗爭，以政黨參與立法，不經立法來凸顯政黨。立法院更不是個人作秀的場地。否則不是政黨爲立法服務，便爲立法爲政黨服務了。

政黨參政是以政黨爲主體，對每件法案，政黨有自己的政策立場，黨員理應遵守，但是黨員中接近派系也是各個議會常有的現象。派系的運用在增加黨員發表意見的機會，不是製造分裂或爭執，而使政黨失去參政的效力。

立法委員參加立法，以發言爲主，從古以來，有名的議員都是有名的演說家，古羅馬的西塞羅爲著名的拉丁文演說文學家。立法院的新氣象應該是雄辯的氣象，不是動手動腳的粗暴形態。

上期立法院所累積的法案，是非常之多，且有關重要的政治法案多件，在新會期中，重要法案應該能夠即時完成立法的手續，以證明立法院是立法的機關。立法院舉行會議有院內的法規，立法委員立法為國民行動的規範，要求國民遵守，立法委員本身自應遵守院內的法規，不應使立法院成為無法的法院。

以上各點為全國國民對立法院的新希望。

對治安學校教育之責

農曆年節前夕，李登輝總統對全國人的廣播詞，說到社會治安令人擔憂，犯罪人的百分之七十爲年輕人，年輕犯罪人之中百分之三十爲在校學生，李總統呼籲各方的負責人要有所反省。

我從學校教育、家庭教育、社會教育，作三種層次的反省。現在我從學校教育作反省。

在台灣四十年來的教育，從智育方面說，乃是成功的教育，台灣今日所有的建設，都是由在台灣受過教育的人幹出來的，成績非常高。但是，在體育方面，沒有可稱贊的成績，在群育和德育方面，則是失敗，尤其是德育失敗得很慘，造成今天青年犯罪的痛心事實。

德育的失敗，第一個原因，是國民義務教育。只強調學生受教育的權利，忽略學生受教育的義務；因此在國民教育制度上，不許留級，不許退學，不許開除，老師對於學生沒有辦法管，學生和家長，只知維護學生的人格，一旦受罰，就吵老師。第二個原因，是升學的壓力太多。學校的功課集中在補習，學生受教的時間也等於在補習，反抗這種壓力的學生，便逃學蹺課，這樣學生在心理上自視被看爲不良學生，便向不良方向走，變成了犯罪青年。

在校的青年集中精力和時間，讀補習課程，沒有時間和精力，接受生活教育。流弊造成校園暴力的惡作劇。補習的事實，加強了教師們的功利心，幾乎使師道被淹沒得蕩然無餘。社會上近日的政治和商業惡風氣也衝入高等教育的學府，野心的政客想在學生中建造勢力，惡心的商人利用學生看票拉客，這些也都是德育失敗的原因。

政府便要好好開辦十二年國民教育，不僅在行政方面，好好規劃，特別在教育的目標和方法上，盡心計劃。生活教育一定要佔國民教育的重要地位，對於不盡義務求學的學生，要有減少受教育權利的措施。

消除升學壓力，則是今後國民教育的基本步驟。現在已經到了開放大學的時候，每年聯招報名考試的學生，應該能百分之七十可以入學。聯考也不要分發，只是可以入大學的證書，通過了聯招的考試，便有入大學的資格，自己向所願進入的大學申請入學。

大學學生和碩士滿街飛，有些人引以爲憂；我想這只有好處，至少可以提高國民的教育程度，減少社會無理性的自救暴力運動。

大學生多了，會失業。實際上就業的機會多，只是大學生自視身分高，不願做，大學生多了，就不會自大。

大學多了，沒有教授，實際上，每年國外留學的碩士博士願意回國的人不少，然而台灣的大學沒有教授缺。有缺，可以邀請他們回來。

我並不是漫無步驟地主張增多大學，步驟由教育部擬訂。也並不一定要增設許多新校，在已有的大學中增院，增系，增班，更是較輕而易舉的事。

對社會治安家庭和社會的教育之責

民國以前，我國的教育都在家庭以內。讀書的人，在私塾受教，不讀書的人，在家中受父母的指教。孝道爲家教的基礎，禮儀爲家教的規範，每一個人知道做人之道。當時的家庭爲大家庭制，父母教子女，祖父母也教孫兒女，伯叔父和兄長也隨時說教。我們讀曾國藩的家書，可以看到他不僅教訓自己的子女，還指教弟弟和姪兒們，當時無論父母生或死，都可能受到家教。目前，社會改變，家庭改爲夫婦小家庭，夫婦出外工作，子女沒有管教。工作的男人女人，一心在工作上，沒有多餘的心思想怎樣教育好，把教育子女的責任，推到托兒所、幼稚園、國民學校。這些機構的負責教育的人，因爲受教育的人多，和他們又沒有血脈關係，不能懂得每個兒童的心理，不能發生愛的吸引力，所給的教育，常停在外面的一般表現上，而且逃學的兒童，最需要有人管教，卻沒有人照顧他們。

父母務必要加強教育子女的責任感，以教育子女爲自己事業最重要的一件事，而且又自己再教育自己，知道今天教育子女的方法。

三代同居或同堂，則爲補救家庭教育的重要途徑。目前，青年子女，不願和父母同居，老年父母也不高興和子女同居，但爲教育下一代的子孫，大家要有犧牲的精神，培養家庭天倫的愛心。

家庭教育爲青年教育的基礎，在中國沒有別的一種教育可以代替。在歐美有教堂的青少年宗教教育，培養青少年的道德精神。

對青少年教育最有影響的爲社會教育。四歲五歲兒童就看電視和連環畫報，青少年結隊入電影院和遊樂場。目前，電視電影的復仇敵恨、暴力狠鬥、男女色情、社會愛錢愛享受的趨向、暴力自救的風氣、立法院的惡鬥、國民大會的野蠻、民進黨的以反對而反對、國民黨高層的爭權位，造成社會不安，影響青少年心理的動亂。爲挽救這種危機，首先政黨和反對黨要深深了解暴力不是民主、畏怯不是政策，中央政府應振興公權力，力行法治，打擊暴力和罪行。在野黨爲發展黨務，要訂立正確政策，放棄暴力。大眾傳播人員要深深了解傳播者的責任和地位，引導國民向有理性、有法紀、有倫理的安祥社會。

以上的話，都是老生常談，但是也就代表全國國民的希望。

傑出女青年

中央日報社長兼發行人石永貴先生邀我作第十三屆全國十大傑出女青年評審員，又推作評審委員會主任委員，且在三月二十七日，給十位女青年頒獎，我曾說由老年人來評審女青年的傑出工作，好不恰當！幸好別的十位評審員都還是壯年人，而且還有兩位女士。

傑出，是出類拔萃。傑出女青年，是在自己的職業崗位上，工作較比別人好，有高出別人的成就。這種傑出，由於每天每月每年的工作成績累積成的；由自己的智慧改進工作的方式，由自己的操守，造成優良的人格。平日埋頭無聞，祇有工作單位的主管看出他們的特點，向選拔傑出女青年的機構推薦，才能爲人所知。

傑出，所以不是作秀，作秀也不能成爲傑出。不幸目前我們的社會裡卻充滿想以作秀而成傑出的人。在餐館作秀的人，在作自己職業的工作，爲錢不爲名，她們不在求作傑出人。但是在民意代表的機構裡，則有不少想以作秀，以求爲社會人士所知，預備下次選舉的得票數。作秀的方式，在於演大丈夫的英雄氣慨，粗聲罵人、粗手翻桌拆麥克風、粗拳打人，甚至在總統面前，更顯威風。社會人士的感觸，開始覺得奇怪，接著皺起眉頭，終則表示厭惡；厭惡無理取鬧，厭惡粗暴無禮，厭惡野蠻失去人性。

我們的新聞記者、攝影者、卻爭相傳播，以滿足看報和看電視的人們的好奇心，弄得社會似乎充滿了暴動，人們的眼裡常彷彿著粗手粗腳的印象。三家電台決定淨化新聞畫面，少播這類景況，有些新聞記者卻在報上發表意見表示反對，以為觀眾有權看到這些事跡。權利談不到，好奇可以說；好奇以發揮人的獸性，則很不應該做，例如對脫衣作秀的女人，記者們為滿足人們好奇心，大做渲染。

傑出，也不是知名度，知名度高不一定傑出。新聞記者為著自己的方便，常訪問幾位人士，常播放他們的談話，或送他們徽號「大師」或「專家」。這些人因此成為名人，然不一定是自己行業中的傑出者。

傑出，靠自己的才學，靠自己的努力，靠自己的智慧，靠自己的品德。青年女子中能有多位的傑出女青年，乃是我們社會的福氣。

台灣社會的福氣，不能建築在財富上。今天台灣的金錢，造成了一個投機社會。投機賺錢，帶來欺詐、假冒，還有綁票、搶竊等等罪惡。

台灣的金錢，原先由一輩在工廠，在農村，在市場，在研究室，埋頭苦幹的人，造出了產品，從國際方面賺得了錢，也就是靠這輩傑出的無名工作者的工作和血汗。今後，為維持台灣的財富，還要靠這輩傑出的人。這輩的人多，台灣社會才可以基礎穩固，也才可以安定，還可以繼續前進。

新聞界對這類具有正面價值的傑出人事，應多加宣揚，對帶有負面缺乏價值的作秀動作，應少予渲染。

向大陸教會呼籲

近幾個月，我的困惱問題中，又多了一個，有些好心人要我為大陸教會呼籲，叫中共釋放所逮捕的忠貞教會主教和神父。我的呼籲，我知道沒有力量。我乃想法和海外的教會領袖聯繫，以私人名義，聯合發表呼籲，抗議中共的暴力，呼籲大陸天主教會內部和平相處。但是各人的看法不同，呼籲的措辭也難有共識。我只好放棄這種計畫，轉而以我習慣的紙上談兵方式，表白我自己的意見。希望我的小小意見，傳到大陸，引起一絲的反應。

首先，我鄭重地抗議逮捕主教的暴行，雖然中共宗教事務所負責人在香港聲明他們沒有逮捕主教，因為中共不知道也不承認他們是主教。實際上，中共逮捕了好幾位地下忠貞教會的主教，因為這幾位主教反對愛國教會。口口聲聲中共大喊宗教自由，他們壓制教會自由的改革，始終如一，凡不服從中共指揮參加愛國教會脫離羅瑪教宗的主教，都在打擊之列，何況在去年六四以後，中共壓制民主自由變本加厲！

我更呼籲愛國教會的主持人員，現在不要唆使中共打擊地下忠貞教會。你們違棄信仰，在天主前已負重責，再加上打擊忠貞的同道，更為自由人士所不齒，而且在自由來臨的一日，你們要受正義的嚴制審判。

在另一方面，引起中共這次暴行的藉口，是大陸天主教會的內部互相攻擊，前年十二月我到羅馬時，教廷高級人員向我表示對大陸教會內部互相攻擊的關注和困擾，希望能有力改善這種現象。

我對愛國教會的主教，素來不懷同情，對於那些甘心背棄信仰、結婚（可能有假結婚）以供中共利用的，更堅決反對。但是對於由各種管道，取得教宗認可的主教，最近我想應該改變態度，因爲他們既有教宗的認可，我沒有權可以反對，只能對他們非常困難的處境，予以同情。同樣，大陸忠貞教會的人士，也可以從忠於教宗的信仰，諒解他們的苦衷，避免正面攻擊，取得相當程度的默契；也漸漸在可能的程度上合作，聯合陣線，正面攻擊甘心脫離教宗的愛國教會份子。

這次所逮捕的主教，都是地下教會的主教。中共不承認他們是主教，愛國教會也不承認他們是主教，就連愛國教會內向教宗表示忠誠而取得教宗認可的主教，也不承認他們。這一點，便是愛國教會主教的錯，你們既然向教宗表示忠誠，爲什麼不承認教宗所委的主教？你們的忠誠在那裡？因此，在忠貞地下教會的主教，和愛國教會向教宗表示忠誠的主教；應建立一種默契互不攻擊。

由默契可以結合力量，共同攻擊甘心背棄教宗的幾位愛國會主教，也攻擊愛國教會的整體組織，去年四月在北京主教會議，四十多位主教參加，只有五人反對承認教宗爲教會之長，而且多數參加者也想改變愛國教會的名稱，若能由默契增加力量，把這五個執掌愛國會的主教撤換，使愛國會漸漸變質，走向合理的路。可以是個行動目標。

這一篇呼籲必定仍是紙上談兵，事情也不是這樣簡單，但是既然指出了一個觀念或者可以產生實效。

天主教會協助社會治安

四月廿一日午後五點半鐘，內政部許水德部長到天母牧廬，和我談天主教協助社會治安。來以前，許部長的秘書告訴修女說部長來談社會治安問題，我擬定了七項綱目，只有最後一項爲宗教教育。許部長到了以後，問我說天主教方面怎樣可以協助社會治安。同時，台視的攝影師忙著佈置攝影，台視的記者小姐又要訪問，我和許部長談話的時間很短，沒有能夠圓滿答覆許部長的問題。現在，我就借益世評論，和許部長來筆談。

天主教第一項可以協助社會治安的工作，在於宗教教育。歐美的社會，雖然俗化程度已經很高，社會生活和宗教信仰脫節，但是兒童和青少年仍舊接受宗教教育，每星期天在教堂有主日學，教授宗教信仰和倫理，在中小學有宗教教育課。兒童心中種下了宗教信仰和倫理規律的知識種子，漸漸會發芽，使青年人有道德感。我們的教育法卻禁止學校有宗教教育，中小學又因補習課程，連星期天也不能到教堂去，只有暑假時，有三個星期的宗教課。爲使年青人有道德感，宗教教育乃是一項基本的工作。

第二項協助社會治安的工作，政府邀請天主教的神父參加社區工作和社區活動。普通，在這方面，政府根本沒有注意到宗教的影響力，寧可社區因社會工作人員的缺乏，社區活動中心可以空著，也不會邀請天主教的神父和修女，而神父和修女在這方面都有工作力。今後在這方面，內政部可以指示地方政府敞開社會活動中心，讓天主教神父修女進去擔任工作。往年我在台北市暑寒假辦理小小公園營，帶領兒童成隊活動，動用一點市府經費。後來，市府社會局爲向上級報功，自己包辦，辦不好。

對於青年心理輔導，尤其有問題的青年之心理輔導，往年地方法院曾邀請天主教神父和修女作輔導員，個案輔導，我也去開了兩三次會。後來，我到輔大以後，就不知道這種輔導工作還有沒有。

第三項協助工作，就是輔導受刑人和受管教的青年，天主教會在台灣有這種輔導的工作，也盡力在做。只是人手不足，不能擴展。前幾天看見報載有幾十個受管教的青年到佛光山接受禪教，也是宗教的感化教育。這項工作非常重要，否則，感化教育沒有辦好，受刑人和受管教的青年出來以後，更加惡化，犯罪的方法更高更妙。

第四項協助工作，在於內政部擬定幾項社會工作計畫，邀請宗教負責人商量如何分配工作，並定期集會追蹤工作進度。

第五項協助工作，內政部協助天主教會辦理青年活動中心，老人活動中心，婦女活動中心，以經濟資助。天主教會有心辦好這些中心，只是經濟力薄弱。內政部和省縣市政府能量力補貼，對於社會治安，這些中心必能有所幫助。

以上略舉最簡單的幾項工作，天主教很願意盡力。但最重要的，是社會要改變舊的觀念，不要認爲天主教爲洋教，更不要認爲宗教盡是迷信。宗教信仰實在可以減輕食色的慾望，提高精神的意願。

社會不安的根源

台灣社會的不安，不僅是報上記載的事，不單是政府頭腦的瘤，而且是我們每天生活所感受的苦。苦到了難以想像的地步，以致於到大陸探親回來的人，竟嘆息大陸上的人活得比台灣的人更太平、更簡單。不要說這種現象太荒謬，而是很可怕；自由濫用的結果，是民心傾向專制！

爲什麼台灣的社會沈淪到這種境地呢？

原因當然很多，我則認爲遠的根源，是倫理教育的破產，近的根源是立法院的狂妄。維新的人不高興也不屑於聽，中國歷代家庭以孝悌教子弟，但是無論世界那個國家的國民，完全沒有倫理教育，這個國家的社會必定要亂。歐美的國民，目前雖然缺乏家庭教育，但是在兒童和青年時，要到教堂接受宗教教育，長大了在學校在教堂仍舊繼續聽教士講道。宗教教育包括倫理教育，最低程度至少知道「十誡」。

現在的台灣青年，少有在家庭受到倫理教育，在學校又因升學補習而放棄生活教育，到社會裡成天成夜看到殘暴的影像，讀到搶竊的新聞，感到求錢求享受的風氣。家庭、學校、社會的倫理教育都破產了，怎能怪社會不安呢？現在犯罪作惡的青年多，好的青年還是更多，那是還靠上一代受過宗教的人流下來的遺澤！

青年犯罪只是社會不安的一部份，台灣社會的不安，是全面的不安：政治不安，政府不安，政黨不安，經濟不安，交通不安，教育不安，平日生活不安。這種全面不安，在近兩年造成，原因是立法院瘋狂，直接和間接的影響。

立法院的現狀，民進黨以改革體制爲目標，但是體制問題不僅在立法院的組織，更在於以台灣爲政治主體，改革的方法是針對法案，爲反對而反對，爲反對又不講理，輕則提一套程序問題，重則搶麥克風，跳主席台，謾罵爲常事，動武也不少，使立法院沒有時間討論法案。另一方面，執政黨在行動上，步伐不一，言論各異，處處怕和民進黨對抗以致決裂，事事協調而不能有結果。

因此，行政院所提法案，都被擱置了，而且一些有關民生的重要法案也不討論，行政院的政策便都不能實現。就是在行政上，一位部長有新行動，立委必藉質詢予以攻擊，加以羞辱，需要所謂的鐵娘子的勇氣，才敢實行某種改革。新聞界的記者又常加以渲染，只要立法院有反對的聲音，記者群一定是興風助浪；行政院的行動幾乎全部癱瘓了。

南北市議會當然不讓立法院專美於前，便也步行暴動於後。社會上的行業會議，勞資協調會議，環保溝通會議，也演變成立法院的反理性局面，養成了社會上的不安。

所以，爲安定台灣社會，首先要安定立法院。政黨的爭執，要依循民主國家政黨的規範。立法院的院會，要守立法院的規則。否則，國是會議後，還要鬧的更亂。

根本的政策，則是開放大學，減少升學壓力，實行生活教育，也加入宗教教育。建立三代同居制度，使兒童有家教，養成新聞道德感，記者以國家福利爲重，青年有倫理教育。社會受大學教育的人增多，一般國民的教育程度提高，反理性的抗爭必然減少，社會治安才可以穩定。

紙上談兵

在前兩期的益世評論上，我曾說慣用紙上談兵的方式發表議論；我知道這種方式的危險，只因出於無奈，沒有實行的機會，才走此下策。《中庸》說：「博學之、審問之、愼思之、明辨之、篤行之」（第二十章）紙上談兵就忽略了這幾段重要的工夫。

但是我慣用的紙上談兵，是談觀念；而且還是經過愼思以後才談的。我希望所談的觀念是對的，更希望能引起一部份人共鳴。至於怎樣實行這些觀念，我不敢多談，應該是願意而且可以實行的人，根據實際情況構想，決定。

倘若不審問，不愼思、不明辨，就去實行，則可以產生意想不到的結果。

例如這次反對「軍人干政」，有博學的理論，從歷史事跡和全國政壇的經驗，歸納出來「軍人干政」的禍害。但若不審問在自由中國的今天社會和政治情況，是不是可以發生這種情況；又不愼重考慮，明白分辨採取行動後可能產生的變態，學者教師就去靜坐，就去參加遊行，以致在五月二十日遊行時出現暴力，事後只說「很遺憾」，便是「紙上談兵」的危險。

五月二十九日的暴動，沒有聽見有學者教師參加，反而有學者教師批評爲不合理。可是追究暴動的根由，雖然是由於反對黨的發動，但是事前學者教師的反動行動，在心理上增加了暴動群眾的信心，以爲自己的行動得有智識階級的支持。當然即使沒有這種支持，他們仍然暴動，不過，可能氣焰不會有那樣的囂張。學者教師的紙上談兵被人利用。

又例如「民主女神號」，有非常高尚的理想，在實行上有很正確的目標，主張規劃的人也作了完善的計畫。結果仍是「紙上談兵」，望洋興嘆，中國時報在五月廿八日登了一篇社論，標題「民主、人權齊爲現實利害低頭」，因爲有感於民主女神號拍賣及美予中共最惠待遇。社論的結語說：「從這兩件事中，可以窺見在現實的環境中，利害的權衡還是居於首要的地位。所謂民主，所謂道義，所謂人權，縱使不全是秀場的名詞，至多也是告朔的餼羊而已。而這也正是時代的悲哀」。

在考慮現實行動的環境時，就不能不考慮到「利害的權衡」。我不說這種考慮對不對，但爲避免行動成爲「紙上談兵」式的失敗，行動以前必須考慮。

我們這班讀書人，在腦子裡，在紙稿上，我們可以打勝百萬的雄兵，但在事實上就可以被一個卒子打敗。我們的中國神父，若是稍有積蓄，常是遭一個自稱好教友的人騙走。我們的外國主教神父，則常被一個買地的辦事員蒙在鼓裡。原因就是他們沒有實際的經驗，而且對這些事都不在行，平日所做所想的離這些事很遠。我們讀書人談政治，就像我們的神父談錢，免不了「紙上談兵」。紙上談兵不去做還好，若馬上採取行動，勉強靠運氣，也難逃脫失敗的遺憾。

尊重天主教的工作權利

水德部長勛鑒：

昨日邂逅相遇，承告光作文談宗教協助社會治安事，已呈報李總統，不勝感激，亦望光文中所說均能見諸實行，使社會治安能有增進。茲有懇者新竹市高峰路有一所天主教修女院早已改爲精神生活中心，以提昇社會倫理及公民生活品質，在此舉辦講習會、生活反省週、精神生活實習週等活動，光亦曾數度前往參與。中心設備雖粗薄，然尙可適用，近因新竹市都市新計畫建一路一水溝通貫中心，該地被徵收一事，中心全部被毀。然此中心旁之佛教山地則絲毫不動。光因此常說中央政府希宗教盡力協助地方政府，對於天主教卻常不置於眼中，而天主教所作社會事業，如學校、醫院、老人院、孤兒院，年費億萬地方政府不予重視，反只看重佛教寺院，每年以所收信徒捐獻之千分之幾贈與政府，故祈部長於函告以宗教團體請協助社會治安以後，亦函告地方政府著稍關心教會之社會事業，不予破毀，則幸甚矣。若說讓地方政府資助天主教之社會事業，實不敢奢望。

忙中草此謹請

裁奪 順頌

政安

羅光謹啓

民七十九年六月一日

請許部長原諒我公佈了這封信，因爲信裡的事雖是個案，但是屬於一系列的事。我對於這一系列的事，頗有親身經歷的感想。

大約二十年前，北投都市計畫，新開一站，直衝北投天主堂，我向市府建議，那條路並非必要，如非開不可，則請稍繞一彎，在聖堂傍開路，不毀聖堂，聖堂乃奧國天主教會捐獻所建，最後那條路沒有開。

稍後新竹曙光女中校園被一計畫路，劃成兩半，台北崇光女中校園也被一計畫路割成兩半，幾經交涉，仍不能免除分割。

後來，大齊道明會國際小學校地，被鄰近公立小學徵收，經向市長與教育局長抗議，公立學校吃私立學校，結果暫時免徵，但是前幾天，道明會羅瑪總會會長來訪問我，請我幫忙，因爲目前在那塊地上，還不能建築房屋。

泰山主顧會女生宿舍被鄰居公立小學徵收土地，實際上爲公立小學只是多一小角，經過多方交涉，還由教廷代辦請外交部出面，才把徵收事撤回。

這次又來高峰路修院被計畫路割分。

天主教在台澎金馬設有幼稚園三百一十所、小學十所、中學二十七所、職校九所、大專學校三所、醫院十七所、安老院六所。我們教友的人數只三十萬，以三十萬人創設這麼多社會教育事業，應該被政府肯定天主教對國家的貢獻。我們雖不敢希望政府予以津貼，但是我們應該可以希望各級政府不阻礙我們的工作，尊重我們的工作權利。

劃清界限

對於國是會議，沒有天主教的代表，大家都覺得很遺憾。我們天主教在政府和社會方面，應該受到重視。有好幾位人士，向我表示打抱不平，因爲我沒有被邀請，他們認爲我代表天主教是理所當然，我在事前事後，沒有談論，更沒有行動，怕人家認爲我因未被邀而表示不滿。

若就我個人方面說，我則高興未被邀請，否則我將缺席，不參加會議，因爲這次國是會議若真照原先的構想，邀請代表以個人名義參加，發表自己的意見，後來變成各界團體代表參加，國民黨和民進黨便以黨的組織運作會議，無黨籍的代表可以有的活動空間就很少了。（寫這文時，國是會議剛開了兩天。）而且各團體的代表誰真代表本團體的意見，基督教代表能代表長老會嗎？佛教代表能代表佛教各派嗎？若是我代表天主教，我發言能夠代表天主教嗎？對於這些政治體制問題，教會本身沒有主張，教會人士可以自有主張，自由發表。若以天主教人士身份參加，則可以自由發言，若以天主教代表身份出席，則爲自己的意見，不能代表天主教人的共識，不便多說。另一方面，我自己承認對這些政體問題不大懂，怕講外行話，應該由平信徒從事政治工作的人去講。

幾十年來，國內國外人士常批評中國天主教會跟國民黨合作。合作是事實，合作的理由在於天主教會在一個國家裡通常應該和政府合作。中國政府從民國二十八年八月一日，教宗庇護第十一世通電恭賀南京政府的成立後，中國政府由國民黨執政，政府和國民黨結合為一。天主教會和政府合作，當然便和國民黨合作。現在，中華民國在政黨方面，已採多元制，雖然執政仍是國民黨，政府的政黨已經不是國民黨單獨的政策。天主教和政府合作，便不是和國民黨單獨合作了。

我在這次教育部督學來視察輔仁大學時，我就向督學說明，以往在大學的國民黨部，由校長任主委，校長若不入黨，則由教務長或至少訓導長任主委。今後，國民黨在輔大的黨部應由上級黨部派主委，免得教授和學生批評學校辦黨。國民黨為學校的正式政黨，學校和政黨應劃清界限。

一次在餐會上，三民主義統一中國大同盟，擬提議改名為民主統一中國大同盟，我極力贊成，因為三民主義被大眾看為國民黨的主義，不容易發動大陸和華僑的人士，而目前民主運動在大陸和華僑間進行很熱烈。可惜黨的大老反對。這個大同盟目前便不可能展開工作了。民進黨知道運用各種名義，發動民眾運動，國民黨則只死守著黨，現在黨內又不團結，在立法院常由民進黨帶著走。

知道劃清界限，避免色彩的混亂，又知道運用界限的聯繫，才能有工作的成效。

文化訪問，清除台獨

這次國是會議，完全避免統一和台獨的論戰，也不顯出台獨的思想；但是骨子裡則是把台灣作爲中華民國的本體，以現在的中華民國是台灣，但是有一個將來的目標，爲統一大陸。因此雖不廢除憲法而衹修憲，修憲的意義就在於憲法實行於台灣。對於統一，有台獨思想的民進黨當然不關心，就是增額的國民黨民意代表也不是都有決心。

這也難怪他們，在台灣受教育的目前中年人，對大陸的印象非常淡薄，而且相當壞。四十年來的教育（及到最近一年），常把大陸和共產黨合而爲一，宣傳共產黨的暴行，大陸也就變成罪惡的淵藪。民進黨又把大陸看成政治的大包袱；我們的政府要代表大陸，又堅持中國只有一個，而共產黨也堅持中國祇有一個，共產黨便在國際上處處排擠我們。

在另一方面，我們政府的經濟政策成功了，台灣已將踏入開發的經濟強國的圈內。大家便相信，台灣可以自立，口口聲聲喊台灣經驗移入大陸，自傲爲一強國的國民。

開放了到大陸觀光的路，到大陸觀光的海岸這邊的青年和成年，發現連夢想也沒想到那麼大的大陸。北平的皇宮，內蒙的長城，西安的秦始皇陵，顯示出來幾千年的文化，而且每到一省，都可以看到千年以上的遺跡。歷史上所講的名人學者，都有他們的紀念物。山東曲阜的孔陵、孔廟、孔府，乃是中國思想的根源。

搭飛機、坐火車，跑到上海杭州、渡過長江黃河，坐在岳陽樓看洞庭湖，走在蘇隄上看西湖，才覺到大陸有山水，台灣是沒有水的乾島。再去考察大陸的煤鐵，石油，大豆，棉花的出產，驚訝工業原料那麼豐富，台灣則赤身空貧。若調查大陸人口的多，工業的人工資源真是用之不盡。怎麼能怪我們這方面的工廠都想搬到大陸，大陸的原料和人工，取之不竭，而且價廉！

經過兩年的立法院動亂，社會不安，台灣的經濟便不能繼續以往的奇蹟了。又因爲最近有若干小國和我們建交，大家就以爲在外交上我們可以戰勝共產黨；可是共產黨一反擊，印尼和新加坡和他們建立外交關係，沙烏地阿拉伯也要跟著走了，大家又罵外交部了，實則「弱國無外交」。我們假使經濟因大家不爭氣而倒下，在國際上將沒有我們的地位，所以還是少喊「台灣經驗」，請立法院的委員們安靜地坐下來，爲國家謀生存。

謀國家和政府的前途，加強開放文化訪問的路線，讓民意代表、大學和高中教師，以及大學生，有計劃地往大陸訪問、研究、考察文物的歷史遺跡，工業的資源，敞開這些人的視線和胸襟，莫要再死抱著台灣。看清和大陸的統一，乃是國家和政府的唯一前途。耐心地促進大陸獲得民主自由的日子，不自大，不自卑，加強爲統一的資本，到統一來到的一天，我們就能實現泱泱大國國民的生活，不做區區小島的島民。

明恥

陽明山公園有一座涼亭題名「明恥」，為墨西哥華僑捐資所建，紀念國父孫中山先生曾親筆提「明恥」兩字，贈與墨國華僑。

現在新時代卻有一種新現象：不知作惡是惡，還以為有氣態，作惡不可恥，而且是榮。青少年犯罪的人數日增，年齡也日降，他們被警察抓捕，不意識到自己做錯事，祇怪運氣不好，悔改的心沒有。

最近法務部決定將幫派的大哥，單獨監禁，免得在監禁所共相研究、共同學習，出獄後做壞事更精明。實際上許多竊賊，在牢裡大增知識，一出牢門，偷竊更加專業化。還有被刑警從國外押回的重大刑犯，還大言不慚，氣態十足。

這種現象是良心失常的現象。王陽明曾經說：習慣做賊的人，聽人叫他是賊，面上還現忸怩色，良心不會泯滅。現在作惡的人自以為作自己的事業，良心不加譴責，那是社會上善惡不分，祇以金錢為重，誰有錢就好，可以賺錢的手段都好。他們不知道作惡可恥。

但是社會上普通一般人，還以搶竊、偷盜、綁票，強暴為不道德，新聞記者也不會去捧。大家還嘆惜世道日壞,惡人不知恥。反而在更重要喪失道德行爲上,社會上有許多人,新聞界有不少記者,鼓掌贊助,大談其事,大呼其名。造成了以作惡爲榮的新現象。

群眾運動遊行時,規規矩矩走路的人,誰都不注意他們。走出少數的揮拳舉棒的人,追打警察,又有少數人手拾亂石,亂扔路旁門窗,電視記者爭著拍照,新聞記者趕快速寫;這些暴力事件,立刻上電視,上報紙。

立法院開會,坐在會場,安靜細聽的人,從不受人注意,或者反而被人看爲沒有作爲,沒有思想,或沒有精力的老人。幾個好動的立委,或者屢次發言,或者拍桌抗議,或者爭走發言台,或者搶走麥克風,及或者推翻發言台,打斷麥克風;或甚者跳上主席台,圖打主席,既打不著,索性打同僚,彼此扭成一團,在地上打滾。我們在這兩年裡,在電視欣賞了多少次這種盛況,在報紙上發了多少長篇的描述,大家稱讚這些手足表演的立委,有英雄氣態,還要罵資深委員不退職,國民黨控制立法程序,是引發這種現象的根由。

於是,暴行顯著的委員成英雄,企圖作英雄的委員大找時機,立法院不議法案,成爲作秀的場地,大家稱這些委員的行動爲作秀。作秀是歌星演員成名的路,當然不能說是作惡。立院第八十五會期,總計開議五個月,祇通過了七項法案。七項法案的五項法案還是休會前,星夜趕辦的,所有時間都浪費在作秀上。等待審議的重大法案有百項之多。政府行政工作被套住了，多項建設也停止了。

國家的這些損失，已經很大了；但是民族所受的損失可慘！暴力形成了政治力量，鬻鬥作爲議會的常軌，作惡升爲作秀。民族心裡上失去了「恥」字。孟子說：「人不可無恥，無恥之恥，無恥矣」（盡心上）知道無恥真是可恥，加以改進，則可以不再有恥。不改，則慘了。立法院無法而不恥，社會各方因而無法都亂了，造成台灣目前社會沒有治安，成了政府的第一問題；經濟退縮成了民族生存的嚴重威脅。可能更悲慘的事件，還在後面。現在是民意代表明恥的時候了！

遣返同胞，不是遣返囚犯

俗語說：「禍不單行」；我們在外交上，有了沙烏地阿拉伯和中共建交的災禍後，連接就有印尼和中共建交，新加坡和中共建交的災禍，使我們在國際上遭受重大打擊。但這種災禍是由國際勢利所造成，我們無力抵抗。可是另一種國際災禍則是我們自己不爭氣所造成的。流刺網使我國在國際道德上蒙羞，前不久則有南非殺海豹取豹鞭以造陽藥事，使國際人士奇怪中國人尚留在野蠻時期；最近，又因兩次遣送大陸偷渡同胞，發生兩次慘劇，使國際人士搖頭嘆息中國人草菅人命，把同胞看成豬犬。使我們進入開發國家的招牌，塗上了一層污漆，使我們抬不起頭！

招牌上的污漆是難看的，可是人心上的污漆更是不好受。當年英國人要遣返逃到香港的大陸難胞時，我們政府和社會人士齊聲抗議，高喊「不人道」！現在我們遣返偷渡同胞，誰也不說「不人道」了，還認爲「理所當然」。

中共以偷渡黑槍，企圖擾亂台灣治安，政府現在以全力查禁，這是「理所當然」。中共又以偷渡工人，企圖擾亂台灣治安，也就理應全面查禁，全數遣返不可。這兩件事，是不是中共的政策，還是民間意圖所造成？黑槍案，中共似乎同意協助我方查禁；我們則可以追查販賣亂首，全面緝私，以絕禍根。大陸同胞偷渡來台，確實是爲多賺工錢，我們不要看他們是造亂份子。抓到時，要以同胞待他們，遣返時，更要以同胞方式遣送。以往西歐遇東歐同胞逃到西德時，是怎樣予以接待？我在電視上看被抓到的偷渡同胞坐在地下，形同囚犯，遣返時，被釘在船艙裡，心裡非常難過。

「漢賊不兩立」的政策，抗爭日本時，整個淪陷區，被認爲敵僞區。勝利接收時，不承認僞區的錢幣，不承認僞區的文憑，沒收僞區政府和政府人士的財產；接收人員大發其財，造成遺失大陸的最大因素。目前，又把整個大陸看成匪區，兩年前，連大陸的現在地理都不許讀，祇准許看歷史的地理。因而，把大陸偷渡的同胞都看成匪區的匪。這種情形，讓德國人和歐洲人看來聽來，罵我們野蠻。這也算「台灣經驗」嗎？

大陸偷渡同胞，是爲來台找工作。台灣目前工廠缺少工人，一種原因是人口政策的糊塗，另一種原因是工人不願做粗工。工人的工資漲得比學校教師還好，工人可以操縱工廠的命運。他們要工人缺乏，工資持續升高；結果，工廠不能發展，產品因成本高，台幣升值，不便輸出，國家經濟發展乃現紅燈。政府還要保障工人權利，不許雇外籍工人，又不許雇大陸同胞，這是不是一個文明國家、開發國家的政策？是不是把工人的權利作成了一種特權？

就是要遣返偷渡同胞，也該不以遣返囚犯方式，而要以遣返同胞方式。當然，其中困難很多，不像香港和大陸相連，祇要送到邊界就完事，台灣和大陸隔著海，是不是可以運送到金門，再由紅十字會接送偷渡同胞回大陸？

此文寫於八月十五日

老者的貢獻

「新陳代謝」，是一條自然界的規律，更是人間世的一項原則。整個宇宙爲一個繼續變易的宇宙。人類的生活更是從不停止變易的生命。中國傳統哲學以宇宙爲一道生命的洪流，春生夏長秋收冬藏代表這道生命洪流的表象。每一個人，由襁褓開始，一刻一刻地變易，嬰孩，小孩，童年，少年，成年，老年，最終是去世。每一個人生命的表現，先是幼稚，次是未成熟，後來成熟了，跟著便是衰頹。每一個人的生活，便依著生命變易的表現作根據，先學習工作，再便正式工作，後來放棄工作。年老者放棄工作，讓出工作的地位，就是依照「新舊代謝」的原則，自然成章。

大法官會議解釋憲法，決定資深民意代表到明年底一致退休；這就是「新陳代謝」的生命原則。資深民意代表接納這項大法官的決議，無所留戀地放棄職位，表現出高尙的清高精神，不愛地位不愛錢，祇關心國家的需要。在目前唯利是趨的社會裡，年輕年壯的人一心爭權奪利，年老者的清高精神，可以減低社會的爭奪熱，可以促使年壯年輕的民意代表作一番反省，改正他們作秀的幼稚心理。

這幾天大家都在追悼錢穆教授，大家都爲台北市議會逼錢教授搬出素書樓而表現悲憤，大家也都更景仰錢教授的儒者操守，尊敬他的清高人格。他雖然可以名正言順，理直氣壯地固持素書樓而不搬，說明素書樓是先總統蔣公歡迎他回國定居，爲他所造的小樓。錢教授以儒者的志氣，不戀非自己所有的房屋，更不願聽人說他佔住市有土地，以九十六歲多病的衰弱殘身，毅然決然放棄自己所設置，自己安居二十多年的素書樓，遷居到台北鬧市的一座公寓裡，住進一所狹小的房內，沒有花園，門上裝了鐵門。鐵門內封閉的空氣，提前結束了他的生命。但是錢穆教授留給中國人的遺產，有他的歷史著作，有他的清高精神。

資深民意代表人數多，每人都能表露清高的精神，則這股強大的清高精神，必能造成一種清高的風氣，掃蕩社會的爭權奪利的俗氣。資深民意代表退職後，尙可組織聯誼會，對於政府的政策，對於國家的利益，常可以發表意見。

年老者退休，是退出各機構內的工作地位，並不是退出社會，更不是退出人生。年老者因著自己的經驗、學識和修養，對於社會，對於人生，有做不完的工作。年老者不一定要留戀一個地位，老人有老年人的尊貴，更重要的是清高的人格。

環保清潔

目前環保的意識，集中在工廠的污染：穢氣的污染、穢水的污染、核子毒氣的外洩。這是事實的要求，也是對於人生危害的恐怖。社會人生安全的環保，漁業安全的環保，農產品安全的環保，現在造成複雜的經濟和政治問題。環保局從中央到地方，面對問題而感到無能；祇有像五輕復工問題，由行政院長和經濟部長用政府的全副力量，才能解決。

但是有些環保工作。可以不成問題，沒有對抗的局面，不要求大量金錢，可以說祇有舉手之勞，就可以做到。而這些工作對於社會民生，關係很深；對於觀光事業，影響很大；對於國家形象，塑造力很高，這就是生活環境的清潔。

我生長在湖南衡陽的南鄉農家，住屋是泥土地板，每天早晨都要灑水掃地。屋外有廁所，牛欄，豬圈，雞鴨的場地，還有垃圾池。這些地方，則只有每年清理幾次，清理出的穢物，作爲農田的肥料。

鄉鎮的商店，天天掃屋，打掃卻祇到門口，門口和街道要等清道夫去掃。門口而且堆著許多東西。

這種現象往年在台灣，大概也一樣；現在生活方式改進了，農村、住宅周圍清潔，市鎮的街道也乾淨了。

然而清潔的現象並不徹底。不必說小鎮的環境，就是台北市的環境，除了幾條大街以外，環境的清潔就相當差了。行人道上堆滿機車、木器，還有接二連三的小攤販，越熱鬧的地區，行人道上越走不通。前年底我到羅瑪，帶了一位隨身秘書，因爲身體需要有人照顧。秘書在動身前對我說：「聽說義大利的城市髒。」我說自己在羅瑪住了三十一年，知道羅瑪街道雖然趕不上瑞士和德國的街道，但是還很清潔。秘書還是不願相信。到了羅瑪，在街道上走走，秘書看到羅瑪城的行人道，樹木整齊，路上沒有一件雜物，更見不到放著在台灣出名的義大利機車。秘書才問我說：「我們說義大利髒，人家較我們乾淨多了！」

街市的陰溝，就連台北市還有許多陰溝沒有蓋著，住家的髒物就隨便往溝裡丟。颱風大雨一來，溝水外溢，穢物滿街流，而且滿家跑！

垃圾的堆放，在台北市的大街小巷，都造成髒，堆放在地上，雖然都是塑膠小包，還是髒，收集了以後，遺留在地上的多是髒。羅瑪市面早就用垃圾箱了。

觀光的名勝古蹟，小販則多了，不管場地大小，在進門處必定排滿攤販。前幾年我到韓國中部大伊，海星七子大學校長陪我去參觀古王陵和國家公園的佛寺，我很佩服園林的清潔，隨處不見攤販。這種現象對觀光者的心理有良好的影響，也表現出國家的尊高形象。

環保局應在這種基層的工作計劃，努力繼續推動。計劃的基本點在環保教育。在小學和國中，要有清潔教育。在社會廣播的宣傳，要有清潔教育。最後環保局要和內政部省市政府，訂立簡單的規條，而且要努力實行。

中梵關係

—答中華日報記者張詔原訪問

值此我國外交關係日趨吃緊之際，有關中共與梵蒂岡關係是否「生變」，引起多方關切，羅光校長日前接受中華日報記者張詔原專訪，提出一些重要觀念。以下爲中華日報刊登羅光總主教接受專訪摘要：

問：中華民國主教團過去在中梵關係上，一直扮演積極角色，可否說明。

答：我國與教廷間關係，自政府遷台後，可依民國六十年退出聯合國爲分界點，之前即因教廷對中華民國是否代表整個中國質疑，在第二任駐教廷公使吳經熊卸任後，幾經波折才同意我國原駐教廷第一任公使謝壽康，再度出任第三任公使，教廷此時仍尊重聯合國在法律上承認我國主權地位。

但我國退出聯合國後，雖維持大使館架構，卻以大使渡假爲由，召回駐華大使葛錫迪總主教，在中華民國主教團努力奔走下，教宗才同意已任命爲駐孟加拉大使葛錫迪，兼任駐華大使，直至葛錫迪奉調出使南非，教廷即以代辦長駐我國。

面對中共近年來不斷要求教廷與我國斷交，再試圖改善兩者關係，也是經由主教團向教宗進言，才未見進一步行動。

當然，中華民國主教團所付出心血，也並非單爲中梵外交關係，同時也爲教會教務發展，教廷也是基於此點原因未有斷交行動，若單純以政治角度考量，可能早與我國中止外交關係。

問：若中梵中止外交關係，是否影響我國與中南美洲部份以天主教爲國教的國家間邦誼？

答：直接立即影響應不至於，但在面臨某些外在因素時，可能會產生間接性影響，如此對我國在國際聲響，會產生負面效果。

問：教宗曾二度訪問南韓並主持聖體大會，爲何從未有訪華計畫？

答：層峰曾命我赴羅馬邀請教宗訪華，而教宗也曾不止一次表明來華訪問心意，但總因顧及中共會發動其所支持「愛國教會」，迫害忠貞於羅馬的「地下教會」，而以「時機不宜」婉拒。

教宗曾嚴肅向我表示，若是因爲訪華增加大陸教友困難，不但全球信友不會支持，國際輿論也會批評，教宗認爲，若無法拯救或改善大陸信友生活條件，起碼也不應加深他們受迫害機會，如果不能到台灣訪問，此地教友雖不滿意，也不會因此受到任何傷害。

問：外界一再傳聞外交部更換不動現任駐教廷大使周書楷，係因教廷方面有所意見？

答：我們認爲中華民國當然代表整個中國，但因在更換大使呈遞到任國書時，將會發生「中國大使」困擾，教廷爲避免給予中共藉口，也因此認爲只要以代辦階層即可，無需更替其他繼任大使。

同時在另一方面，由於我國在歐洲地區維持正式外交關係國家僅教廷而已，對於駐教廷我國使館九人龐大編制館員進進出出，忙著處理非與教廷相關業務，在中共透過駐義大利大使館，由義國外交部向教廷抗議此起彼落事件中，教廷當然不願意有這些麻煩。

未來更換大使雖有困難，但仍有交涉成功可能，在繼任人選條件上，則宜由在文化、學術界享有崇高地位者較適合，教廷絕不希望太活躍人士出使。

問：教廷在兩岸問題上態度，及日前總主教參加「國統會」總統府諮議社會人士會後感想？

答：教廷希望此地教會能與大陸教友多接觸，此種立場是「政教分離」，教宗希望大陸教友，能保全向羅馬教廷忠貞思想，而我們此地神職人員，也趁探親之便，儘量提供有關神學、宗教禮儀等書籍，予大陸教會及教友。至於政府成立國家統一委員會，個人認爲是符合時代潮流需要，如此政府部門在決策上，與全國人民達成共識，才能在國家政策、社會、經濟、文化上各方面活動，均朝此一方向努力。

如果民進黨反對參加或成立此一機構，則無異承認「台獨」，至於有人認爲台灣沒有能力以武力統一大陸，即不需設立此機構，那如果真是如此，在討論此問題時，僅需在國防部設立軍事委員會即可。事實不然，兩岸在政治、經濟、文化各方面均無法統一時，即需設立此一機構，促使民主思想在大陸萌芽，以迫使中共改革。

國家統一的基礎：文化同一

近月，對於國家統一，兩岸的行動頻多。在我們這一方面，設立了國家統一委員會，由李總統任主任委員。在那一方面，有楊尙崑的談話，有大陸奧委會阻撓中華民國舉辦下次亞運。

同時，西德和東德統一，全國大慶。南北韓總理二度舉行會商，爲統一鋪路。李光耀總理在訪問大陸前夕，在香港發表談話，談到中國的統一。

兩德的統一，乃兩德人民的一致願望，經過四十年的追求，破除了統一的政治障礙——共黨專政，水到渠成。西德的經濟，將作東德的支柱；西德的民主，將成東德的安定；兩德人民的文化同一，民族同胞，更成爲統一的基礎。

楊尙崑身爲中共的國家主席，今年五月二十七日，在訪問阿根廷時，對華僑界人士說：「不要搞甚麼前提、對等！我們有十一億人，台灣才兩千萬人，對不起來嘛！不成比例嘛！」他不承認兩岸有對等談判的基礎，他又說：「有七百多億美元存底，對我們來說算不了什麼！因爲我們有七千多萬噸鋼、煤炭、石油；我們還有原子彈，有潛艇，有很多很多的潛艇。我們仍在搞改革開放，我們開放了金門對岸的一個小島，有一萬多台灣商人來投資。王永慶和我會面時，說他要到大陸投資七十多億美元，有十個王永慶，台灣那七百多億美元不就完蛋了！」（參考海外學人第二百一十五期）

中共不答應對談，祇承認有香港的例子，要台灣合併入大陸。大陸人民到今天還沒有表示願意和台灣統一，所表示的祇想要台灣的錢。大陸在外的民主人士，沒有說過和台灣政府人民結合一起。

在台灣，政府進行統一政策時，民進黨既拒絕參加國家統一委員會，又提出實際主權政策，以大陸和外蒙不在政府主權以內，否認了要和大陸統一。

在這種情況之下，我們兩岸的統一缺乏了統一的基礎，兩岸的人民，沒有同一文化，沒有同一民族的共識。民進黨竟認爲台灣人不是中國人，台灣文化不是中華民族文化。從台灣有許多人往大陸探親，自認是中國人，然而看到大陸的新生代，不僅沒有和台灣相同的現代文化，就連以往傳統的文化也遺失了。在這種情況下，政治力量絕不能造成兩岸的統一，即使奇蹟地造成了統一，將來的社會生活和政治體制不能統一，效果則會想不到的壞。

但是國家統一，則應當是兩岸政治的目標，因爲這是中華民族天然的歷史趨勢，有分必有合。目前談統一，便應該奠定統一的基礎，使兩岸的人民，深深共識同是中國人，同有傳統的文化，也同向傳統文化的同一改革。由這種共識產生共同追求統一的心理，共同策劃統一的企圖。

文化建立乃是爲國家統一最迫切的工作。怎樣使台灣人認識中華民族的文化？怎樣使台灣人自認是中國人，以中國人爲榮？怎樣使台灣建立新中國文化？把新文化傳到大陸，使大陸人嚮往？目前台灣處在文化空虛時代，所有的是金錢享受，是政治暴動，議會打仗，社會搶竊。所以最迫切的是成立文化部，專責建立新中國文化。大學設立文化學系，專門講習文化意義和歷史，十年以後，必能有成。

奠定中國統一的文化

中國的統一，應以文化同一爲基礎。文化爲民族生活的方式，生活方式裡含有人生的思想，含有社會的組織，含有政治的制度。人生的思想以及社會組織和政治制度，不是一成不變，隨著生活的環境常能有改變；但是在基本上必定有種中心的觀念和原則，長久存在，作爲生活方式的意義。這種內在中心，便是民族的文化傳統。

在中華民族的歷史上，曾經有過分合的歷史，戰國是分，秦漢是合；五胡南北朝是分，隋唐是合；唐末五代十國是分，宋朝是合；蒙古和滿清，原來不在中國以內，後來也在中國以內統一。戰國時代的各國，由秦國統一，秦始皇在統一後，沒有文化上的問題，周朝已經使戰國時的各國都有了同一的中華文化。這種中國文化傳下來，成了中華民族的文化。

目前，我們計劃中國統一，該統一的是海峽兩岸的大陸和台灣。大陸和台灣原本歸屬同一的中國，兩岸的人民，本來都是中國人；但是兩岸人民的生活卻不一樣，生活的方式不相同。因此，便產了文化同一的問題。

台灣受日本統治五十年，並沒有日本化，光復以後，卻也沒有完全融會在中華文化以內，因爲中華文化自身發生了變更，起了重大的改革，現在還在改革的變更中。目前台灣的生活方式，處在過渡的時期中，還沒有建立新的中華文化。大陸則是共黨統治四十年，傳統的文化受盡摧殘，共產的文化祇是一種政治的架子，在這種的情況下，爲著中國的統一，必須先建立新的中華文化，使兩岸在新的中華文化內，共同體認是同一中國人，可以有生活的同一方式。

新中華文化的基本是「仁道的人文文化」。無論儒家、道家和佛教，都以「人」爲文化的中心。人的中心在於「人心」，孟子講養心，莊子講心齋，佛教講明心見性。人心的本性則是「仁」。從漢武帝獨尊儒家以後，中華民族的人生哲學，以儒家爲主流，儒家則以孔子之仁貫串全部思想。

中華文化既以人心爲基礎，人心不是物質，而是「虛靈不昧」的精神，孟子稱爲人的大體；感覺則是物質，孟子稱爲人的小體。人則應該養育大體，培養自己的精神，中華民族在傳統上有倫理道德，有禮儀規範，勤勞節儉，安享詩文、書畫、戲劇的藝術樂趣。對於物質享受，常是「知足常樂」。

今天我們發揚中華文化必須由下列幾方面著手：

第一，學校的教育，極力培養青年對中華文化基本知識。在教科書內，在訓育輔導上，在學生自治社團活動內，都灌輸這種基本精神。

第二，社會的傳播工具，報章雜誌，電視電影，音樂歌劇，發揚這種基本精神，提倡守禮守法，提倡家庭倫理，提倡職業道德。

第三，全國由文化部（文建會）與文復會共同訂定推行中華文化基本精神的政策，積極予以推行。

第四，立法院應該表現守法、有禮貌、負責任、不以暴力、自私、無法無情導引社會人心向惡。要以民主、自由、有君子之風的議政文化，昭示國人。

大家若能共同認清目標，共同努力，台灣社會必定可以產生一種有次序，有道德，有安和的民主新氣象，建立新的中華民族新時代的生活方式。最後，再來以這種經驗推向大陸。

文化多元化（中國天主教文化）

在全國文化會議中，有人提議中國文化多元化。爲國家統一，我們主張應當有同一的文化；但是同一的文化，不是完全一同的文化。因爲文化是生活的方式，生活的方式在歷史悠久的中國，又在幅員廣大的中國，絕對不能是一同的。就如北方吃麵包，南方吃米飯，吃的方式就不同了。不過，既是同一個民族，有同一的文化傳統，生活的方式在具體細節上，儘管不相同，在基本的思想和原則上必定同一。

現在進行文化建設，在台灣當然有台灣的文化，台灣的當前生活方式，必須符合當前台灣人民的環境和心理。在台灣人民的以往生活裡，代代傳有中國人的生活方式，如家庭的生活，農村的生活，都有家族，都有孝道，都有勤勞，都有節儉，都有信用，都有禮貌。早年在大陸各省人民的生活，風土人情各有不同，卻也都有早年台灣人民生活的這些共同點。這些共同點，便是中華民族文化的傳統。今天在多元化中國文化的建設中，仍舊要以早年中國人生活方式的共同思想和原則作基礎。中國是五族共和國，滿蒙回藏具有自己民族的文化，不能強迫接受漢族文化。台灣人民本是漢族，由福建廣東來台，台灣文化便是中華民族文化中的一元。

我們天主教人士，多年來談論中國天主教文化，把天主教的信仰，在中國人的生活方式中表達出來。中國天主教文化，一方面要有天主教的信仰，一方面要有中國文化的基礎。例如喪事的禮儀，天主教人行喪禮，既表示對復活的信仰，又表現中國人慎終追遠的思想。

文化是具體的生活方式，由人民所有人生之道作基礎。我們天主教人士把信仰放在我們的人生之道裡，我們人生之道的具體方式，便應有信仰的涵義。

我曾在主教團會議中建議：把一年裡的民俗節，予以信仰的含義。就如五月一日勞動節，教宗碧岳十二世視聖若瑟爲勞工模範，在五月一日舉行聖若瑟勞工節。中國一年的民族節最重要的有四個：農曆年節，清明節，端午節，中秋節。這四個節日都是全國假期，全國人民都是家家熱鬧過節。農曆年節，我們舉行聖堂祭祖，清明節我們掃墓舉行彌撒，這兩個節期已經有了宗教意義。端午和中秋，則還沒有。我們應該研究合情合理的宗教儀式，予以充實。端午節開始是避暑毒，後來又紀念屈原。我們是否可以在端午節紀念我們的殉道真福聖人？中秋節欣賞月亮，又懷念嫦娥奔月的不死之藥，我們是否行禮讚美造物主，唱古三聖童在火窯裡所唱的讚詩歌或聖方濟所唱的讚主歌。至於母親節、父親節、兒童節、婦女節等可以予以宗教儀式和意義。再者，天主教信友，發揮愛和忍的精神，實行三代同居的方式，或同居一家，或同居一公寓，或同居近鄰，使能老有安慰，兒童有照顧，發展成爲社會風氣。

在文化多元建設中，建設中國天主教文化，既合時宜，又合於教會歷史。

多數之倫理

提倡性教育的言論，常在報章雜誌上看到，提倡的人都認爲是一項必須有的教育工作，也嘆息我們教育界落後，沒有早一點，沒有全體去做。我不反對這項教育工作，我祇惋惜提倡的人，祇在作生理方面的教育，完全排除了倫理的教育。性的生理教育，對於性行爲在青年學生中的氾濫，不會有防止的效力，大約還有加強的反作用。正當的性教育，不祇在生理上，一定要包括兩性的倫理教育。

近年，青少年犯罪率年年增多，歲數更輕，最近又發現吸毒的罪，竟也走進了學校，而且以國中爲場地。大家都也著急，卻也說要加強倫理教育。可是從來沒有見到提倡倫理教育的人，像提倡性教育的人那麼多，那麼普遍，那麼熱誠！

現在應該是實行倫理教育的時候了，不是祇去提倡。應該是開始倫理教育的時候了，不是加強；原來就沒有倫理教育。

小學和中學都有公民課，因爲不是聯招的考試課目，老師和學生都不注意，有等於無。小學和中學的倫理教育不是排在課程表上的課目，不是期中期末的考試題材，而是實際的活動教育，以行動示範。中小學的教師，按著學生的年齡，把倫理的規律，在實際的生活行動上，指示學生。對程度低的學生，少講學理，多說事實；對程度高的學生，多講學理，少說事實。在大學，對於大學生，則講人生哲學，也不是講人生哲學的高深思想和派系，而是注重實際生活的倫理。

目前，中小學教師沒有這種教學資料。教育部應找人好好編寫。編寫的人不必要作者專家，但應是自己有倫理道德的人。

在傳統的古代中國教育，講學的老師和求學的學生，都以「學」在於學做人。所以《大學》一書開端就說：「大學之道，在明明德，在親民，在止於至善」。《中庸》一書開端也說：「天命之謂性，率性之道，修道之爲教。」結果，乃有「尊師重道。」中國的哲學乃是「人生之道。」

現在的新教育，在於求智識。教育的制度盡量將一切學術知識，從小學到大學灌進學生的腦裡，越大越好。大學的系主任，祇怕本系的專門課程太少，輔仁大學的系主任還想把「人生哲學」一課排除。結果引起反彈，教育部規定應訂定「共識」課目。至於所謂「五育」並起，祇是紙上談兵，什麼也抵不過爲聯招的補習教育。

倫理教育的開端和維持，是家庭。我極力提倡三代同居，因爲青年壯年，當生了兒女，就連撫養嬰孩的時間都沒有了，對讀國小和國民中學的兒女，祇設法使他們生活舒服，多給零用錢，使他們快樂；還是要靠祖父母一代去照顧，去教育倫理道德。三代同居當然帶來麻煩，但爲使下一代成好人，受些麻煩也值得！

社會倫理教育則爲蔚成倫理風氣的必需條件，現代人的生活從少到老，都在社會廣播的聲色裡，新聞人士和廣電人士的影響力，比學校的老師還要強得多。收斂以民眾好奇心理作傳播標準的商業慾望，轉而用建設以全國民眾道德作標準；放棄以作秀取巧求私利之心，發揚愛護國家幼苗的愛心，共同努力，社會道德乃可以照亮人目。

一九九一年

禮貌

最近報載立法委員陳癸淼曾嘆惜說，在歷史博物館，存養氣質，在立法院消磨氣質。而且在我們看來，立法院和議會不僅消磨氣質，還消磨了社會的基本禮貌，粗語穢話，伸拳舉腿，自傲自大，盡量表現自己，壓倒他人。

目前的社會是缺少禮貌的社會，在另一方面卻又繁文褥節。請客坐席千請萬催不上坐。殯禮公祭，團體和單人，連續一兩小時。

禮貌是彼此的互相敬重，禮貌是親戚朋友的情誼。親戚朋友彼此見面，互相問候「早安」、「午安」、「晚安」，在歐美早已成爲風俗；在中國則是彼此點頭，目前已經開始在早晨說一句「早」，或說一句：「好」。

已故的榮民總醫院院長鄒濟勳先生，曾多次對我說：他常去榮總各處走走，遇到醫師、護士、工友，彼此都說一句「好」，若遇到一個不說話，視若無睹的人，就問這人認不認識醫院的院長，他就是院長，彼此一聲「好」。我回答鄒院長說，在學校，遇到學生，彼此也說聲「好」；若一個學生不管不顧，我也問他認不認識校長。

現在居在我住所的司機黃先生的兩個小孩，則常說「主教，早安」，「主教，晚安」。這是受了新的好教育。兩個小孩得了我給的東西，必定說「謝謝」。若是東西由他們母親帶給他們的，他們必定跑上樓向我說：「主教，謝謝！」

現在的成年人則沒有受過這種教育，或是曾經受過這種教育，在社會生活的競爭裡，或在立法院或議會的政治矛盾中，消磨了禮貌的教育。社會生活的表現是粗糙、是冷酷、是傲慢。

歐美的聖誕節，按禮貌寄送聖誕卡。親戚朋友在一年的生活裡，見面的機會不多，或者相隔重洋，平時沒有多通信，在聖誕節彼此寄張卡片，互相問候，互相祝福，互相賀年，彼此覺得沒有被忘記，彼此的親情或友情都還存在。我們的政府卻曾有人提倡不寄卡片，不要費紙費時，不要造成郵局的麻煩。這是常由物質去看人生，忽略了禮貌對於人心的精神價值。現在母親節、教師節、父親節已經漸漸培養寄卡片的習慣，很能增加社會的人情味。

中國人過年時，習慣拜年送禮，卻因爲有人濫用，作爲賄賂，政府便提倡公務員不拜年，不接受禮物。這又是矯枉過正。在親戚間拜年送禮，沒有人能夠禁止；在同一機關的職員，年節時彼此拜拜年，送送薄禮，沒有人可以說不好。就是下級職員向上職拜年送禮，又有什麼壞處？當然免不了有的人乘機扯交情，但若是政府一切按法行事，人事升遷不會因禮貌而受大害。

還有喜事喪事的紅請帖和白訃聞，本是親戚朋友分喜分憂；不幸，因接受賀儀奠儀，而且排著桌椅正式登記，有的主人藉機斂財，使機關首長不勝其煩。祇有廢除賀儀奠儀的習慣，才可以有清淨的喜哀禮貌。

禮貌對於社會國家，是文明的象徵；對於個人，是有修養的表現。有禮貌的人到處受重視，因爲無禮自大，則神人共棄。《易經》的〈謙卦〉說：「天道虧盈而益謙，地道變盈而流謙，鬼神害盈而福謙，人道惡盈而好謙。謙尊而光，卑而不可踰。」

八十的題外話

八十歲時要說的話，是關於以往的生活。向天父，向朋友要說的話，我已經寫了，「八十自責自慶」一篇文章，現在還有的，算是題外的話，也是心頭的幾句話，我再說出來。

最近輔仁大學召開了司鐸聖召的神學意義學術研討會，又寄贈每位中外神父一冊教宗若望保祿二世致司鐸書信彙編，用意在於響應主教團規定司鐸年以振作司鐸靈修生活的目標。可是我怕有的司鐸可以向我說：你自己八十了，似乎不是在引我們作一位標準的司鐸，司鐸不是從事天主教會的事嗎？你為什麼搞政治？對於這事，我很警惕，我絕不敢被捲進政治的漩渦。所以我感謝天主，沒有參加國事會議，更沒有參加國家統一委員會，我保持獨立的立場，可以自由發言寫文章，對政治作批評。胡適曾不願做官，保持自己說話的自由。目前，參加中華民國的政治，不是站在執政黨一面，就是站在民進黨一面，別的意見都不能令大家聽見。參加政治不是司鐸做的事，更不是主教做的事。若說協助政府維持與教廷的外交關係，則是為天主教會服務。

另外，有的司鐸可以向我說：八十歲還不退休，讓年輕人來接事，台灣老神父就是不讓位給年輕神父!我對這事也很警惕,校長任期十二年,我已和斐代辦商量,由教廷選派一位主教繼任:因爲輔大的體制以主教任校長爲宜。孟子稱讚孔子聖之時者,中國人以識時務爲聖賢,不識時務而戀棧,小人哉!

第三句題外語,則是爲救台灣現代的兒童和青年,要加強家庭教育。三年前,我曾和中央日報發行人石永貴先生發起三代同居,最近行政院郝院長說明三代同居的好處,指示有關部門互相配合,推行這種新家庭文化。青年犯罪的情形,真令人憂心忡忡,國中高職學生吸毒,十三四歲的青年結夥殺人焚屍,原因不單純,家庭教育的消失爲重要原因:三代同居不是容易實行的制度,但爲兒童能得到教養,祖父母外祖父母一輩,父母一輩,都要爲他們受些苦,作些犧牲。到頭來,家庭天倫之樂,可以彌補這些犧牲的苦楚;而老年人可以得到照顧,子女們可以盡點孝道。天主教人士更要爲愛天主基督,爲自己的兒童盡好責任。因此,我想懇切呼籲我們同道教友,提倡而又實行三代同居;或同居一戶內,或同居同一公寓內,或住鄰近起帶頭作用,造成風氣,使老有所養,幼有所歸,消失青年犯罪的社會毒瘤。

最近教宗若望二世,接見中國主教團,在演說訓詞裡,不是指示台灣天主教會要發揚福音的精神,以挽救經濟成長所帶來的社會病態嗎?實行三代同居,便是答應教宗的訓示。

戰爭與和平

近世紀中，中東阿拉伯民族，成了弱小民族；中世紀時，卻曾強盛，威震歐亞，和蒙古可汗的威力相抗衡，把回教的文化輸入了歐洲，成了中世紀歐洲新興大學、研究希臘哲學的管道。盛極以後，乃有衰微。

中東分成了多數國家，歐洲列強興起，英國、法國將中東作了殖民地。直到兩次大戰以後，這些中東回教國家，才擺脫了英法的統治，陸續成立獨立自主的國家。發掘天生資源，出產石油，富甲天下。但因沙漠荒野，不能發展農業，人民尙保有游牧心理，科技落後。第二次世界大戰後，猶太民族在巴勒斯坦建立了以色列國。猶太民族的國家，在紀元後第一世紀被羅馬帝國所滅，國民分散各國，卻常保持了自己的種族，自己的宗教，自己的語言，而且在商業和科學方面，成爲各民族的精英。以色列國建立以後，各國的猶太人有一部份回到老祖宗的故鄉，挾著他們的經濟力和科技力，使新興國家的武力可以不怕阿拉伯國家的圍攻，還可以突圍擴充土地。

阿拉伯國家和歐洲的國家，沒有衝突了，和以色列國則衝突日增。爲振興阿拉伯回教民族的勢力，近東國家首腦中有雄心的人，都想統一近東各國，集合人力財力，建立一強國，在國際政治上可以舉足輕重。他們或先想兩國合成一國，或先消除天主教的信仰，但都沒有成功。最近的雄心首腦人哈珊幻想大阿拉伯國，沒有能夠取得波斯，乃佔領科威特。

全世界有心爲著世界出兵的國家，則只有美國，出兵參加兩次世界大戰，出兵韓國，出兵越南，這次出兵波斯灣。但因爲阿拉伯民族爲弱國，出兵波斯灣時，美國深恐全球人認爲以強欺弱，乃經過聯合國按照國際法的步驟而出兵；然而全球各地反戰反美的情緒，則在日漸增長。

戰爭總是慘劇，我們不就是爲保衛國土，和日本打了八年的苦戰，國民深受痛苦，多少家破人亡。我們都知道戰爭的殘酷，但是反侵略的戰爭不打，人類失了正義感，世界再沒有和平了。

教宗若望保祿二世，爲今年元旦和平日公佈的文件，指出宗教自由爲和平的重要因素。在多元的社會裡，各種宗教須有互相容忍的心理。

我們希望波斯灣戰爭，在科威特恢復獨立後，立即結束。以後中東的和平，各國須有多元宗教信仰和政治體制共存的心理，才能穩定。

心靈空虛

近月來，報章雜誌刊載多件社會人士虔信宗教的新聞。二月五日中央日報「謌謌篇」稱羨「佛光禮讚」，星雲法師發起成立「佛光協會」，「看到那麼多人參與，感受到那麼虔誠的氣氛，特別是政府首長與社會知名人士側身其間，使我欣慰整個社會的心願，還是慧善、而非昧惡的。」

救國團冬令自強活動，首次舉辦宗教與生活研討會，於二月一日結束，一連舉行了五天，李鍾桂主任表示「宗教具有移風轉俗，和諧人生的良善功能。」

十方禪林文教基金會於二月四日至九日，在十方禪林峨嵋道場，舉辦大專學禪冬令營，活動內容有禪坐教導，法門傳授研習，佛法講解等課目，使青年體驗佛教生活的圓融與安祥。

華視週刊一月二十日刊載「藝人篤信宗教尋得一片寄託天地之心」，說明「現代人的生活緊張，工作壓力大。……演藝圈的藝人面對舞台上的壓迫競爭，名利以及感情的患得患失，大多以宗教爲依歸，爲自己尋求解脫道路」，篇中舉出禮佛的藝人黃元申，林國雄，丁佩，胡茵夢，陳麗麗，高凌風，宋岡陵，華萱萱，康喜欣，胡慧中，徐樂眉等。我們還可以加上篤信基督的孫越，篤信天主教的郎雄。

我看到這些藝人的名字，不禁想起在教育界受人崇拜的蔡元培，曾以一篇講演：「以美術代宗教」博得許多人的稱讚，蔡氏一定沒有想到今天的這樣現象。電視是美術、電視明星是藝人，他們不能以美術填補心中的空虛！

今天的大專青年，欣賞美術的心情很高，機會也很多；他們也不能以美術填補心中的空虛！

人心是「虛靈不昧」，一直傾向無限。把物質的金錢，感官的刺激，炫耀人間的名位，往心裡填，心靈變得沈重、苦悶。最後，這些物質物從心靈漏出去了，心靈覺到空虛。

我們天主教的信仰，指示人的生活目標，追求同完全的真美善的造物主合一。世物供人使用，人使用世物在世物上看見造物主，人心乃透過世物同造物主相結合。造物主是愛，因愛而造宇宙，因愛而救援人類；人心同造物主相結合便能發揮仁愛；愛生命，愛萬物，愛造物主天主。世物不是虛無，世人不是罪惡，乃是造物主愛心的表現，但人類不認識又不信仰造物主，卻自以爲宇宙的主人，憑著眼睛耳朵和身體，利用世物世人以滿足慾望。身體疲乏了，心靈空虛了，或者再以酒色迷惘自己的心，或者失望而自殺；有些慧眼人乃追求宗教信仰以找到心身的平衡。

然而宗教信仰，不是爲平衡心身，而是爲建立人生的目標，穩定人生的價值。平衡身心，保持道德，祇是宗教信仰的餘波。沒有人生目標祇抱著物質價值的人，在人世海濤中，被顛簸不安或被翻入海中，偶而抓住了一塊宗教信仰的木板，能夠在海波裡浮沈；但爲真能得救，則須登上宗教的船，走進信仰的艙內，才可以安心航入人生的歸宿。

霸業野心

近月因著波斯灣的大戰，許多軍事家和學者都說：孫子的兵書還是活的，美國軍隊指揮將領正在採用。我卻要說中國的四書也是活的，現在的世界所發生的事，正印證四書中所講的道理。四書《孟子》說武力服人，不能服人的心：「以力服人者，非心服也，力不贍也；以德服者，中心悅而誠服也。」（孟子 公孫丑上）哈珊以武力佔據科威特，科威特人上下仇恨，力求復國。孟子又說：「湯始征，自葛載，十一征而無敵於天下，東面而征西夷怨，南面而征北狄怨，曰：奚爲後我，民之望之，若大旱之望雨也。」（滕文公下）這次聯軍俘擄伊拉克軍隊時，被俘的伊國兵竟向聯軍的軍隊說：爲什麼這麼久才到，早就等你們來了。哈珊有建立霸業的野心，以武力作戰，力不敵而敗；然而他在武力失敗以前，已經在阿拉伯民族的心理上失敗了。

懷著霸業野心的人，本世紀裡，不幸出現在歐洲和亞洲。最早的是日本的武人，想稱霸亞洲作亞洲的盟主，出兵侵佔我們中國，末後和美國作戰，攻入亞洲大部份國家，因遭到原子彈攻擊乃無條件投降。其次，是德國希特勒，企圖稱霸歐洲，作歐洲的盟主，侵佔波蘭，發動第二次世界大戰，卒致身死名裂。第三，在中東出現了伊拉克的哈珊，想稱霸中東，作阿拉伯世界的盟主，侵佔科威特，向廿九國聯軍作戰，兵敗蒙羞。

蘇聯共產黨曾想稱霸全球，以黨控制世界政權，四處發動戰火，在亞洲有中共、越共；在歐洲，有法義的共黨，在美洲有古巴，在非洲有莫三鼻克，幸而因共黨經濟政策的破產，霸權不能實現。

在非洲還有利比亞的執政者，滿腹的霸權慾望，但是沒有武力作後盾，也不能如願以償。

但是我們希望經過這次波斯灣戰爭以後，不再有建立霸業的野心政客，中東阿拉伯民族裡的復興黨不再以統一阿拉伯國家作政綱。阿拉伯民族是同一民族，現已分成幾個國家，不必強迫全民一國。如要合一，必不能以武力統一，需要由政治以成聯合。歐洲現在也趨向合一，建設歐洲合一市場、歐洲議會、錢幣通流、護照通用。中東阿拉伯國家近年雖因有和以色列國的戰爭，沒有和平，然也因復興黨的霸業思想，曾使敘利亞和約旦聯合，又使敘利亞、埃及、伊拉克相結合，合了旋又散了。伊拉克和敘利亞兩國的總統都因霸權，水火不相容。因此，波斯灣戰後的和平，比結合廿九國的軍隊聯合作戰還更難。

如夢初醒

我作了一個夢，夢到一座王爺廟參觀。在正殿裡看著一位黑臉長鬚的王爺，頭戴金冠，身穿繡袍，坐在高座上，雖顯威風，卻頗滑稽。我心裡想，這位大約是「池姓王爺」，一尊木偶，竟受人朝拜。

忽然聽見王爺張口說道：「老頭兒，您怎麼不向我敬禮？」

我答說：「我又不是你的信徒」。

王爺說：「老頭兒，你竟不認識你的老師？我曾教你把自己供做偶像，自己拜自己，叫別人也拜你。」

我答說：「大學校長我已經要退休了，外面開會我不去，應酬酒會我不參加，天主教慶典我常缺席，我什麼時候聽你教我做偶像崇拜！」

王爺喝道：「老頭兒，不敬老師爺，給我滾出去！」

我氣著轉頭走出殿門，一頭撞上一個進香的女客，聽她尖叫道：「老頭兒，規矩一點！」

我受氣了，轉身向左，一下又撞著一位老者，老者說：「年歲大的人，慢點走，看清路才走。」

我急著下階梯，一腳落空，全身跌下去，跌醒了，腿部好痛，原來我右腿在抽筋。心裡覺得好笑又好氣，一下挨到三頓罵，真晦氣！

心裡忽然有聲音說：「罵得有意思！」我真的清醒了，想起白天也能有這等事。

前幾天，我參加行政院政黨評審會會議，我對施啓揚主委說：「我們要慰問老校長張建邦了」（張部長曾任淡江校長，施主委曾任教育部次長）張建邦部長日前三面受攻；蘭陽高速公路緩建，女兒購買股票，淡江教職員投資新設銀行。真真是一時遭到三頓罵。可是我希望這爲張部長是個夢，一夢醒來，眼前一片光明的白天。

同時，我也希望爲私立大學也是一個夢。因著華隆買賣股票事，社會上懷疑私立大學賺錢，且又懷疑私立大學幹官商學合夥作弊，敗壞教育品質。教育部也就聲明已經派定專家小組查核私立大專校院的財務，從淡江大學開始。

前些年，在報上看到一項民意調查，替社會行業人士排坐位，大學校長排在行政院部長以上，或是平等。近年來，部長遭遇立法委員和報紙記者的侮辱，地位不是高高在上了。現在，大學校長大約也保不住被排定的位置了，就像我在夢裡的遭遇了。莊子曾夢自己成了蝴蝶，醒來以後，竟不辨明蝴蝶是真，或是莊子是真。我們目前社會的生活，也有點夜夢和白天難分別了。

天主教參與提高生活品質

中國時報三月十二日在一篇標題爲「台灣客正門止步」的報導中說，到大陸的台灣觀光客「地位連續下挫，現在更是淪落到住五星級觀光飯店，只能從邊門進出，連辦理住店手續，也被安排在小房間或樓房夾層中，一位大陸觀光業者諷刺說：連妓女都可以從這些飯店的正門進出，台灣觀光客不可以。」原因在那裡？「這些受過高等教育的大陸導遊說，生活習慣不良，不注重禮節，喜歡頤指氣使的暴發戶態度，已使大陸人對台胞留下十分不良的印象。他們認爲台灣奇蹟，只是經濟上的成功，其他國民教育，文化素養全是失敗的。」

去年日本選擇一年電視新聞特異的報告時，選擇了中華民國立法院的動粗場面，台北市各報都嚷著是項國恥。

前幾天郝柏村院長公開指出台北市違章建築，醜化了台北市，爲全國人民的恥辱。可以作爲中華民族的恥辱點還多著呢！都是由於精神生活破產。李登輝總統在文化復興運動總會成立大會上，呼籲各界合作，以提高生活品質。

大家也都意識到而且也說這項工作，有賴於宗教的力量。目前，佛教已經在這方面開始活動，社會人士的回應很好。

我們天主教可以做什麼呢？

1.教育：李登輝總統三月廿六日晚宴大學院校校長，致詞時說明教育爲國家最重要的工作，也是提高生活品質的切要途徑，我們教會中等學校辦得多也辦得好，在最近將來政府實際開放私立小學、專科時，我們教會增設幾所優良的小學，培養生活良好的小學生。又在台北增設一所外語專科學校。台北淡水本篤會的土地可作由小學到中學之用，八里聖心校地，可以供專校之用。一個修會沒有相當的財力人力，可以按輔仁大學的事例，由多數團體合辦。

2.廣播：以公司股份經營方式，擴充台中和基隆的兩座電台，使能向全國廣播。也用公司股份經營方式，由光啓社設立有線電視台，自作自播。這種改組擴充，非常重要。沒有財力，不能作廣播事業。雷鳴遠神父辦益世報，就用各教區各修會投資作股東。假使在電台和電視用股東投資方式有成就，將來也可以用同樣方式，將益世評論發展成日報。

3.社會工作：爲提高生活品質，必須在社會生活方面有些實際工作，在家庭生活方面，實行三代同居、夫婦懇談、自然節育；在對社會人士方面，辦退休人士和老年人的生活輔導、對受刑人的關懷、對勞工的關懷。

4.靜修屋：歐洲本篤會傳統有賓館，供四位五位來賓住留數日，度靜修生活。中國的佛寺，也素有禪房，供外客住留，歷代詩人留有住留禪寺的許多詩，我很希望有修會能在台北近郊修建小樓，（可能由教友捐助），設備簡單，但要週到，應有藝性小聖堂，供政界、工商界、學界有心人，在小屋靜修數日。

以上數點，是我最熱切的希望，也希望主教團、教育文化委員會和社會工作委員會督促實現。

祭天敬祖彌撒證道
──生命的可貴

民八十年四月十日祭天敬祖彌撒證道

中國清明節，掃墓祭祖，懷念先人的慈愛和恩惠。我們所得於父母和先人的，是我們的生命，父母生我、養育我。我一天有生命，我活著，我就懷念父母和祖先。

生命是我們所有的一切，生命就是我，我就是生命。一旦，我失去了生命，我就不存在了。

生命是很貴重的，社會的一切，人世間的一切，都是由人的生命所創造的。因爲人的生命，是理智的生命；人的生命，又是人自己主宰的生命。人的理智是向前的，是向上的，絕不會停在已有的建設上。在學術上，學問無止境；在自然科學上，常有新的發明；在具體的生活上，常求更舒服更方便的生活。人爲主宰自己用自己的心靈，心靈神妙莫測，求善求美，知道愛，知道恨，可以懷抱整個宇宙而還嫌不夠。整個宇宙萬物和我們的生命，都是互相連繫的，人不是孤獨的一個人，也不能是孤獨的一個人，不僅是有自己的家人，也有自己的同鄉人，還有自己國家的同胞，並且還有全世界的人，而且自然界的飛禽走獸蟲魚草木，也是我們生命的伴侶。我們生命的範圍，真是海闊天空。

可愛的同學們，你們正在你們生命的起點，你們在學著走生命的路，在預備走生命的路所需要的知識和技能。你們在現在學習的時期，最重要的，是知道生命的意義，是看到生命的目標。

生命的意義是創造，在生理方面，生命時刻在創造我的血肉，創造我們的精力。在工作方面，每一分成果，都是生命的創造。可愛的同學們，你們要懂得每椿事情，是你們自己做的，是用自己的心去想，用自己的五官去做。例如期中考試，自己用心用力去做，就是一種創造，生命既常是創造，不能停止，你們便不能偷懶，要常前進，自強不息。

生命的目標，是發揚生命，青年人要發揚身體的生命，使自己健康強壯。要發揚心靈的精神生活，增長自己的學識，培養自心的仁義禮智四端德性。發揚了自己的生命，還要發揚別人的生命，自己要好，使別人也要好，而且還要發揚萬物的生命。這就是中國聖人的生命目標：「與天地合其德」，「贊天地之化育」。

可愛的同學們，好好看重自己的生命，你們的心時刻在跳，血時刻在流，你們要自強不息。你們的心靈可向各處飛，把你們的生命，帶到全國、全世界，你們的祖先，雖然過去了，他們的生命，則在你們體內發揚。生命來源的造物主——天主，則繼續維持你們的生命，給你們生命賦予創生力，這是我們今日祭天敬祖的意義。

民進黨的憲法

馬尼拉出刊的環球日報登載消息，來自台灣、日本、美國的台獨首腦，於本年三月三十日，假大岷區馬加智花園大酒店，舉行策劃台灣獨立運動的籌備會，在下午五時被記者追逼而臨時召開的中菲記者招待會中，坦認民進黨的宗旨是推行台灣獨立，爲成立台灣獨立國而努力，記者招待會由陳唐山、張燦洪、姚嘉文主持，在場尚有立法委員盧修一與葉菊蘭及李廣雄。對中西報記者提出的問題，答覆要點如下：

一、台灣獨立目標在建立台灣共和國，因爲台灣不是中國大陸的一部份。

二、致力促使修改現中華民國憲法時，使憲法只適用於台灣及其管轄所及的地區。

三、反對中國國民黨及李登輝總統中國統一的政策。

四、強調台灣事實上已經獨立，僅法律上仍爲中華民國而已。

又據環球日報本年四月一日的報導，海外台獨份子有計劃，今年繼續潛回台灣，方法爲護照簽証，組團闖關，偷渡入境，準備在修憲及國民大會選代表時，大鬧一場。

民進黨反對修憲，退出國民大會臨時會議，退出立法院和省市議會，發動群眾遊行，原因和目的，不是反對修憲的方式，不是反對老國民大會代表，而是在於反對憲法的內容。民進黨的目的在制定一本新憲法，這本新憲法是台灣獨立共和國的憲法，他們便反對修憲方式，祇加增條文。

憲法爲立國之本，現行憲法是中華民國包括大陸的憲法，在目前的政治情況下，不能全部實行。但是中華民國的憲法是中華民國政府的基礎，憲法雖不能完全實行，在體制上仍予保全，中華民國政府才是中國的政府，否則改爲只實行於台灣，則中華民國政府便成爲台灣政府。這是民進黨所爭的目標。

可是，這樣，兩岸的關係便不是一國兩政府的關係，而是兩個國家的關係，中共是不是接受，中間難題很多。

據一位民進黨立法委員在輔仁大學的演講所說，台灣共和國的人民祇是台灣人，住在大陸的人都要退出去，住下來的，必要持有外國的護照。這樣一來，民進黨的憲法若是成功了，台灣社會便要大起紛亂，來日不堪設想。

于斌樞機九一冥誕追思

今天，紀念故校長于斌樞機九十晉一冥誕，我們懷念他的精神。在這幾天裡，看到立法院和國民大會臨時會議的暴力鏡頭，我們想到于樞機在輔大復校時，所訂的校訓：聖美善真。在通常所說的真美善上，加上一個聖字，這是繼承中國教育的傳統。孔子開始中國的教育工作，常常教育弟子們道德修養。他自己說：「若聖與仁，則吾豈敢！抑爲之不厭，教人不倦。」孔子自己努力以成聖人，也盡心教門生成聖人。到了老年，他描述他一生的經歷：「吾十五而志於學，三十而立，四十而不惑，五十而知天命，六十而耳順，七十而從心所欲，不逾矩。」能夠隨心所好去做事，絕不違背倫理規律，這已經是聖人的境界。荀子乃說求學：「其義則始乎爲士，終乎爲聖人」。朱熹也說：「古之學者，始乎爲士，終乎爲聖人。」求爲聖人，是中國傳統教育的目標。于樞機制定輔仁大學校訓，特別標出一個「聖」字，有歷史的來源。

目前，中華民國的社會，已經忘記了「士」字的意義，士已經不成爲一種階級，全民教育使全體國民都讀書，讀書人就沒有特別的品德。勉強來說：現在學校的老師，還可以稱爲

「士」，尤其大學的教授和專門研究學術的學者，應該可以稱爲「士」。孔子曰：「士志於道，而恥惡衣惡食者，未足與議也。」曾子曰：「士不可以不弘毅，任重而道遠。仁以爲己任。不亦重乎？死而後已，不亦遠乎？」雖然大家把「士」都忘了，更不講「士道」，輔仁大學爲天主教大學，天主教以仁愛爲宗教生活的中心，則不能忘記「仁道」，不能不給學生講仁愛的愛心。

中國傳統的仁道達到最高峰時，是「與天地合其德」，參贊天地的化育，即是孟子所說：「親親，仁民，愛物」。這種最高的仁道，就是中國古代聖人的品德。一提出聖人，中國人都以爲理想太高；實際理想要高，才可以激發人心向上。孔子也曾以成聖人的理想太高，但是他卻說「爲之不厭，教人不倦。」因此我們從事愛心教育，也該當時刻努力，自身要以言以行，教導學生有愛心，也要求學生有愛心。

可惜台灣目前的社會，本來沒有大陸中共的階級鬥爭教育，沒有共產主義的「恨」的教育，卻因著自由而祇求自己的利益，用心傷害別人。近幾天在立法院所發生的暴力現象，盡量顯露出來人心沒有愛，祇有黨的私利。我希望以暴力爲爭權爭利的立法委員，如盧修一，張俊宏，不要來輔大作演講，民進黨的委員曾經多次來輔大作演講，今後還是受歡迎，可是對於違背「仁」道，反抗「愛心」的政客或學者，則將不受歡迎。

宗教發揮社會教化功能

中國歷代的傳統文化，爲儒家文化，爲士人階級的文化。士人是讀書人，讀孔、孟的書籍，孔、孟雖信上天，但是不多講，中國士人便沒有正式公開的宗教信仰。

中國歷代的社會，除士人以外，還有極大多數的農人、工人、商人，這一階層社會的人士，在生活的禮規上，服從孔、孟的學說，在生活的內容裡，充滿了佛家和道家的信仰。他們對於人生的看法，是佛教的輪迴；對於生活有問題時，不上孔廟去請教，而是上寺廟去禱告。因此，有人說，中國歷代的社會裡有多元的文化：有士人的正統文化，有基層的鄉村文化。到了民國，士人的階級解散了，在大陸，中共提倡工農專政。在台灣工商人士統治了社會。士人正統的文化隨著崩潰了，鄉村文化又因著傳統的農業社會改成了新式的工業社會，也失去了立足的根基。因此台灣和大陸都形成了文化空虛的情況，人民生活的方式亂了，人民生活的趨向低了。爲能改良這種情況，大家都在文化方面從事建設；而且大家也注意到宗教的教化功能因爲在基礎社會裡，宗教信仰，仍舊如同一束火，燃在人們的心裡。

目前是工商社會，生活的趨向，在於食色的享受；生活的目標，在於賺取金錢，所造成的生活，是相爭相奪，是心靈空虛煩悶的生活，宗教對於這種社會生活，著實可以發揮功能。

首先，在追求名利色慾的慾火上，要潑冷水，使心裡的慾情涼下去。一方面，宗教法師和聖職員牧師，給人講形色的物質的虛幻，精神生活的高尙，予以適當的開導。另一方面，則要教人實習減輕物質慾火的生活，佛教教人禪靜，天主教教人避靜。在幽靜的地方，逃避社會的繁亂，靜下心，反省自己的心靈狀態，在默靜裡，想一想生命的意義。目前已經有政界人士，電視明星，青年學生，在作這種反省。

但是不是一般的人，都能作這種靜默反省，也不是一般的人都願意作。爲一般的社會人士，我提倡由宗教界發起一種改革生活的運動，可以稱爲「摸索生活運動」，或「安定生活運動」，不由上面的政府發起，而由宗教的基層人士發起，訂定幾條生活的規則，作爲公約，志願參加的人，許下遵守。佛教理事會，基督信仰合作委員會，八宗教座談會，可以作爲推動這種運動的機構。星雲法師帶頭，登高一呼，響應的人必定很多，這種「安定生活」或「革新生活運動」再由民間主控社團推行，民政廳林廳長作這種革新生活運動的幕後導演，持之以恆，造成風氣，遍行全國，我相信國民生活的品質必能提高，社會動態的趨勢，必將走向倫理道德的方向，宗教對於社會教化的功能，乃能發揮，造成良好的成果。

反宗教的迷信

民國初年，中國人推翻了專制皇帝，力求革新，以振國威。原先清末的新思想老輩人主張仿效西洋人的「船堅炮利」，後來民初的留學和遊學歐美的青年，則高唱採用西洋的科學，不僅學自然科學的丁文江堅持「科學的人性觀」，學文哲的吳稚暉和胡適也標舉科學爲人生觀。一時科學成了真理的代名詞，科學就是真理，真理就是科學，全國滿天飛著「賽因斯」（Science）。

殊不知中國這班人所捧的「賽因斯」祇是指著自然科學，丁文江一批人，倒了幾罐墨汁，打倒哲學，譏之爲煙霧濛濛的玄學；拆毀宗教信仰，責之爲欺人的迷信。

西洋的「賽因斯」則指的具有客觀研究系統的學術，人文科學當然也是科學。

歐洲大學的原始，巴黎大學和劍橋牛津大學，是研究神學和哲學的大學；義大利波洛讓大學是研究法律的大學，大學內部設有文學修辭科。最早的自然科學大學，應該是義大利巴林亞醫科大學。到現在，歐美的大學裡，普通都設有神學院和哲學院，或至少在哲學院設有神學系；不僅不以哲學爲空談，也不認爲宗教是迷信。

民國以來，中國人若不主張「科學反對宗教」，大家就罵他爲落後的老古董。殊不知中國所謂新思想家在歐美所讀的大學，是不是把宗教作爲迷信，不能登學術之門？殊不知歐美的近代大科學家，如愛因斯坦和瑪爾各尼等都是虔誠宗教信徒？更殊不知歐洲的文化是由宗教信仰建立起來的，就像中國文化是由儒家思想建立起來的呢？中國人學西洋人以科學爲真理、爲文明，中國人中有幾個懂得西方科學宗教與文化的關係？咬住加里肋阿和教會法庭衝突的一支骨頭，大叫這是宗教反對科學，科學反對宗教的證據，殊不知宗教在歐洲的歷史，長達兩千年。

迷信是不合理性的信從。在宗教裡有迷信，有些宗教信仰，就是迷信，乃是大家的共識。若主張宗教都是迷信，宗教信仰都不合理性，這一主張，沒有合理的證明，不僅自然科學不能證明，人文科學也不能證明。那麼這種主張本身就是迷信。

中國自稱爲大丈夫的人就相信這種迷信，學校不許有宗教教育，不許學生參加宗教儀禮，貫徹共產黨以宗教信仰爲鴉片毒品的政策。可是，反過來，目前卻又實行社會「臨時抱佛腳」的流行語，社會風氣壞了，生活品質低俗，青年犯罪人數增加，社會人士和政府當局，乃呼籲宗教人士以宗教信仰發展教化功能。我也用西洋流行的俗話：「晚來比不來，還算好」！可是五月一日中國時報人間副刊又登載了一篇在歐洲已經塵封多年的「聖經奇譚」

文章，似乎作者還以爲是科學的新發明。文中所舉八點，既沒有確實的證明，祇是作者的臆測。這就是中國士大夫反宗教的自有迷信。

目前社會，臆測的話天天發，一件案子發生了，新聞界每個人都發表臆測，認爲真理，要比法官和檢察官所有的事實證據，還要確實；而且還在報上，設置法庭，判決罪犯。在這種臆測霸道的時代，還要用「科學」的名字來抬高身價。而我們信仰宗教的人，還有甚麼可說？只能說：「這些人所說的，是自己不知所云。」

學者，學運

六四，週年祭已經舉行了。六四的學運，在北京沒有繼續，在台北卻旺盛了。去年三月對於國是會議，四月五日對於總統選舉，學生運動舉行靜坐絕食，學者領導遊行，國家幾件大事成就了以後，學運也平靜下來。大家檢討學運的正面負面的得失，似乎所得的共識，以「愼重勿亂」爲宜。

去年的情況，中國時報六月二日民進黨的校園關係一文中說：「今年四，五月間，整個學校校園似乎處在一種亢奮而充滿冒險實驗的情緒浪潮之中，『四一七』之後，先是部份學生集體絕食抗議，一些教授集體燒毀國民黨黨證，部份教授醞釀要加入民進黨，隨後五月九日『台獨案』發生，五一二台大教授陳師孟被毆事件及交大『張宗岱事件』接踵而來，……學界師生仍藉機主導了一場堪稱大規模的『五二〇』遊行示威運動、展示抗爭實力。」

學運在兩年內，並不平靜，內部活力常向外發熱發光，教育界和政府絕對不可以加以輕視而低估抗爭力。但也不能如同教界所說：整個學校校園充滿學運浪潮。實際情況，整個學校校園充滿平日授課氣氛，只有極少數教授和少數學生參加學運活動。在輔大的一萬六千多學生中，祇有四十多個學生輪流參加靜坐和遊行，在一千四百教師中，僅有四人和學生共同行動。

學者和大學生，關心政治，是應有的權利和義務，遇到政治上重大問題，學者和學生採取表達思想和抗議的外面行動，也是應有的權利和義務。

然而社會的結構，民眾生活的連繫，八十年代和二十、三十年代，大不相同。民國二十和三十年代的社會，繼續傳統的社會結構和生活，是士人領導農工商，八十年代的社會已經是工商領導士農，這種情形，將來還更加強。

雖然新聞界近來常在各種問題上，聽取學者的意見，學者卻不能自視一語可斷天下事。大學的文憑雖說仍是青年人爭取的對象，在就業方面，專長則是可靠的基石。學者受人尊重在於自己的品德和學術。因此大學生絕大多數願意平靜地求學，充實學業。教師中也多有作研究計劃，向國科會或學校研究機構申請補助。

教師或學生，若是爲政治而搞學運，爲黨系而作抗爭，已經不是純正的學運活動；目前學運所以常受人質疑。

我曾建議教育部，撥發充份經費，選擇大學的幾個學術性研究所，或是理工，或是人文，加以擴充，提高爲博士後的研究機構。又曾呼籲大型工業機構，設立相關的高級學術研究所。提高學術研究，推廣研究風氣，豐收研究成果。這樣，爲作研究，不必出國，人才不外流，爲國家建設，不必常要邀請外國專家。而且學者和學生有了學術研究的興趣，將不會爲政治而作學運，在英美法意等國家裡，就是這種情況。

天主教社會思想

一八九一年五月十五日，教宗良第十三世向全教會發佈了一封通函，題目以通函開端兩字標題「新事故」（Renum novanum），討論勞工問題，闡述天主教的社會思想。在一百年前，當時，歐洲發生了勞工問題，工人階級爲爭取權利，已開始罷工，「由於財富充積於少數人之手，和廣大群眾的貧乏，由於勞工階級愈來愈大的自恃感，以及他們間愈來愈密切的團結，尤其是由於道德的日趨敗壞，遂爆發了階級鬥爭。」（新事故引言）教宗良乃發佈通函，「討論整個問題，確定原則，藉以解決爭辯，使合於真理和正義的要求」。

這封通函，在全球人的眼中，被看爲一件「新事故」：羅瑪教宗進入了勞資糾紛的爭執裡，指出合理的解決原則，訓令教會的主教神父關心勞工福利。在一百年前，這種作法，確實是「新事故」，通函裡所說許多原則，在當時看來也是「新事故」。人類具有天賦人權，以取得私產權，自由處置自己的財物。工人以勞力獲取生活的需要，所得工資應能養育家人。工人的工作時間不宜太長，須適合性別和年齡。工人本人是人，應有合於人性的待遇，基於人性的人權，工人有組織工會的權，資方業主也有權參加工會。工會的任務，在於合理地保障工人的權益，又合理地解決勞資糾紛，互相合作。教宗良第十三在一百年前早已看到共產主義（當時稱為社會主義）將是貧窮的根源。「社會主義的結果，除了不公道以外，很顯見的是各階級的不安及混亂，接著而來的是人民遭到沉重而可恨的奴役；開啓互相嫉妒、誹謗、失和的門戶，每個人的才能技巧既失了鼓勵，財富的淵源勢必枯竭，他們幻想財富均等，其實不過是貧苦和卑劣的生活條件之一律平等而已，從此可知，社會主義者主張財產歸公，是絕對應加以拒絕。」（新事故第十五節）

一百年前的話，一百年後完全實現在蘇聯和中共，真應視爲先知先覺的話。在這一百年裡，這封通函得到了幾次的發揮。一九三一年，教宗庇護第十一世發佈「四十年」通函，爲紀念「新事故」的四十週年。一九四一年，教宗庇護第十二世發佈了五旬旨節電台廣播詞，紀念「新事故」五十週年。一九六一年，教宗若望第二十三世發佈「慈母與教會」通函，紀念「新事故」七十週年。一九七一年，教宗保祿第六世發佈「將到的八十週年」通函，紀念「新事故」八十年。今年，教宗若望保祿第二世發佈「百年」通函，紀念「新事故」百週年。在天主教會內，祇有「新事故」通函，獲得這種榮譽，而且在迭次的紀念通函裡，原始的思想都再加了適合時代的發揮。

在「四十年」通函裡，庇護第十一世特別指出個人主義的經濟自由競爭，造成了經濟的壟斷。在五十年紀念廣播詞，庇護第十二世，論財富的運用，須符合人性尊嚴與家庭的福利。在「慈母與教會」通函，若望第二十三世，發揮經濟平衡的原則，工人和資本的平衡，經濟各部門的平衡，國內各地區間的經濟平衡，世界各國間的經濟平衡。在「將到的八十週年」通函裡，保祿六世指出人口集中城市問題，科技發展的均衡問題。在「百年」通函裡，若望保祿二世，陳說共產主義在歐亞崩潰以後，社會新的情況和新問題，特別指出生態問題，環境污染的公害，危及人類和一切所有生物，又指出家庭制度的分化，危害了社會的基本。

一百年內，天主教的社會思想，從良第十三世的「新事故」通函開始公諸社會，繼位教宗的紀念週年公函，結成了一個直線，形成一個系統，對各種社會問題，都指出合理的解決方法。這一直線的社會思想，中間的直線是個「愛」字。

大學聯招難矣哉

大學聯招試務的工作，似乎是超於人力的工作。人做事，總免不了有錯，大學聯招的試務工作則不能有錯。試務的工作，除命題委員會的命題工作為理智的工作外，其他各方面的工作，都是技術工作，有些還是社會上最普通的工作。

考生報名後，考區人員要考生按所選的「類」分別，再分發到一考場，又安排考場座位。

命題委員會命好了各科的試題，開始保密的工作，到了闈場佈置了各項保密的設備，印題委員會工作人員入闈，各科試題交給闈場主任，進行印題，闈場門窗一律封閉，黏貼封條，正門內外上鎖，門外駐有警衛，闈內人不能外出，闈外人只有試務總會主任和命題委員會主任可以入內。食品入內，垃圾出外，必須檢查。

印題的技術，要求試題每一字不能錯，每一張字跡不能脫落，不能模糊。印完了，包裝的工作絕不能出錯，每科試題，按著考區的考場和考生人數，分包裝箱，一張不能少，一張不能錯。今年十二萬兩千多學生，分佈在十三個考區兩千多考場，近乎九十萬張的試題紙，又數又分又包裝，一點不能錯誤，真是超乎人力的事！

試題送出，還有保密的設施，不能一次從闈場送出，只有金門考區的試題，在開始考試的前一天全部由試務人員帶往金門。擔心的事：怕颱風，怕天氣不佳。台北以外的考區，每天考試的前一天清晨派員到闈場領題，清點，綁箱，加封條，然後用專車和隨行警衛運往考區辦事處。台北市考區則考試當天清晨和正午，派員到闈場領題。闈場人員則在第三天下午考生可以出場時，才能出闈。

考完了，開始閱卷，人工閱卷須數百教授，電腦閱卷則由淡江大學（前幾年都是台大）電腦中心作業。閱卷畢，電腦計算分數。十二萬多考生的分數計算好了，聯招試務總會開會討論違規作弊事件，決定扣分，然後寄送分數單，寄出後，有人查分數。接著就是受理志願卡，最後才放榜。這一連串的工作，也都不能錯；但若偶然有錯，還可以修改。

聯招所直接影響的，是考生：間接影響的，是考生的家人和朋友；可以說是牽連到台澎金馬的各鄉鎮。

但在大學聯招的深遠影響，則是影響了我們整體的教育，把中華民國的教育，變成了「考試」的教育，以通過大學聯考為目的，小學國中高中有連續的考試。又把中華民國的教育流為補習的教育，學校補習的時間較比正課並不少，街市上更是充滿各色的補習班，以致生活教育破產。

教育部已在盡力研究改進聯招的方法，甚至於取消聯招，由聯招研究中心，每年花幾千萬的研究費，以尋求合理的解決方案。

徹底的辦法，則在增加聯招錄取的名額，若能錄取百分之七十，聯招的壓力必定減低。再一種徹底的辦法，把聯招的任務祇限在考入大學的資格，不分發學校，通過聯招考試的學生，有資格入大學，進不進大學，進什麼大學，由考生自己依據實際情形去決定。

降低聯招的壓力，才是解決我們教育的品質和成效的方法。

輔仁的婦女大學

七月十五日，輔仁大學社會教育部所開設的婦女大學班開始報名，當天有六十多名婦女完成了報名手續。報名手續可以延到八月十五日，擬招人數為一百二十人。

輔仁大學的成人教育，除正式在教育部備案的推廣部以外，另有社會教育部，設有老人大學、老闆娘高級班、婦女大學。因為缺乏教室，老人大學祇在暑期辦一班，老闆娘高級班在學期內每三月辦一班，現在開始婦女大學，特別裝備了三個教室，每室四十人。老人大學和老闆娘高級班也可以增班了，滿足各方的要求。

老人大學和老闆娘高級班的課程，不是大學的課程，而是按照學員的需要而設立，時間也不長。

婦女大學則是按大學制，現分三班：教育心理班、人文藝術班、社會科學班。每班在每週有三天課程，時間一年。每班課程按班的性質開設，內容符合大學課程的標準，教授都是輔大的教授或講師。

教育心理班開設的課程：生活心理學、發展心理學、心理與教育、兒童青少年輔導、教育思潮、教育方法、性教育導論、心理衛生、婚姻與家庭、實用家庭醫學、實用營養學。

人文藝術班開設的課程：生活倫理、中國書畫欣賞、古典詩欣賞、中國文化要義、散文欣賞、古典小說欣賞、藝術欣賞、佩飾設計、生活空間設計、實用色彩、實美學。

社會科學班開設的課程：家庭與社區、兒童問題、青少年問題、老人問題、殘障問題、家庭問題、經濟與生活、生活與心理、人與心理衛生、人際關係、台灣民俗、音樂欣賞、生活空間設計、實用色彩。

課程的內容或許過於專門化，也或許過高；但學員的資格是高中畢業生程度，大約可以跟得上。

這種學制還沒有教育部的承認，只能發給結業證書；然而從實事求是方面著想，對於增加婦女的學識，間接提高生活品質必能有好的貢獻。

我們輔仁大學絕不是爲撈錢而辦補習班，也不是爲增高婦女的虛榮心而辦婦女大學；實在是應社會的需要，對於社會多做一分工作。

在辦這種社會教育工作，最要避免的，是有名無實，內容淺而窄，學員雜而亂。十幾年前，輔大曾辦東西精神生活研究所，每屆學員研究期兩年。開始幾期的學員，幾乎都是修女和神父，後來學員雜亂了，有的只爲領一紙結業證書，輔仁大學乃停止這研究所，對於老人大學已有四年的經驗，對於老闆娘高級班也有了五屆的經驗，一切都落實。今後的婦女大學必定要著實辦理。

老人大學的名字，是美其名以鼓勵退休人士來求學。老闆娘高級班是名符其實，低級班由台北縣政府託高中高職辦理，高級班託輔大辦理。高級班學員由低級班升入，今有兩百人等待入學。

婦女大學爲大學制，可以稱爲大學班。只是來報名的婦女，大都希望在夜間上課，因爲白天要上班工作。但也有家庭主婦願意上午上課，所以第一天報名，夜間班和上午班已經就有了開班的人數。

我們辦婦女大學的宗旨，在於鼓勵婦女同胞充實自己以提昇自我個人和家庭生活的品質，發揚輔大校訓的聖美善真的情操。

天主教的大學在所在社區內，要爲社區服務，輔仁大學的學生有兩個多到一千三百多社員的社團：醒新社和同舟社，爲社區內的兒童、盲人、痲瘋病人、老年人服務。學校也就開辦社會教育，爲社區的同胞服務。

教育不和金錢掛勾

目前，教育部提出兩大教育政策，一是廢止大學聯招，一是開放私人設立中學，對這兩項政策，政府和社會都有贊成和反對的人。

大學聯招，已造成一種風氣，幾乎成了一種傳統，既能節省各大學分招的勞力，更能免除考生向各校的奔波；而且嚴謹地把持了入大學的門，又能公平地分配成績。但是另一方面，大學聯招造成整個中小學教育的偏差，忽略了生活教育，教學以考試為目標，興起了全套的補習教育。最近，對社會現況的國民意見統計，大多數對中小學教育表示不滿。

教育部提出了廢止聯招政策，分段進行，各方面贊成者多，但反對者不少。反對的人認為廢止聯招，將敞開大學的門，壓低大學教育的水準和資質；尤其是辦補習教育的業主和教師，更是堅決肯定聯招的重要性。這一點，大家非常明瞭。補習教育已是一種生財之道，成了一種商業，業主靠補習班以為生，教師靠補習賺外快。這種現象充分表現我們的教育不走正軌，而走偏路，破壞了整個教育制度和精神。廢止聯招第一個目標，就是使教育重回正軌，使中國以受大學教育為榮的傳統，可以正常發展，大學也不會因學生多，學術研究的水準就會降低。

開放私人辦中小學，乃是民主自由國家的趨勢，只有一黨專政的國家，企圖以本黨的思想控制教育，規定中小學由政府專辦。中華民國憲法有鼓勵私人辦校的條文。這次教育部提出這種政策符合憲法的規定，反對的人並不是要鉗制自由，以堅持中小學爲國民教育須由政府專辦，骨子裡還是怕私人辦學爲營利，政府無法監督。說起來，很慚愧，台灣竟有人把興學辦教育的高度社會事業，變成了經商，辦學店，作爲家族產業，政府竟也無法有效監督。可是也不能「因噎廢食」。最大多數私立學校，辦學努力，教學的資質高，校譽興隆。社會上卻有人喊打倒明星學校，教育廳局盡量限制這些學校的發展。爲突破不合理的限制，有時私人學校自創辦法，教育廳局感到顏面無光。我常認爲開放私立學校，社會上應該有心理的準備。教育不能和金錢掛勾，絕不可以辦學店營利，學校絕對不能是私人的家族產業。學校不是私人的，是社團的，社團爲董事會。私立學校的命根在於健全的董事會，董事會不由家族成立組織。董事會若是健全，便能有效監督學校經濟。再一點，社會和教育當局，要除去怕私立學校凌駕公立學校的心理，要高興看到明星學校，以刺激公立學校向上，不要一心把好的學校扯下，使和壞的學校平等。

爲監督私立學校，有國家的法律，教育當局若貫徹實行，不怕關說，不收紅包，私立學校必是國家之福。

我贊成教育部的兩大政策：按步廢止大學聯招，開放私人辦中小學。

重視宗教共識

近兩年來，我們的政府和社會，開始注意宗教信仰，因著社會的紛亂和罪惡，希望宗教對於社會安定能有貢獻。本月十七日，遠見雜誌社會舉行座談會，討論台灣社會轉型期，宗教對穩定社會可以作什麼，邀請佛教星雲法師、道教張檉副祕書長、基督教周聯華牧師、天主教羅光總主教參加。

但是爲使宗教在台灣社會可以發生穩定的作用，先要讓社會和政府有重視宗教的共識。中國的傳統觀念，以宗教爲對鬼神的崇拜。崇拜鬼神爲求福免禍，孔子說爲禍福由人自選，行善有福，行惡有禍，所以「敬鬼神而遠之」，儒家歷代都教人遵守倫理規律。行善避惡，不談宗教。而且因宗教敬鬼神，參加了許多迷信，一般人便以宗教爲迷信，民國以來，知識階級常標出「科學反對宗教」的口號。他們以爲不信宗教爲高尙，主張學校不能有宗教教育；教育部不承認各國大學的神學學位文憑，不准許國內大學設立宗教學院或學系。社會和政府對宗教的共識，認爲宗教是迷信。

實際上，宗教必定信神明，必定敬拜神明。這種信仰指示人生的目標；因爲我們信人的生命來自造物主——上帝天主，人的生命要歸於上帝天主。從這種人生目標，產生來世的人生觀，現世與來世相連接，現世爲心物合一的生活，來世爲心靈的精神生活。現世和來世相連接在於心靈，心靈生活在現世便最重要。孟子也曾說人有大體小體，心靈爲大體，感官爲小體，培養大體爲大人，培養小體爲小人。這種精神高於物質的價值觀，爲天主教信仰的必然結論。

爲培養心靈的精神，須遵守道德規律，以克制情慾，孟子也曾教人：「養心莫善於寡欲」。

人有情慾，情慾偏於惡，人不免陷於罪。天主教信耶穌降生救贖人罪，引人超越物質，克制追求肉體享受的慾情，和上帝天主相接。

上帝天主造宇宙，因爲愛宇宙；上帝天主救贖人類的罪，因爲愛人。《易傳》曾說「天地之大德曰生」，朱熹曾說「天地以生物爲心」，天主教教人上愛天主，下愛世人，以仁愛包括一切倫理規律。孔子曾以「仁」作爲自己的一貫之道，儒家發揮仁以達到「天人合一」。

在這種境遇之下，宗教不祇是敬拜鬼神，而是給人以人生之道。儒家的人文之道，便包括在宗教以內。

相信宗教有這種意義，宗教便可以改正人生價值觀，不以金錢和享受爲最重；宗教便可以冷卻人心的慾火，使內心光明，使內心平安；宗教更能激人愛心，防止社會的許多罪惡。把輕視宗教爲迷信的共識，改爲重視宗教爲人生指示目的的共識。

重視宗教，便不宜禁止宗教教育，重視宗教，便認定宗教神學爲學術。重視宗教，便要取締迷信。

重視宗教，最低限度，不會以政府官員信仰宗教爲怪，寫文章的人不會以譏刺宗教爲清高。

迷信與宗教法

近年，因神壇神棍擾亂社會安寧，最近更因父母迷信鬼魔溺死親生子女，各方又主張制立宗教法。

大家也都知道十幾年前，內政部已經擬制這種法規，但因宗教人士反對乃作罷。

我是反對這種法規的！爲什麼呢？

第一，因爲，在我們現在的社會裡甚麼是宗教，都看不清楚。大家以爲敬拜神靈，就是宗教；這種意義很籠統、很模糊。宗教的目標，是敬拜神靈，但須有教義，有禮規，有生活規律，還得有教士（執行儀禮經管教律的人），照這樣說，台灣現有的宗教中，有的就不符合這些條件，或是沒有敬拜的主神，或是沒有教義，或是沒有教士。

第二，因爲，若以敬拜神靈就是宗教，宗教自由有憲法的保障，制定宗教法，怎麼可以取消神壇神棍呢？若限制在私人住宅舉行宗教儀式，以取消神壇，那不侵害了其他宗教的自由嗎？天主教、基督教、佛教，都有家庭宗教儀禮！

第三，因爲中國的傳統宗教沒有組織，每座寺院自立。天主教和基督教則是一貫系統的組織，尤其天主教的組織非常嚴密。曾經擬訂的宗教法，以每座寺院成立財團法人，每座寺院主持爲財團法人負責人。這樣，破壞了天主的組織，天主教—(基督教)不能接受。若加訂教會具有自己組織法者，不必遵守，仍保留教會自有組織法，則宗教法中的重要部份，將不能實行。

第四，因爲，制定法規，以範圍宗教活動，範圍的標準在那裡？在保護公權力？在保護社會治安？在保護人民權利？對於這一切，不是國家早已制訂了法律嗎？再者，什麼是宗教活動呢？法律怎麼去規定！

宗教活動無論在那一方面，都須遵守國家的法律，按照現有的法律不是已經可以範圍宗教的活動嗎！人民有安居的權利，神壇擾亂人民安居，可以而且應該取締，人民有保障人身財產的權利，神棍騙財騙色，便該繩之以法，父母殺害子女，雖說因迷信而行，仍舊要按刑法處理。國家立有遊行法，宗教活動當然也要遵守。國家立有叛亂罪，宗教人士觸犯叛亂罪，並不因宗教信仰而不受制裁。

在我們的社會和政府裡，大家把宗教信仰和迷信混在一起，假使制立宗教法，把迷信包括在內，那不是使迷信成爲合法的行動嗎？怎麼可以取締神棍和假藉迷信而犯法的行爲呢？例如，爲範圍神壇的設立和寺廟的濫建，曾經擬訂的宗教法，規定宗教寺廟教堂會所，應由教會負責人申請建立，但是道教就不能接受，因爲道教沒有教會負責人。

現有各項維護社會和國家安全的法制，政府不知道或不願意對宗教和迷信行動者去執行，而欲另立宗教法。我想大約在宗教法制定以後，事情會越弄越亂，越複雜，範圍宗教行動以保障社會安定的目標沒有達到，反到使迷信及活動，更猖狂。

各界參加祭孔祀典

祭孔典禮，始自漢高祖。高祖十二年十一月，巡行過魯，以太牢祀孔子。魯國按《史記‧孔子世家》所說，世世相傳以歲時奉祀孔子塚。漢高祖祠孔子，必祠孔子塚。漢元始十七年，在孔子舊宅立廟守塋。漢明帝永平二年，令學校皆祀聖師周公、孔子。三國時，魏國祀孔子於太學。梁武帝天監四年立孔子廟。南北朝北魏高祖太和十三年，在京師建孔子廟。唐高祖武德二年令國子學立周公孔子廟，四時致祭。唐太宗貞觀二年，停祭周公，奉孔子爲先聖，四年，詔州縣學皆作孔子廟。宋真宗大中祥符二年，詔立曲阜縣孔子廟學舍。元太祖建宣聖孔子廟於燕京。世祖中統二年，詔宣聖廟有司歲時致祭。明太祖洪武元年二月，以太牢祀先師孔子於國學，又規定每歲仲春仲秋，遣官祀於國學，以丞相初獻，翰林學士亞獻，國子祭酒終獻。

清世祖順治元年，諭禮部說：「先師爲萬世道統之宗，禮當崇祀，昭朝廷尊師重道」，封孔子六十五代孫孔允植襲衍聖公號，定月朔釋菜，月望上香，進士釋褐，是年遣官祭告闕里，自後凡國有大典，武功告成，皆遣官祭告。

我從《文廟祀典考》書裡，摘錄上面幾段，可見孔子的祀典，到今已經有兩個千年的歷史。祀典的意義，清順治五年諭禮部說：「孔子之教，在明倫紀，辨名分，正人心，端風俗。」祀孔典禮用意在於教化社會的人心。

歷代社會以士人領導農工商，祀孔典禮以士人爲主。重在學校。目前，社會已經是由工商人引導，全體國民都入學校，爲使祀孔典禮對社會發生教化作用，須要增加社會人士和祭孔祀典的關係。

目前祭孔祀典所表現的模型，是一種保存古蹟的模型，清晨朝陽未出時，舉行祀典，除參加祀典的典禮人員外，其餘都是來觀禮的，且以觀光客爲多，並沒有正式參禮的人。觀禮和參禮的心情不同，祭孔祀典僅爲觀光對象，則成了古蹟。

使祭孔祀典能有教化作用，須有社會各界代表參禮，教育界、工業界、商業界、農夫走販，都有人被邀參加。祀典的時間，宜配合各界人士的方便。

孔誕現定爲教師節，中央和縣市都舉行表揚教師大會，這種表揚會若在孔廟祭孔祀典後舉行，更有意義。現在卻有趨勢把表揚會裝飾成金馬獎或金鐘獎的場面，「情歌與舞蹈齊飛，明星共教師一色」，誰能體會到「尊師重道」的意味！

尊孔子爲「至聖先師」，作教師模範。古代祇有學校教師教人做人。目前教人做人的，有學校，有電視台，有廣播台，有劇院，有報章雜誌。教師的影響力，站在基層上。社會教育負責人的影響力，若是好，則在基層上蓋人品的樓房，若是壞，則連基層的做人之道都將詆毀。今天孔子爲人先師，也該爲社會教育負責的先師。這些影響人生的社會教育負責人，理應參加祭孔祀典。

迎奉萬金聖母

我們剛過了孔子誕辰，慶祝了教師節，舉行了祭孔典禮。祭典在孔廟大成殿舉行，大成殿後面有一別殿，供奉孔子的父母靈位，敬禮孔子的父母。這是中國的孝道，「父子一體」，兒子的光榮，必定和父母同享。古代皇帝誥封一位大臣，一定也封或謚封他的父母。中國歷代的人都是想「揚名顯親」，以自己的名譽，顯揚自己的父母。

耶穌基督是一位最孝的人，祂一生就用為顯揚天主聖父，祂不求自己的光榮，只求光榮聖父。祂也孝敬自己的生母聖瑪利亞。福音上記載祂青年人，完全服從母親，祂第一次顯靈是遵從母親的指示，祂被釘在十字架，臨終時，把母親托付給自己的愛徒若望。

中國的傳統道德，學生尊敬自己的老師，一定要尊敬老師的父母。中國歷代朝廷的禮儀，皇帝尊敬自己的母親為母后，自己稱為皇兒，全國的人民也就要尊敬母后。母后的生日，為全國人民共同慶祝的節日。

耶穌基督是我們的老師，教導我們怎麼做人，四部福音就是祂的教訓。聖瑪利亞是耶穌基督的母親，我們便敬禮耶穌老師的母親；這很合符中國的孝道。

耶穌基督乃是我們的救主。我們人常是生活在罪過中，因爲人的情慾常常引人向惡，孔子、孟子就教人克制情慾，改變氣質。可是我們人卻常是心有餘而力不足；而且作惡犯罪是違背造物主天主的誡命，侮辱天主，孔子曾說「獲罪於天，無所禱也。」天主仁慈乃遣聖子降生，爲人贖罪。聖子耶穌遂順命獻身，被釘在十字架上，自作贖罪犧牲。在十字架旁邊，站著聖母瑪利亞。她的心和自己的獨子耶穌一起受苦。耶穌的身體是她的「遺體」，耶穌所流的血，也是她的血，她參與了耶穌基督爲贖人罪的祭獻，她深深瞭解救贖的工作，爲耶穌全心靈所追求的工作，是比自己性命更重要的工作。瑪利亞有了站在十字架旁的經驗，也全心靈追求協助耶穌。

我們是耶穌救贖的對象，祂願意我們因祂的犧牲，能夠脫離罪惡，能夠和祂共度精神的新生命。耶穌基督給予信服祂的人一種新的精神生命，和祂結成一個精神體，享有一個和祂共有的神性生命。聖保祿宗徒說我們和基督結成了一個奧妙身體，基督是我們的頭，我們是祂的肢體。基督乃是聖母瑪利亞的兒子，這樣聖瑪利亞也就成爲我們的母親。

聖母瑪利亞對我們信仰基督的人，確確實實地懷有慈母的心腸。她希望我們常和基督在一起，遵守基督福音的教訓，也常常助佑我們勉力行善。我們教會幾乎二千年的歷史，記載著多少次在重要關頭，教會有大難臨頭的時候，大家呼號聖母助佑，常能脫離危險。

萬金聖母大殿，爲台灣最老的天主教教堂。萬金聖母是台灣第一批傳道的神父所恭敬的聖母像，也是台灣第一批教友所恭奉的聖母像，一百多年來常有許多信眾去朝聖。這次巡遊到台灣各縣市，接受教友的供奉，是母親和兒女團聚；我們迎奉聖母，迎奉我們的老師和救主的母親，也更迎奉我們精神上的母親。我們要向她表現的，是我們的孝心；我們要向她說的，是我們的「愛」，「我們愛這位純潔無玷的母親，全心愛我們的母親。」

救救復興基地

民進黨把建立台灣獨立國列入黨綱，全國喧嘩指責，民進黨原本是以主張台灣獨立而結黨，因著時勢的不利，不曾公開正式表白，現在因著國際勢力和輿論，有利於民族獨立，乃公開正式宣佈建黨的宗旨，追求台灣獨立。民進黨認爲政府不敢斷然運用司法權力，解散他們的黨，拘捕他們的首領，因爲他們將發動民眾暴動，發動國際宣傳詆毁政府反對民族運動，壓迫民族自由，政府將失去國際現有的地位。

目前蘇俄共產黨崩潰了，歐洲民族主義復活，以前被共黨勢力壓迫，失去獨立自由的國家，紛紛宣佈獨立。北歐波羅的海三國，拉脫維亞、立陶宛、愛沙尼亞，宣佈脫離蘇維埃聯邦，恢復獨立。南斯拉夫的兩個聯邦，斯洛瓦尼亞、克洛雅支亞，宣佈脫離聯邦，自組獨立政府。國際政治勢力和輿論，都表示同情「予以支持」。南國政府動用武力，歐洲共同市場各國聯合加以勸阻。這五個宣佈獨立的小國，是五個民族，第一次大戰後，成立獨立政府，共黨掌握蘇俄和南國政權後，才被吞併，失去獨立自由，現在共黨勢力瓦解，他們遂圖恢復獨立。民進黨藉民族自立名義宣佈台灣獨立，蒙蔽國際人士的耳目，以台灣人民爲一弱小民族，現在追求獨立自由。

他們不怕中共動武，因爲對付中共的軍隊，是國民黨，是執政黨。民進黨還可以如同中共抗日戰爭時，政府軍隊耗盡實力，他們卻乘機擴展。假使中共佔據台灣，民進黨人逃往海外，過他們以往的流亡生活，他們相信中共將來必崩潰，他們那時再捲土重來。所以，中共的恐嚇不會使民進黨反省。

可是台灣的兩千萬同胞則不能不反省；尤其是執政黨更不能不深加反省，中共深受民主思想和民族思想的兩層壓力。民主人士要求自由，西藏新疆要求獨立，中共企圖抓住香港和台灣，以穩定國內安定。若台灣獨立，新疆和西藏必向國際伸求援助，爭取獨立，中共將防不勝防，便也壓制台灣的獨立。一方面再加強在國際上孤立國民政府，絕對不讓以任何名義進入聯合國；一方面以政治和平爲力量，打擊台灣。

爲保護復興基地，我們絕不能希望民進黨改變路途，而是要發動台灣全民和執政的國民黨。台灣全民要站起來，用各種方法向同胞和國際人士，說明台灣獨立不是民族運動，祇是少數政客爭奪政權的手段。台灣人民是中華漢族人民，不是一種少數民族，台灣以往常是中國的一省，從來沒有建設獨立國家，祇是被割讓給日本五十年，台灣人民不主張獨立。

執政的國民黨要肩起保護復興基地的責任，改變目前的態度。過去民進黨委員大膽抗爭，國民黨委員抽手旁觀。全國國民深恨民進黨在立法院的暴動，但更怨國民黨的無能。以絕大多的委員，卻不能依法有效地保持立法院的工作。增額的委員，侮辱同黨的老年委員，增額委員又派系鬥爭，使人想起當大陸失守以前，國民黨的四分五裂。共產黨則團結一致，卒致喪失了大陸。難道現在仍要重蹈覆轍！

民進黨訓練黨員，發動民眾運動，促使智識階級作外圍援助。國民黨官式訓練黨員，祇讀三民主義，讓社會上的民眾行動清一色地成為台獨色彩，國民黨官式談統一，老百姓不知道統一的意義，認為是國民黨的行動。統獨之爭，形成兩黨之爭。有些自視高明的智識人士，為表明不受黨爭污染，便聲明不贊成統一，主張廢除叛國刑法。

為保護復興基地，必須執政黨改弦易轍，改官式辦法為民式辦法，黨內團結，暫停派系之爭。

統一雖是國家政治的目標，但若空談統一而造成國內分裂，招來中共的侵犯，則基地不保，何來統一！假使現在能夠統一，執政黨對統一後有什麼政策？有什麼經濟力可以像西德以經濟穩定東德，使統一後，大陸不大亂？目前最重要是安定復興基地，力求經濟和文化的建設邁步前進。慢慢地談統一大計。目前應該多談的，是六年建設計劃！

民意代表的基本知識

這幾天爲參加政黨評審會，我閱讀了民進黨的黨章和黨綱，在黨綱的「創新進步的教育文化」一項中，批評目前「國民充滿了官方刻板僵化的偏狹觀念，普遍缺乏現代社會的思考方式，合理主義精神，社會連帶意識，正確的歷史認識，高雅的文化素養，和現代世界智識。」

這種不良的現象，最近三年、四年來，在政治界的民意代表行動上，完全暴露了出來，尤其是民進黨人顯露出偏狹心理，不合理的野蠻，不認識歷史，不認識文化。

歷史和文化，是一個民族的命運；一個民族沒有歷史，沒有文化，就不成爲民族，而是一群不開化的野蠻人。中華民族具有四千年的歷史，和四千年的文化，歷史有史書，有歷史哲學思想；文化有文化遺產，有文明生活。中共卻鬧了文化大革命，由一群沒有歷史和文化的基本知識的青年人，以野蠻暴力摧毀歷史和文化的遺蹟，摧殘歷史和文化的代表人物，企圖把中華民族陷入沒有歷史和文化的混沌世界。幸而，毛澤東一死，文化革命的四人幫倒了台。

台灣雖然經過日本人半世紀的殖民統治，中華民族文化的脈絡並沒有被割斷，台灣人仍舊是中華民族的後裔。對於中華民族的歷史，因爲教育的不普及，也和出生於大陸的人一樣，所知道的可能不多。但是對於第二次大戰和台灣光復後的經過，則有親身的經歷，祇是近三十年出生於台灣的人，幸運地沒有經歷戰爭直接造成的貧苦，祇享受了經濟成長後的富裕，便缺乏那一段，貧苦生活的歷史知識，乃對於蔣中正總統相當隔閡，不知道沒有當年蔣公的領導，台灣早已淪於中共的統治下，他們抱著台獨心情，對中正總統表示不敬。也有民意代表還鬧著收回士林官邸市有地，最近又表演勘查官邸土地的作秀，給人一種粗暴無識的印象。前幾年台北市議會吵著收回錢穆教授住宅的土地，逼著錢教授遷居，使他因氣憤加病以致去世。錢教授乃中國現代學術界聞名世界的學者，當年由港來台定居，先總統　蔣公特爲覓地建屋。後來林語堂、張大千兩位也先後來台，吳經熊先生也來，他們定居台灣，爲中華民國政府在當年風雨飄搖的國際局勢裡，增加了外國人對台灣的信心。現在經濟富強，有些年輕人和成年人，對於學術文化，一無所知，才演出「幼稚」的作秀行動。

國父紀念館原屬台北市，但是爲保管，特別爲修理，台北市議會常不能配合需要，後來只好由中央接管，改屬教育部。

台北市的孔廟，原爲私人財產，可以捐贈中央政府，台北市議會認爲應爲台北市的財產；但是爲孔廟修理，擴展的文化中心，則止步不前。

我們常要求新聞記者除本行專門知識外，還要有各方面的基本知識，爲能適當地對各種新聞寫報導；同樣對於民意代表也有同樣的要求，除政治學識外，對各種社會事業要有基本的學識，免得在發言和行動時，作出「幼稚」的表現，顯露出我們的民主政治，離成熟的階段還很遠哩！

學術自尊

近年來，我們的大學教授和學生常喊「學術自由」；但不知道究竟在那一方面，學術研究工作受到了壓迫，遭受了桎梏。我們的感受，是台灣目前的自由，已經達到濫用的程度，思想界的多元化很明顯的呈現在各人面前。最近喊學術自由的機緣，有刑法內亂罪條文的廢除問題，有公民投票進入聯合國的問題，有國慶閱兵的問題。少數教授率領少數學生舉行參加遊行或靜坐，表示自己的主張，警察因遊行有出軌行動，匯集資料送交法院，傳訊主辦人員。又因國慶靜坐在台大校地內，警察因有外界人士參加靜坐，乃全部抬出靜坐現場。

從這項機緣來看，教授和學生所有的行動，絕不是學術問題，更不是學術研究，明顯的是政治行動，教授和學生固然有參加政治活動的權利和自由，然而這些權利和自由，和普通一般國民所有的是一樣，在使用時也要「中節」，如有出軌，政府當然有責任維持社會秩序。大學教師和學生絕對沒有政治特權，以學術研究名義，掩護政治工作，大學也沒有治外法權，在校園有政治出軌行動，政府不能干預。

學術自由是研究學術的自由，是發表思想的自由。政治當然也是一種學術，教師和學生可以自由研究政治，可以發表政治言論。但是學術研究的工作，和政治的工作，性質不相同，方式也不相同。遊行示威，靜坐抗議，明明不是研究學術的工作；絕不能因爲行動的主體，是教授和學生，就變成了學術研究，也絕不能因受到警察的干涉，就喊學術不自由。「台獨」也是政治學的研究問題，研究台獨問題在政治史和政治現狀的地位，絕不能受到干擾。但是主張台獨，參加台獨運動，便是政治行動，不能藉研究學術之名，抗議各方的打擊。研究共產主義，研究共產黨在中國的歷史，是學術研究。宣傳共產主義，參加共產黨，則是政治行動當然受到制裁。

目前，我們大學學術研究所有限制很多，另外是私立大學有更多限制。這些限制不是政府干涉研究學術，而是限制供給研究的機會和力量。現行大學法，沒有彈性，對於系所的設立，課目的增減，都須經過教育部的核准。新的大學法送到立法院已經兩年，新法的精神，則是彈性的精神，讓學校有自由發揮學校在學術上的特點。私立大學在經費方面，受到限制，學雜費由教育部核定，勉強維持通常費用。社會人士沒有捐助私立學校的習慣，校友也都尚在創業階段，私立大學不能由校友或民間教育基金取得大量幫助。因而師資很難提高，儀器也不易全備，校內研究學術的風氣，無法建立，雖然可以向國科會申請補助研究費，然而研究計劃都是個別的計劃，不能申請一套長期研究計劃的補助。我常想政府和大型實業公司，在大學設立學術研究中心，供教授和研究生作學術研究。那時，才可以看到在台灣有一流的大學。

爲爭學術自由，政府既沒有壓迫學術研究的法令和行動，就不必多費氣力去抗議，倒是要多費氣力，爭取研究學術的經費和機會。教授自身對學術研究有高的成就，自然受人尊敬，學術爲人理智的創作，理智爲人的大體，孟子曾說：「修其大體者爲大人」。

對現今社會問題天主教的看法

修憲國代的選舉，已開始了，街頭和報上滿是候選人的政見，輔仁大學不參加選舉活動，祇是乘機把天主教對社會的兩三種重要思想，從學術研究方面，向大家作一簡單報告。

憲法上有保護人權的條文，人民的生命權係人民的基本權利，胎兒一受胎，即成為人權的主體，有繼承遺產之權，但最基本的權是胎兒本身的生存權，胎兒一有生命，就有權保全自身的生命，這種生命權為基本人權，沒有一種人為的權力可以予以剝奪。因此政府所頒墮胎合法化法律根本是違反胎兒的生命權，根本不合法，不能成立。

同樣，因腦神經阻塞成為植物人的人也有生命權，不可予以剝奪。

為保護生命有許多人提倡廢除死刑，然而死刑的理由，則為保全多數的生命，免遭殺人罪犯的傷害，當然，或者可以以無期徒刑管制罪犯。

社會對於傷害胎身生命的墮胎行為，卻沒有應有的反抗心理，而且尚以為墮胎，合情、合理。由強暴而懷孕，認為胎身為強暴行為的繼續，應予以消滅，但是胎兒本身，並沒有參加強暴，胎兒本身是無罪的不可予以殺害。殘障胎兒，遺傳重病的胎兒，本身已經很可憐，怎麼還去殺害！

愛惜生命的愛心，應該是孟子所說的天生的善端。

憲法上還有宗教信仰、自由人權，形式上各國憲法都有，連共產國家的憲法也一樣列出；但在實行上，則宗教信仰的自由方式，就不相同了，在共產國家這種自由就等於沒有自由，中華民國的法律不限制宗教信仰，但是卻不許有宗教教育，信仰沒有教育，則根基不深，理解不夠，常能出現幼稚的宗教活動，多能產生害人的迷信，在歐美各國學校的宗教教育，也就是生活教育、倫理教育。目前我們的學校，因著升學壓力，生活教育已經早成爲辦學者的口頭語，實際上則一點沒有辦，我們天主教學校願意辦宗教教育，以教導學生做人的規律，教育部卻不許辦，這不是剝奪宗教自由權嗎？不也是剝奪學生受教育的權利嗎？

修憲國代的政見，發表政見大家都以國民福利爲主，人權爲國民基本福利，國代候選人應多多注意。

修憲，而不是制憲，修憲的空間相當寬，有總統的選舉，有五院的組織，都將討論，尤其對立法院和監察院的行使職權，應有明顯規定，立法院不能毫無監督法以致於無法無天，監察院不能追效立法院，要求政府列席報告，形成議會彈劾權行使宜有成規，對於這些國代應有政見。

益世評論刊出一專號，希望能協助國代，在重要法理上，可以有明瞭的主張。

一貫的教育

中國時報刊登國中校園專題系列的報導，每篇讀後都在心中蕩漾憂愁的思慮：照這樣下去，我們的青年將是怎樣的成人？校園裡學生蔑視倫理、社會裡青年犯罪層出不窮，究竟是什麼原因？

原因一定不單純，原因必定很多！

中等教育和小學教育所以辦不好，主要原因是升學主義。大學聯招把住了大學的門，唯一進門的辦法，在於聯考分數好。全部中學教育都集中在這個目標，學校上課時所教的不夠應付大學聯考，便加增補習。中學生從早到晚，埋頭讀書，那還有時間注意生活教育。有些生性不適於讀死書，有些生來天資遲鈍，這些學生受不了家長和學校的升學壓力，或者蹺課，或者不讀書，結交不良朋友，學習社會壞風氣，變成壞學生。

升學壓力的造成，雖然是教育制度的過失，但是實際的基本原因，還是父母「望子成龍」的心理，逼著子女盡力補習。不喜歡讀書的子女，怕面見父母，便逃學在外。

父母對子女教育的缺失，還有更重大的，就是不教育子女，或是不知道教育子女。父母都在外面工作，那有時間和耐心去管教子女？有的遇著子女有錯，祇知道打罵，有的則一味溺愛，遇到學校老師予以處罰，便到學校興師問罪。最嚴重的，是父母失和，或父母離異，子女沒有家庭的溫暖，心理失常。

社會的風氣更加重這種教育的缺憾，而且變成逃學或失學學生的陷坑。電動玩具，色情刊物，毒品泛濫，偷竊綁架，引誘無知青少年犯罪。

青少年沒有良好的家庭教育，雖然在學校有老師予以輔導，回到家裡把學校所教的都忘記了。走出家門所看見和所聽見的，都是引誘的陷井。

爲青少年有一種良好教育，需要家庭、學校和社會結成一貫。這三環一貫的教育，中間缺少一樣，青少年的教育就辦不好，但三環中最重要的一樣，則是家庭教育。

兒童和青少年的心，常繫在父母身上，彼此以「愛心」相連繫。他們和祖父母伯叔父母，都由血脈關係連結到感情的關注。他們從小得到父母的管教，在父母的愛心裡受到「耳提面命」，學習做人之道。在學校裡每天所見所聞，回家告訴父母，父母再加啓迪。從社會裡所遇到的事，也向父母述說，父母加以分析是非。在外遭遇困難，能在家裡得到安慰，得到支持。父母若在外工作，沒有閒暇多和兒女接觸，另外若因工作，常要使子女單獨在家或不能回家。則至少有祖父母或外祖父母，監管他們。總要使兒童和青少年有一個可以安心的家，覺得有愛他們的人，感到有人關心他們的。破碎的家庭使孩子的心也破碎，有問題的家庭使孩子也成爲問題的孩子，沒有人照管的孩子便成爲拒絕受教的浪子。

三環一貫的教育，以家庭教育爲基礎，又以家庭教育爲保障。目前社會的壞風氣，一時改變不了；升學主義的聯招，預定在四年或五年以後改革；家庭教育的改良則馬上可以辦，祇要家中人有決心。父母出外工作則已成爲社會制度，爲照管兒女，便需要有「三代同居」。「三代同居」常多困難，「三代同居」在「家庭天倫愛心」裡可以辦到。現代社會單向地朝生活舒服方面走，銀髮族不願再有小兒女的牽連，社會傳播工具都向這方面吹噓。社會多一分私利心，就缺乏一片天倫愛心，缺乏天倫愛心，社會就充滿冷酷無情的目光。目前我們的社會，祇有這樣的目光！

我們要趕緊燃燒起天倫愛心，勉力犧牲一點自私的舒服而實行「三代同居」，或同居一家，或同居一公寓，或同居一里，可以收「守望相助」之功，可以得天倫之樂。

一九九二年光明的新年

羅瑪人有一個習俗，年底三十一日晚，若認爲這一年行事不順遂，生活不快樂，便把一件舊的陶器，從窗中拋出去，打碎在街上，象徵把家中的晦氣都丟出去了，新年會帶來福氣。

我們今年過年，也應該摔掉幾種很壞的晦氣，第一種最壞的晦氣，是立法院的打鬥晦氣。這班立法委員從口中所吐出的臭氣和出手揮拳所造成的汗氣，真弄得立法院烏煙瘴氣。在新來的一年裡，敞開立法院的門窗，散盡這種瘴氣，院內充滿清明祥和之氣。

第二種很壞的晦氣，是社會裡吸毒的毒氣，成年人吸毒，少年人吸毒，枯乾了人們的生氣，更腐化了人們的勇氣，而且愛滋病的毒菌，更在摧毀人的生命，在新的一年裡要消滅這種毒氣，使社會飄蕩著清新的朝氣。

第三種很壞的晦氣是綁架的惡氣，使各階層的人日夜心神不安，怕被歹徒綁架，心神和家產都受重大損失。在新的一年裡，我們祈求天主，喚醒那批想不工作而賺大錢的歹徒，知道法網恢恢，疏而不漏，國法不讓罪犯逍遙法外，天主的嚴罰更是絲毫不爽，他們要用勞力去賺錢，不再製造許多家庭的痛苦，不再釀成社會的不安。

第四種很壞的晦氣，是台獨所造成的分裂風氣，使國人感到恐懼，投注生產事業的資金減少，工業資金且往國外遷移，用股票求錢的僥倖心理，瀰漫社會。在新的一年裡，全體國民要團結，發展工業生產，繼續加高國民收入，使經濟成長加高，大家在台灣安居樂業。

第五種很壞的晦氣，是暴發戶的粗俗氣，仗著有錢，不知禮貌，祇知享受，享受的方式既粗又俗，出國觀光，遭人輕視。在新的一年裡，奢侈的風氣要漸漸改成節約的美風，衣著和服飾需要顯出高雅的修養。

說來容易，做來便難了。丟掉這五種晦氣，必須要大家努力，認真去做。最重要和最基本的，是每個人先反省一下，然後訂出一種志向。

社會的風氣由於社會裡的人所造成，改良社會的風氣也由每個人改正自己。

在舊年底，工商界作年底結帳，明瞭一年內各人事業的情況，以便釐訂新年的工作計劃。我們每一個人，對於自己的生活也要作一次結帳，每一個人在除夕或元旦，靜默十分鐘，閉著眼想一想，一年裡自己的生活怎麼樣？一年內工作是否有成就？工作是否順利？再更深入省察一下，自己在那些事上，在那些方面，有對不起上天，對不起別人，對不起自己的事？一年內，工作有沒有目標？自己的性格和脾氣，是不是較比往年更好？

省察了以後，若說自己什麼都沒有看見，一切都好，那就是自己粗心，沒有省察。誠心靜心去省察，必定發現自己的缺點不少！要趕緊立志改正，若是真真一切都好，那就要追求更好，明年比今年更有修養。

每個人都往好裡定志向，社會的晦氣就會除掉，新年是一個光明的新年。

社會秩序

民國八十一年元旦，大家恭維是歷史的新起點；資深立法委員全部退休，立法院面貌一新，新的秩序開始，這樁事躋上了歷史舞台，表示全國人的心情希望立法院過去的野蠻動亂情形能夠過去，開始合理合法爭辯，又能立法的新秩序。

元旦後，立法院第一次開會，委員的面貌不是新的，祇是少了白髮皺紋的老面；所以不是新的立法院，新的立法院要等委員改選以後。這些同樣的面孔，原先野蠻動粗的口嘴和手腳同樣在，新的立法院秩序是否可以建立？資深的立委沒有在立院撒野，他們退休並不少了立院亂鬧的人，祇是他們在立法院，成爲攻擊的對象，作爲新秩序的阻礙，現在他們已經不在立院，新秩序就可以建立。含在事情裡面的，實際是爭權的慾望；現在權力在手了，爭權的慾望會不會消失呢？

爭奪權力本是政治界的常事，不想爭權的人，最好不要進入政治界。關鍵在於爭權的動機，王船山講政治哲學最注重「機」字，宇宙間的變動由氣而成，氣由動機而動，人世間的變動由人心而成，人心由心機而動。爭權的動機爲公，則好，動機爲私，則壞。立法委員繼續爭權，若為國家民族公益，立法院可以有新秩序，若為黨為個人私益，立法院常會一團糟！

不僅立法院的秩序，凡是社會上的各方面的秩序，都要從公私分明，才可以建立。目前台灣社會非常亂，就是追求私益的人太多。小點的事，就如攤販亂排，以私妨公，如昨天高速公路的車禍，因超載砂石的司機想任意超過別的車而翻車，也是自私。

昨天中國時報人間副刊登載「東京物語」，文章的開端說：「在飛往日本的飛機上，出現了一種乾淨，禮貌，有教養的氣氛。」後來又說：「說台北大，怎可與東京比擬！比人潮，只新宿一站每天吞吐的人次，早晚各兩百萬。人多車多自然會塞……但我的印象是，雖然慢但秩序井然！……最令人驚異的，以東京人口之稠密，族群之複雜，竟然看不見一處鐵窗，……我們起碼應該反思一下，曾經『文化過』日本的『文化大國』，是不是覺得有點羞恥呢？」

昨天在同一天的中國時報消費篇介紹新加坡，去年吸引五百萬旅客，大賺一百二十餘億新台幣，原因呢？有人說新加坡是一個很嚴肅的國家，以高度罰款保持社會秩序，新加坡一位政府人員說：「很多違規的罰款的確很高，但這也是使得新加坡能保持乾淨與秩序的原因之一。況且對新加坡人來說，已經養成習慣了，就不覺得困擾；而對觀光客來說，也是對新加坡的尊重。」

教育全國人民知道尊重大眾，藉以尊重自己，知道追求公益，就是追求私益，我們從古來已經明白有義利之分，義是公，利是私，追求義爲君子，追求利爲小人，可惜目前大家已經忘記什麼是君子，什麼是小人了，目前選舉了新的國代，大法官聲明國代爲無薪職，可是變相爭報酬的聲音就喊出來了。這是爲公爲私？

趕緊加強學校的生活教育罷！使下一代的人知道分辨公私！

素書樓

昨天正月元日，星期一，我年節後第一次到輔大校長室辦公，閱看各方來片和來函，看到素書樓，錢穆紀念館開幕，台北市長黃大洲邀請參禮的請柬，典禮在昨天上午九點，我已趕不上參加，而且上午十點要接待美國紐約聖若望大學校長，更不能抽身，覺得有點對不起錢夫人胡美琦女士，決定下午去素書樓瞻仰錢教授的遺書和墨蹟。

午後三點半，車子走進東吳大學，前面搭著一座露天戲台，似乎一路不通，繞過台側，走上往素書樓的山坡路，進了素書樓大門，大門側排著賀禮花圈。

素書樓周圍有約一百坪的花園，園中多茶花，花盛開。一小徑兩旁種楓樹，楓葉將落未落，全樹紅黃。滿眼紅楓景，台北實未曾見。

素書樓上下兩層，地下層進門左爲客廳和飯廳，牆上懸著朱熹所書橫額和對聯：橫額爲「靜神養氣」，對聯爲「立修齊志，讀聖賢書」，飯廳的桌椅古舊，由錢夫人送回。進門右一過道，通到資料室，室內兩行坐椅，可供八人坐，椅前置放映機一台，放映錄影帶。

樓上，爲錢教授書房，房中有他的書桌和坐椅，房正中靠牆，置一座錢教授半身銅像，係昨日開幕典禮時由謝東閔資政揭幕，室壁有書架，置線裝書。由書室一過道，通往寢室，寢室併排兩鋪單人床，係錢教授夫婦所用，床爲木質，色黑，一裝傢台簡樸古舊，過道側有藏書庫，書架四排滿置文史書籍。

紀念館負責人張定波先生，爲輔大校友，陪我參觀，沈明館內書籍，都是市立圖書館所購置，錢教授的書、手搞，和遺物，還等錢夫人捐贈。

錢教授於民國七十九年八月三十日逝世，逝世前三月遭台北市議會索還市有土地，被迫遷出素書樓，在台北市一公寓裡購一房室定居。他聽說市議會因各方輿論交責，有意把素書樓作爲他的紀念館，曾經苦笑說：「我活著，不讓我住，我死了，卻做我的紀念館，真是笑話。」錢教授去世後我問錢夫人是否願意素書樓成爲紀念館，我將向市政府催促。錢夫人答說曾經陪錢教授看過林語堂紀念館，館裡沒有什麼東西，紀念館沒有多大意思。

昨天我參觀時，服務生送給我一資料袋，袋裡有錢教授所著：《八十憶雙親，師友雜憶合刊本》。我回家後翻閱這本書，第貳拾章在台定居敘述素書樓建樓經過：

香港難民潮驟起，乃決計遷居台北，先來擇地，得外雙溪今址。返港後，美琦自作一圖樣，屋宇面積略如沙田，惟分樓上樓下，而添得一園地。乃於民國五十六年十月遷台北，先住市區金山街，翌年七月，遷外雙溪，蒙故總統蔣公命該廳之建築，全由陽明山管理局負責，並爲政府一賓館。迄今已十五年。

然當他被逼遷出時，已在素居樓居住二十二年。他把住所起名素書樓，是他出生在無錫的五世同堂老屋，第三進稱爲素書樓，他的母親住在素書樓東邊廂房，爲紀念自己的母親，他爲台北新居起名素書樓，當台北市議會逼迫遷居時，他很可以不搬，名正言順地因著先總統蔣公的安置而不接受市議會的無理取鬧，但是他以讀書人的氣慨，不願聽人說佔住公有土地，雖九十六歲高齡，雙眼失明，病痛纏身，毅然搬家，三個月後就去世。

素書樓佔地不廣，係一山角，在東吳大學內，市議會收回這塊地可以做什麼？人去樓空野草叢生，深可沒脛。昨天，全院經過整理，樓房重新洗刷，錢夫人在搬出一年七個月後昨天第一次回來，樓空無物，祇見到牆上幾張錢教授的照片，和一尊新塑的半身銅像，滿胸惆悵，有如李清照的詞：

吹簫人去玉樓空。
斷腸與誰同倚？
一枝折得，
人間天上，
沒個人堪寄！

大學考核

本年元月廿九日，在北區天主教大專教職員聚餐會上，教育部次長趙金祁先生也在座，我致詞感謝在座教授職員，熱誠為我退休舉行餞別餐會，又說到對這次教育部公佈大學考核的措施，表示贊成，但就考核的內涵，則有不同的意見。這次教育部的考核，祇是教學的考核，也就是祇是智育的考核，對於經常說的五育之其他四育，根本沒有提到，尤其對於德育，一點也沒有注意。

對於智育的考核，教育部的督學來校視察時，是帶著表格來的：多少學生沒有專任教授，學生總數多少，現有專任教授多少；校地多大，學生人數的比例；實驗室儀器多少和新舊；教授未經教育部審定者多少。督學們按照表格填寫，不考察學校辦學的重點，又不注意私教的經濟現狀，只求平頭、不問身材高低。

德育一事，為當前中華民國教育界的一大問題，報載行政院郝柏村院長，向一百多位中學校長講話，痛責學校荒棄了生活教育，祇顧到升學的聯考。教育部毛部長用極大的魄力，實行平常性分班，漸次廢除聯招。

既然中小學荒廢了生活教育，又沒有三代同居的家庭教育，青年犯罪數目不減反增；考入大學的青年也是沒有受過生活教育，雖然生活好，家庭環境好，還是良好青年；但是對於人生之道，大都茫然無知。他們學成以後，不會變成壞人，可是想要他們人品高，道德觀念清楚，在社會上的各行業裡，提高職業道德，則像是「緣木而求魚」。因此，在大學裡應該注意德育，乃是當前辦教育的人最要注意的事。

輔仁大學的教育方針，我在今年正月的學校行政會議向大家告別詞裡說得很清楚。輔仁大學爲天主教會的大學，天主教會的教育宗旨，爲全人教育，尤其注意人格教育。在教學的智育工作，可以受經濟和人才的牽制，對於倫理教育必盡力突破一切限制，向我們的目的進行。所以輔仁大學的訓導工作和導師制度，在全國大學裡，敢說是第一流。

在體育方面，輔大因有體育系，全校體育老師都可以說是體育專材，能夠帶動全校的體育風氣，善用學校在體育方面的設備。

對於群育，不必說學校的日夜間部的一百五十幾個社團，和全校學聯和學聯議會的工作，非常活潑；但有一個特點，在於爲社會服務。輔大有兩個社團：醒新社和同舟社都各擁有七百社員，他們分成盲人服務組，痲瘋樂仁院服務組，泰山社區服務組，山地服務組，八里安老院服務組，各組經常到服務目標地工作，發揮基督的博愛精神。

今天閱報看到教育部改訂私立學校法，教育部將按補助私校經費多少，在私校董事會派董事。去年在一次私立大專校長座談會，毛部長提出私校董事會開門接受外界董事，我曾表示贊成，以免董事會成爲私家機構；但若按今天報紙所載，教育部將派董事，我則反對，因爲這事容易造成董事會分裂，癱瘓董事會工作。例如輔大董事會董事都是教會人士，由教會機關推薦，今後若有教育部所派董事，若是所派的董事，人格高，智慧高，可以在董事會相安無事；若是所派的董事，擺著官員架子，挑撥教會的行政作風和規則，那就將使素來非常合理而平靜的輔大董事會不安，學校隨著也要亂了。對於這種法規，千萬不可行；教育部祇監督董事會，不可以插手董事會。

辦教育使命

教廷教育部長拉基樞機在輔大主持校長交接禮後，回到羅瑪住所，給我來封信，很興奮地說交接典禮很有意義，每部份禮儀都很美。

那次交接典禮包括三部份禮儀，交接典禮祇是一部份，由拉基樞機主持；其他兩部份，祝聖蠟燭和彌撒聖祭，由我主持。

典禮開始是祝聖蠟燭禮，天主教教堂行禮常點蠟燭。每年二月二日舉行祝聖蠟燭禮，因爲這一天爲基督獻堂節，當基督誕生四十天後，按照猶太教規由父母抱著到耶路撒冷聖殿，奉獻於天父。當時有一位年已八十多歲的老翁接抱耶穌，高聲讚美天父，使他看見了以色列人的光明，他可以安然走了。天主教會在這一天祝聖蠟燭，蠟燭象徵耶穌，在教堂向人們發光。交接典禮日，先行祝聖蠟燭禮，象徵校長在學校有如蠟燭，發光生熱。

隨後，開始彌撒聖祭，彌撒爲祭祀，交接典禮日行祭祀，向天父作奉獻，前校長叩謝天父歷年所賜援助，新校長祈求天父賜福。校長職位乃是天父給予的使命，任期結束時，把職位還與天父。任期開始時，從天父手中接受。

在彌撒當中行交接禮，宣讀任命狀，新校長宣誓，新舊校長交接印信，交接蠟燭，印信代表權位，蠟燭代表光明。

在彌撒中，我指定唱三曲聖歌：「主，求祢按祢意旨，讓祢的僕人，安然離開。他已見到祢的光明」，「那裡有仁愛，那裡有真情，就有天主同在。」「我的靈魂稱揚上主，我的心神悅樂於救主。」

拉基樞機稱讚這三部禮儀都很美，很有意義。三部禮儀表露天主教教育的意義。教育為一項神聖事業，將青年的心靈，鑄成一種模型，將青年的生活，引向一條路途。中國古代非常重視教育，以「大學之道，在明明德，在親民，在止於至善」，天主教看教育為創造人格的神聖工作。我因此選擇了二月二日舉行交接，也訂交接的儀禮。或者有人認為這種交接禮近於浪漫，過於神秘，實際上則落實在教育的意義上。

在十四年前，我接受輔大校長職時，交接典禮非常簡單，在一廳中，有五十餘人參禮，交接印信，舊新校長致詞，監交人並未多說話。我致詞時說以主教身份來任校長，是以牧者心情來就職，將盡心照顧學生如同基督所說善牧照顧羊群。這些年來，學生已經不接受照顧羊群者的關心，他們自己獨立，不用校長照顧。但是近年來各級學校所發生校園事件，近日報載大學生挖墓盜骨，對於學生的照顧，還更須加強愛心耐心。同時看著報載法院偵察多數校長貪污案，又須提高辦教育者的使命感。當然，不信基督的校長，不會舉行宗教式交接禮；不過，總要如同孟子所說：「得天下英才而教之」爲人生樂事，如能體驗這項人生的快樂，又該如同孟子所說：「上不愧於天，下不怍於人。」辦教育不能祇求對得起自己，要對得起上天，要對得起學生和家長，拿國家的錢辦教育，也要對得起國家。

追尋超越宇宙的神

最近我閱讀一本法文的心靈生活書，看到作者說當前西方人正在追尋上帝天主，兩次大戰空虛了歐洲人的心靈，財富減少了，政治勢力削低了，科學的發明加重科學對人的壓力，青年人不再夢想尼采的超人，也不再沈迷在弗洛依德的性慾感，漸漸進入了自己的內心，追尋使心靈超越世界的神秘力量，有人轉而傾向印度的神秘主義，更多的人則投入天主教的靜觀生活，追求和上帝天主的結合。

我看看當前的台灣社會，大專男女青年，壯年的政壇人物，紛紛地在追求心靈的安寧，投身於禪。三天或七天的禪習班，吸引了各界人士。影劇界的明星，也息影於禪林。就是思想界也開始研究宗教了，輔仁大學下學年將開宗教學系，文化經典統會要我組織宗教研究委員會，一般素來以宗教爲私人生活的學人，竟呼號宗教淨化社會的人心。

東西兩方都吹起了一股追求超越宇宙的神的熱風，使冷酷的生活能有幾分溫暖。

這股熱風，不是因著窮苦而吹起，而是因著生活富足；不是因著生活缺乏享受而發動，卻是因著物質享受過多；不是因著科學不發達而激起，而是因著科學發明壓迫心靈；不是因著地廣人稀而搧動，而是因著社會人多相擠，科學擴展空間到星球。

人的身體是物質，過於動作則累，工作使人累，享受也令人累。人的心是無底的洞，拿東西去塞，怎麼塞，塞不滿。人到了身體累和心靈空虛的時候，或者消極悲觀，對一切都無味，或者積極追尋超越宇宙的神。

超越宇宙的神，當然爲絕對的精神。人遇到絕對精神，就如海棉投入酒缸裡，整體被酒浸濕，整個人精神化，甚至於「神化」。

這不是迷信，也不是神話，更不是精神失常。

聖保祿宗徒曾經說明：「一個人接受天主教洗禮，水象徵基督的神性，人浸在基督的神性裡，洗濯了心靈的罪污，心靈同化於基督的神性，合成一個妙體，成爲上帝天主的子女。」

聖保祿接著說：「已經不是我生活，而是基督在我內生活。」這種超越宇宙的生活，在宇宙以內進行，是信仰的生活。睜開眼看宇宙萬物，相信是造物主天主所造，人的生活也是天主所造。觀察萬物的變動，季節的運轉，相信有造物所定的秩序。體驗人身的生命，感到和萬物的生命相連，互相流通，互相成全。進而瞭解造物主對萬物所表現的是愛，萬物彼此的自然和諧，也是愛的表現。宋朝朱熹曾把「生」和「仁」相配，「在天曰生，在人曰仁」，生命就是愛。聖保祿所說信仰生活，更以人對天主的孝愛作爲信仰生活的中心。全心愛天父，爲天父愛人愛物。信仰生活的愛爲精神的愛，不求物質的享受，以「贈予」超過「接受」。不因自己的利益而傷害他人，不因追求慾情的滿足而濫殺自然物。心靈的想望，常傾而無限，有限的世物，祇是走向無限的工具。無限的天主可以充滿人的心靈，人對於世物沒有貪心；有，不覺得可喜，無，不覺得可苦；心靈不僅能像顏回居陋巷以守道而樂，而且是心靈因有天主的愛而樂，世間的痛苦也因愛而失去苦的澀味，變成精神的安樂。

宗教教育

退休以來，心靈安靜，沒有操心的事，沒有毀譽的關懷，今天接受教育部的贈獎，仍舊以平靜的心來接受。

在輔大校長任內的工作，我接受上次教育部的考核，中程發展計劃做的有些輕率，理學院的儀器太舊，專任教授還嫌少，行政制度不統一。這些缺點，我也知道，也常在求改良，但是這些缺點的原因有兩個：一個是經費短少，一個是聯合大學的制度。兩個原因又互相連合，在當初經費充裕的時代，聯合辦輔仁大學的三個單位，都能力求發展，在建築、在儀器、在待遇各方面，當時輔大可以說是居全國私立大學之首，後來經費短少了，各單位祇能在所有經費內求發展，發展的計劃由各單位製成，教務處綜合時便顯出短處，可是後來已經予以改正，將來必定能夠更好。三單位聯合辦學有行政的缺點，然而也有優點：鼓勵各單位力求上進，各自負責，不作空洞計劃而向校長要錢；再者，三單位負責人都是天主教教士，都是奉獻自己爲天主、爲教會工作的人，責任感很高，不爲自己拿一份不該拿的錢，盡量節省，以一文錢當五文或十文錢之用。因此有人說我們用少錢做大事。而且在合作方面，目的己經達到最高點，三單位代表和校長以及秘書長組成的參議會常發揮了合作的效力。

教育部稱讚輔大辦學好，特別是在德育方面，輔大以培育學生人格爲教育目的，以人生哲學指導學生的生活，以奉獻自己的精神引導學生生活的勇氣，以愛心耐心造成學生生活的和諧，在這方面，輔大全體教職人員都同心合作。

我本人祇是全體人員中的一員，我和大家共同努力，我盡力做了我該做的一部份，沒有什麼特別點，今天的獎是肯定大家的工作成績，獎的榮耀，是全校的榮耀，我謹代表全校人員向教育部致謝。

上面是三月二十七日，教育部趙金祁次長頒贈教育獎時，我所作的答辭，我對趙次長的表揚，表明愧不敢當；但在答謝詞末後，我加說了幾句話，說明趙次長所說目前教育部主動提倡宗教教育，這一點要歸功於羅總主教，我願意接受這種說法。

六年以來，我和教育部接洽，申請設立宗教學院，李煥部長經過多次磋商，答應允准設立宗教研究所，後來我再繼續申請，毛部長和趙次長答應可設宗教學系，等我提出申請後，部內評審委員會卻評爲不應設立，毛部長乃擴大評審會委員名額，再次評審，才得僥倖通過，下學年輔大宗教學系可以招生。

目前，教育部卻宣佈，在大學院校的通識教育內，可以有宗教學一課，在高中高職可以在教科書裡編有宗教教材。教育部進行收集資料，供大學院校和國立編譯館參考。這項政策表示我國教育界將改變歷來的傳統排斥宗教的政策，民國初年蔡元培主張以美術代宗教，繼承儒家不談宗教的傳統。國民政府的教育政策，禁止學校有宗教教育。現在政府的教育政策開始改了，承認宗教教育。

我於二月二日退休的前一天，二月一日，李登輝總統以文化復興總會會長名義，送我一封聘書，聘爲文復總會宗教研究委員會主任委員，研究宗教在我們的文化復興工作裡，可以做什麼。去年文復總會在圓山飯店舉行常年大會時，擬訂了工作大綱，最後我起立發言，以爲文復會的工作大綱盡善盡美，但對宗教卻一字不提，則是一種缺憾。中國知識份子不談宗教，可是國民百分之八十信佛教、道教，不能把宗教排斥在中國文化以外。主持會議的李總統馬上裁定以我的發言作爲臨時動議，設立宗教研究委員會，現在又聘我作主任委員。這種委員會的工作，將是一種社會教育工作，教育社會人士認識宗教，也就是宗教教育。

宗教教育無論在學校或社會，目的不是宣傳宗教信仰，勸人信某某宗教，而是告訴學校青年和社會人士，在人生活裡有一精神層面。人進入這種精神層面，可以減輕對金錢的貪慾，心靈可以安定。《大學》曾經說：「定而后能靜，靜而后能安，安而后能慮，慮而后能得。」所得的是對於人生的目的和人生的價值，能夠靜靜地去考慮，漸漸看到人生的快樂不在於酒肉和性慾的享受，也不在於高官和巨富的名位，而是以愛心懷抱宇宙，「親親，仁民，愛物」如同孟子所說，「上不愧於天，下不怍於人」，心有平靜的快樂。

歐美的社會偏向物質享受，但歐美的人自小就受宗教教育，認識十誡，知道辨別善惡，相信有上帝天主的賞罰，勉力行善避惡。近來的回教人、亞洲的印度、錫蘭、泰國和日本，也都有佛教、印度教、神道教的教育。唯獨中國人自稱沒有宗教，實則孔、孟的倫理，以上天的信仰作基本，倡言革新的人士，革除了孔、孟的倫理，鄙棄了民間的信仰，所造成的是一個求錢求權求名求性慾的社會，無法無天，雖然經濟富裕，但人心不安，人心空虛。這時候應該以宗教教育告訴社會上的人，人生有一精神層面，人生應分善惡，人生應有愛心；人要超越金錢權位性慾，才有平靜的快樂。

重建家庭倫理

兩千年的儒家倫理，從孔子以來，就建立在家庭倫理上。儒家倫理學的教科書《大學》，明明說，「家齊而后國治，國治而后天下平」。儒家的五倫，家庭佔了三倫，社會祇佔兩倫，孔子以「仁」一貫自己的思想，但在實際生活上，孔子、孟子和曾子都以「孝」爲善德的總綱，當時的國由家族積成，每個人的生活，一生都在大家庭內。

現在社會變了，國家由國民而成，每個人營獨立的生活，社會裡祇見每個「我」的人，不見一個一個的家。傳統的家庭倫理已經蕩然不存；夫殺妻、妻也殺夫；父母殺死兒女，兒子也弒殺父母；年幼子女無人管理，老病父母無人照顧。這種痛心的慘劇，真是日出不窮。

社會的制度隨著時代改變，大家庭制度不合環境而被廢除；可是家庭的天倫愛心，則出自人的天性。孟子曾經以小孩出來就知道愛父母，證明人性是善，人人有愛親人的良知良能，人既具有這種天生愛心，加以培養，便能擴廣以愛他人的父母子女，社會成爲愛心的社會。若是摧殘了這種天生愛心，自己的父母和子女都不愛，怎麼能夠愛他人的父母子女呢？社會就要充滿自私，相爭相殺的社會，目前台灣的社會，不是表現這種痛心的現象嗎？

無論在什麼環境裡，無論在什麼時代和地方生活，人常是人，生活的方式可以變，生活的價值可以改，但人之所以爲人的天性，總不能夠改。無論當代許多講哲學的人，不承認有不變的人性，但是你老罵他不愛父母，不是人，他也覺得很不好受。就如王陽明曾說，一個慣常作賊的人，你若罵他是賊，他也免不了面紅而忸怩，因爲良心常在。我們便要盡力提倡培養家庭的天倫愛心，因而要由文化復興總會的宗教研究委員會，發起一個重建家庭倫理運動，藉各宗教的感化力，予以推動。

第一：鼓勵夫婦彼此相親相愛，互相容忍，互相尊重，避免吵架，暴力虐待。決不要輕率地離婚，使子女遭受遺棄。離婚的家庭，受害最重的是年青子女。學校裡的問題兒童，多半是殘破家庭的孩子。

第二：父母子女互相親愛。

父母必定而且自然愛兒女，然而愛就要教，目前因著出外工作，父母常顧不到子女的教育，把子女托給托兒所和保母，或至於子女放學回家，沒有人照管。社會的青年犯罪，常由這種缺憾所造成。父母一定要負起教育子女的責任，不能往外推，每天要有時間和年幼子女相聚，耳提面訓，分別善惡。但不要過於急切，造成子女的反感。

子女對於父母，當有愛心，以父母作好朋友，遇事商量，有事必談。子女婚嫁成家，不必馬上分居，若能同堂，乃屬好事，否則同居一公寓大樓，或同居一里巷，也屬幸事。老年祖父母、外祖父母，耐心照顧孫輩、外孫輩，使幼有人教，老年父母有病，也有人照顧，家庭的愛心常存，天倫之樂就常在。

各宗教聯合起來，與政府及社會人士同心爲家庭倫理的重建作一份工作，必能得上天保祐，也能獲取社會的感激。

剛恆毅抵華七十週年

剛恆毅總主教在一九二二年十一月八日抵香港，寄送了教廷傳信部致中國各教區主教的公函，宣佈他自己爲教廷駐華代表的任命狀，十二月二十日往上海，十二月二十七日往北京，次年元旦，晉見黎元洪總統，二月二十三日在漢口成立臨時公署。

剛代表七十年前來到中華，確實是中國天主教會的新紀元，結束了一個舊時代：即是保教權時代，外籍傳教士作主人的時代，修院閉關教育的時代；開創了一個新的時代：即是教廷和中國政府交往的時代，中國籍聖職員作主人的時代，修院教育開放的時代。

自從一四九三年教宗亞立山六世，授予葡萄牙王樂亞保教權開始，在中國的傳教事業，由葡萄牙王，法國路易第十四世國王，後來又由德國義大利等國保護，因著殺傳教士的教案，各國在中國要求租借港口和賠金，造成社會人士錯誤觀念，以天主教和基督教爲列強侵略中國的工具。教廷則於一六二二年設立傳信部，企圖擺脫列強保教權，又在李鴻章和陸徵祥管理中國外交時，商談和中國建立外交關係，都因法國政府的反對而失敗。教宗庇護第十一世於一九二一年登基，次年就派剛恆毅總主教任駐華代表，在代表未到中國以前，封鎖消息，嚴守祕密，剛代表到了香港，才宣佈任命狀，法國來不及反對。從此，教廷開始和中國政府往來，後來西方也派遣正式大使。

從傳信部成立以來，直接管理中國傳教事務，所派遣的傳教士，都是各國的修會會士，把中國的教區分別托給這些修會，所有主教都是這些修會的會士，他們是中國教會的主人。中國聖職員人數不多，只是贊助人。剛代表抵華奉行教宗和傳信部的旨意，選舉中國神父任主教，開始以中國聖職員爲自己教會的主人，外籍傳教士改爲贊助人。

中國修院培植修生，依照慣例專讀拉丁文，讀士林哲學和神學，至於中國國文和普通學科則不教授。剛代表抵華後，通告教區主教，中國修院的教育按採中國中學教育，在哲學和神學中，應加讀中國文化史，又決定派遣年青神父和修生往羅瑪教會大學留學。以至剛代表駐華十週年時，羅瑪傳信大學已經有中國修生三十多人。

上面這幾段簡單的說明，說明了剛代表抵華的意義。意義非常重大，非常有歷史的價值。

談到剛恆毅樞機的爲人，我和他接觸很久，從一九三五年他任傳信部次長，我於一九三六年受聖爲神父並在傳信大學教書，一直到他一九五八年逝世，常到他的辦公室和寓所爲留羅瑪的中國聖職員、中國教會以及中國國民政府和教廷關係，各方面的事向他請示或求助，所遇到的不是一位高級主管，而是一位和藹可親的父親，又體驗到是一位有原則的長上。

剛公是一位有原則，而且擇善固執的學者，他有三點終身不改。第一、專心宣傳福音事業，從他任駐華宗座代表開始，一直到死，常以傳教事業爲重，在去世前半小時，我陪于斌總主教看他，他說自己準備參加新教宗的選舉會，希望選一位看重傳教事業的教宗。第二，剛公專門研究天主教藝術，他從青年時就愛藝術，提倡中國聖畫，建築中國式修院，去世前幾天我到醫院看，他還把剛才出版他的一冊講藝術的書給我看。第三，剛公愛護中國文化，常與之和羅瑪古文化相比。

剛公最不喜歡人家在公開場所，讚頌他的功德，他晉樞機，宣道部人員舉行慶祝會，代表部員致辭者稱頌他在部的功績，他立時打斷演說詞，央求說：「饒了我罷」，他過八十壽時沒有任何慶祝，祇要我們幾位中國神父到他家參加彌撒，一同祈禱。

剛公擇善固執，一生抱著自己的原則，成就高尚的人格。

打破金錢迷信

近來聽說有人講錢的哲學，我想錢沒有哲學，錢祇有迷信，爲淨化人心，應該打破金錢迷信。

相信金錢萬能，是金錢迷信。相信金錢爲人生快樂，是金錢迷信。相信金錢爲人生所追求的唯一對象，是金錢迷信。

台灣現在充滿這種迷信。

製造罪惡去賺錢。台北市取締十八行業，十八行業製造罪惡，壞了青年人的心靈。電動玩具造成青年賭博心理。雛妓賣身，沉淪了女童終生的願望。

以犯罪行爲去賺錢。販毒、仿冒、造假幣、竊車、地下錢莊、地下兵工廠。

投機逸樂心理去賺錢。滿街各式飯店，處處各形娛樂場，拴魚射鴿池。

在最清高、最神聖的場所賺錢，神壇神棍，開學店，滿街補習班，學校老師做補習教師。以致在外國人眼中，台灣稱謂「投機之島」、「色情之島」、「仿冒王國」、「盜版王國」。

中央日報本年五月十七日諤諤篇說：當前社會上充斥著畸型的富裕病徵，享樂心理瀰漫，重慾主義盛行，大家耽於器用層次的感官滿足。整個社會風氣笑貧不笑娼，金錢崇拜成了社會叢林的準則。大家只想不勞而收穫，而忘了要先去栽。於是「人心無饜，得隴望蜀」，形成了荒謬怪誕的社會心理，種種擄人要錢和放置炸彈要錢的罪行，層出不窮。「年青人不肯一步一腳印的努力，只想一步登天，以作奸犯科為捷徑，一失足而留千古恨。」

為淨化這種惡風氣，要打破金錢迷信。

第一，每天十分鐘坐下靜默，或是清早起床後，或是夜晚登床前，坐下靜默十分鐘，開始時，想想自己有什麼掛心的事？有什麼想要盡力追求的事？接著想想這些事有什麼意義？

第二，到了沒有掛心的事，沒有追求的事，就想安定自己的心。把一切念慮都擠出去，心裡要空空，祇留一句無關重要的話，或一個無關重要的想像，懸在心裡，祇看著，不去推想，心便可以安定。

第三，到了坐下來，心就安定了，便來回默念一句人生標語：例如「知足長樂」、「人格最重」、「天倫快樂」、「艱難創造人格」，……只默唸，不要推想。

若是你有宗教信仰，是信仰天主教，在第三階段，你可以來回默唸：「願天父受頌揚」、「基督，我愛你」、「主耶穌，我信你」、「聖母，我依靠你」，……若是信佛教，則唸「阿彌陀佛」。

繼續每天實習，養成定心的境界，一定不追求金錢和物質快樂。

現在許多人實習坐禪，以禪觀淨化並安定自心，就是一種安心法門。對熱心於社會生活，擺不脫社會風氣的人，向他們講人生觀和價值觀的大道理，他們都懂，也都想實踐，就是跨不出第一步，靜默安心的方法，可以導引他們漸漸冷靜自己的心，漸漸和社會環境形成距離，漸漸心靈的眼睛明淨，看事清楚，便可以破金錢的迷誤。

減輕享樂慾望

為淨化社會人心，上一期我寫了打破金錢迷信，在這一期，我寫減輕享樂慾望。享樂的慾望，是人生來就有的慾望，而且是一切物體本性的慾望。這種慾望的目標，在於發揚自己的生命。一個物體的生命，為物體的存在，凡是物體沒有不求發揚自己的存在，至少，也不求毀滅自己的存在。

告子所說：「食色，性也」；食慾，為保全並發展人的生命；色慾，為繼續人的生命；所以說是來自人的本性。人所追求的享受，直接或間接都和這兩種慾望相連接。心靈的享樂屬於精神；但是在現世人的生活，沒有一種純淨的心靈生活，常是心物合一的生活。

人天生有享樂的慾望，天生就有享樂的追求，因著享樂的追求，人乃施用智慧去改進生活。歷史家杜因比曾說文明的起源，在於民族努力控制並改良環境，這種勢力一旦消失，民族的文明就會停滯或消退。

享樂的慾望乃是合理的，而且具有積極的價值。

禍害和罪過卻也和慾望相連，社會的進化由享樂慾望去推進，社會的敗落也由享樂慾望所造成。中國哲學常把惡和慾相連，儒家主張克制情慾，道家主張排除情慾，佛教主張消絕情慾。因爲人的情慾常使人的慾望跑出合理的範圍，使人遭受傷害。

享樂本是爲保全並發展生命，便至少不要傷害生命。食色跑出合理的範圍：吃多了傷胃，酒喝多了傷身，色慾無度傷氣。同時，人的心物合一的生命，生來有本性的規則，規則爲人同人相處的倫理關係。《中庸》就說：喜怒哀樂之發皆合符規則，才稱爲合情合理，「發而皆中節謂之和」。

爲能中節，靠人自己作主。自己作主，正是目前社會青年的「最愛」。但是「自己作主」，不是尼采所說自己規定一切道德和法律，而是要按照自己的良心去作決定。爲達到這種境地，須要加一番修養，更是要從小做起。

一、孟子曾說：「一個人要有所不爲，才可以有爲。」一個人爲鍛鍊自己的意志，從小就開始，另外在年青的時候，每天能夠給自己規定一樁事不做，這樁事不是壞事，壞事本來就不該做。一樁事是無所謂好壞的事，或者也是一樁好事，而是一樁小事，爲鍛鍊意志，決定今天不做。例如每天乘坐公車，經過一棟建築，決定今天經過時眼睛不看。或是常看電視或錄影帶，今天決定不看。或者別的一樁常做的小事，決定今天不做。你不要以爲這些小事，有什麼關係，關係實在不小，你試一試看。

二、決定做一樁小事。今天爲鍛鍊意志，決定到時間就起床。或者決定今天對一位平常不樂意看到的同學或同事打招呼，談幾句話。或者決定今天吃家裡預備好的，不傷衛生但不合口胃的菜。或者決定今天好好坐聽一位不中聽的老師的課。等等小事。你不要以爲沒有意思，實則意思很大，你試一試看。

三、少說一句。平日講話很多，決定今天少說幾句。平日遇著不順意的事，就開口抱怨，決定今天不說。平日別人說我一句，我就回他兩句，決定今天不回說，等等……別以爲這些小事是兒戲，乃是修身的途徑，你試一試看。

克制享樂慾望，不被慾望牽著鼻子走，一個人就要鍛鍊自己的意志，自己作主人。父母教育小兒女，應該知道教導他們受點小苦，不要讓他們從小想做什麼就做什麼：這個不吃，那個也不吃；這個不做，那個也不做。若是男孩，在服兵役時，這些壞習慣是要改的。但更好，還是從小沒有這些壞習慣。

消除投機風氣

這是我爲淨化人心的第三篇談話，消除投機風氣。台灣近十年表現的特色，爲一窩蜂的戲劇。幾時，有一樁賺錢的機會，大家一窩蜂往那面跑。養雞、養豬、養蝦、造鞋、造電腦、六合彩、電動玩具、證券公司、郵票公司、錄影卡、高爾夫球場、釣蝦池、挫魚場此起彼落，顯出社會人心浮動。出外旅行，又排出暴發戶的顏面。

這種種現象是《中庸》所說：「小人行險以僥倖」。

在工業和商場投資，按理先該當考慮市場的各種因素，還要考慮倫理和社會人心，不能在求學和就業方面，每個人要認識自己的才能和興趣，也要看重文化生活的要求，不能只看目前賺錢的境遇。

一窩蜂的投機心理，爲缺乏思考所造成。祇想科技可以賺錢，把人文科學形成冷門。

本月四號，我在圓山飯店參加文化復興總會大會時，我發言說：去年在大會裡發言，請大家看重宗教對文化復興的重要性，承蒙大會主席李總統採納，成立宗教研究委員會，今年我要請大家看重哲學對文化復興的重要性，文化的基礎是思想，思想是哲學，沒有思想的文化工作，祇是外面的架子，大風一吹就吹倒了。可是我們社會人士就看不起哲學，前幾年一次為大學生就業測驗，不許哲學系學生參加。目前大學加開教育學分，不許哲學系加開，這明白表示大家認為讀哲學的人不能辦事，不能教書，大家看不起哲學，就看不起思想，也就不願意思考，不思考祇憑一時的印象去作事，中國人本來聰明，於是便「行險以僥倖」。

為消除投機心理，必須養成「坐下來，想一想」的習慣，就是養成作事先思考。《大學》書中曾說：「知止而後有定，定而後能靜，靜而後能安，安而後能慮，慮而後能得。物有本末，事有終始，知所先後，則近道矣。」

要作一事，坐下來想一想，不能急，心要靜定。想了後，再收集資料，按照資料再考慮考慮，然後才作決定，這個思考的方法，是哲學的方法。今天，六月十五日，在中央日報副刊，我讀到劉真教授的一篇文章，說教育和哲學不能脫離，在各大學都應設立哲學系。我心想若能照劉教授的話去做，至少可以訓練大學生多作思考，行動避免輕率。中小學的教師更可以教導學生思考的方法。

消除投機的浮薄心理，還有一法，就是多讀歷史，行動輕率，心情浮薄，是因為心無根蒂。有宗教信仰的人，宗教信仰當然可以作為生活的根蒂，沒有宗教信仰的人，可以用歷史知識作思考的根底，中國古人常以讀歷史可以「仰古以治今」。歷史記述前人的經歷，也記載我們生活各方面的來源，常常可作我們生活的一面鏡子。讀歷史又能養成追念前人遺德的心情，懷著感恩的心。這種人，普通被稱爲「厚道的人」，心情不會輕薄。學校裡設立校史館，豎立創校或發展校務人士的雕像，足以養成青年人懷念前人的心理，不會以爲人生就是他們一代人所創，一切都按他們所看到的做判斷，沒有根蒂，沒有原則。

金錢慾確實是投機心理的魔王，然而在開化國家中，投資和經商的人，大都很慎重，都用科學的工具，研究、思考、決定。我們台灣目前科學資訊工具雖還少，但是我們有四千年的文化，文化中的思想，足夠供給我們生活工作的原則，使行動常有根蒂。

淨化休閒生活

中國古代（直到民國初年）社會無所謂休閒生活，無論士農工商都一年到頭工作，祇有在新年年節才休閒十幾天，那十幾天大家訪問親戚朋友、看戲、看花燈。現在台灣的社會卻時時談休閒，處處做休閒，蔚成了休閒風氣。休閒的風氣竟到烏煙瘴氣，污染了社會環境，污染了社會人心。中國時報上月（六月）二十二日第六版登載「畸型的休閒」，認爲「國人雖然有錢，有閒，但『休閒殘障者』比比皆是，不知休閒、不得休閒、不懂休閒、無休閒品味，迫切需要休閒教育與休閒輔導。這種『休閒殘障者』的現象，特別在『消費高、時間短』的休閒活動，及競逐於夜生活『酒國文化』的民眾上，特別明顯。」在同一篇中，又列出一表台灣地區大學生休閒生活類型：有「野馬族」整天玩到不知何方。有「淺水龍族」想玩，但沒錢沒空。有「蝴蝶族」四處參加休閒活動。有「貓頭鷹族」晝伏夜出。有「蟋蟀族」一味囂鬧，破壞環境。有「飛蛾族」愛尋求刺激性的玩地。至於社會高消費的「ＫＴＶ」有「上空酒人」陪侍，俏麗佳人坐檯，甚至有特別秀的裸女陪唱。還有短時間用手按摩的「純按摩」，時間愈來愈短，消費愈來愈高。

中國時報上月（六月）二十六日的文化休閒版登載輔大林明德教授的「休閒趨勢的反省」，為第一屆中國休閒生活文化學術研討著作介紹，「反思台灣休閒現象，將會發現，其背後正意味著盲昧，浮誇的心理，面對這種現象，重新整理休閒意識，覓尋休閒的真諦，是刻不容緩的事。」

中國休閒的意識，源起很早，我們在《論語》一書裡，從孔子的口中可以聽到。在《論語・先進篇》記載著一次孔子和門生談話，門生各談自己的抱負，曾點說他的志向和別人不同，他想在春天和熙的時候，穿著春天單袷的衣服，同青年和童子們到沂水去洗濯，唱唱歌，乘乘涼。孔子聽了曾點的話，心裡深深地感動，緩緩地說：「吾與點也！（我和點一樣）」孔子讚賞曾點的生活，是種像朱熹所註解的生活，「胸沉悠然，直與天地萬物上下同流，各得其所之妙。」

從孔子以後，中國儒家學者，常以欣賞自然山水為休閒生活，在山水名勝地建造樓閣亭台，飲酒賦詩。柳宗元和蘇軾則留下多篇山水遊記。儒家懷著宇宙萬物具有生命，和人的生命相通。儒家文人官吏，以自然美景，提高自己的精神，又以藝術調節日常生活，歷代學者乃有「琴棋書畫」的雅興。

農工商界的人，也以藝術作暫時的休閒，中國有各派的戲劇，和民間的藝術，作為消遺。

古代的休閒，意義在於提高精神，常以自然美和人工美為休閒品。

現代休閒，則來自兩種不同的需要：一種是社會工作繁忙，需要休息時間；一種是青年精力充沛，需要發洩作為休閒。人們有幾項天性：好奇、好玩、好聲色。投機賺錢的商人，乘著人們的天性，便設賭博性的電動玩具，充滿聲色的錄影錄聲放映場，以女子陪伴的酒店，咖啡座等等休閒場所，還有高尚一等的高爾夫球場和綜合性娛樂中心。

為能淨化休閒生活，首先要大家看清楚休閒的意義。休閒的意義在充實人的日常生活；精力疲倦了，充實精力；精力充沛，合理地發洩；物質壓力過重，空虛壓力；精神困累了，解放自由。

休閒生活的型態，應該是雅緻、清潔、安定，不是炫耀金錢，裸露肉體，不要像老子所說：「五色使人目盲，五聲使人耳聾。」

休閒生活的文化，應該是有藝術美的文化，含有倫理美的文化，使人心靈安寧的文化。

基層建設

國家的六年建設，顯示政府的魄力和眼光，又表現台灣的社會進入了開發國家的光燄，捷運還算小事，北二高和快鐵則是高度的工程。雖然在科技方面，還要借用外國顧問；在圍標方面，還不免違法的情事；但整個建設的成果，必將使國民享受二十一世紀新速度交通的便利。

在另一方面，目前卻發生幾件基層生活的問題，問題不能得到適當的解決，使國民感到工商業的新發展，把貧富的懸殊拉高了，國家的建設使貧富的享受也變質了，國家建設成果的享受，變成高級的生活享受；但若低級的享受被忽視了，這種高層的生活享受將成爲畸形的享受。

舉例來說，近日發生的垃圾問題和無殼問題，這兩個問題都是生活上的基層而又基本的要求，政府不大力解決，國民的生活不能滿足基本的需要，對於高度的享受未免會譏以爲奢侈。

一家人連住屋都沒有，所得薪金三分之一用去租房子，出門雖然有交通的高度便利，他們一家的生活不能得到滿足，心理不會說政府好，政府早已有國民住宅的計劃，但是找建地很難，建屋的經費不足，售賣又不便於薪金族，所以連年國民住宅的建設，越來越令無殼族設法購屋。

中央政府應把國民住宅的建設計劃，作爲國家的重要建設政策，作通盤的和實際的設計，從工地方面，從經濟方面，從銀行貸款方面，從地方政府方面，全盤研究後，作成法案，由立法院審議後，努力實施，在六年國建計劃中有廣建住宅的計劃，六年國建十萬二千戶，在八十一年，執行興建一萬六千戶，這項執行是否真正執行，是否如期能實現整體計劃，無殼族睜著眼看。中央政府應當下決心。決定分期建造國民住宅的計劃，實際上在六年以內使國民有屋可住，如同全民保險計劃，決定在八十三年實現。

垃圾問題也是一個基層的問題，而且較比國民住宅更基層，又是更基本的問題；沒有房子住，還可以租房子，不倒垃圾或不收垃圾，則在十天以後就不容易生活了。以往沒有人提到這個小問題，也沒有人注意，目前，則垃圾問題成了熱門大問題，成爲縣市鎮長的頭痛問題。近日新莊鎮的垃圾問題特別引起我的關心，因爲新莊是輔仁大學所在地。

據環保署的統計，台灣地區每年製造垃圾的數量，大約達到二千二百萬噸，以台灣地不廣，人口多的環境，絕對不能實行垃圾掩埋政策就可解決問題。因爲掩埋的地方找不到，居民又極力反對。倒垃圾填海也不是解決的辦法，污染海水，妨害漁業都將成後遺症。較好可行的政策是焚化爐。環保署表明中央政府將建立三十多座焚化爐，既有這種政策就應即時設法執行，一年不能成，分期設立，在五年以內成功。當然事情並不簡單，設立焚化爐有些經濟、採購、縣市議會、垃圾分類各項問題，得靠全民合作。全民合作，本是理所當然，垃圾問題關係每個人的生活，和水電問題一樣，絕不能因少數人利益而傷害全體。但是中央政府的政策和實行公權力，則是解決問題的基本要素。

公教人員之別

十幾年前，我在綜合月刊的一篇文章裡就主張教育人員不應該和公務員放在一起，稱公教人員。我還開玩笑說，民國初年以來，天主教稱爲公教，現在看到報上的公教人員以爲是天主教人員。在這些年裡，我常堅持這種主張，而且更反對所謂軍公教人員，把軍人放在第一，公務員第二，教育人員列在最後，以往是士農工商，現在士被貶爲最末了。

十一年前，我爲私立學校爭取公保，最大的阻力，在於銓敘部以私立學校教職員不是公務員，最後還是蔣經國總統認爲法律是爲人設立，不是人爲法律設立，大家既認爲給私立學校教職員公保，合情合理，那就修改法律使也合法。才把問題解決，可是我自己本人，因爲已到七十歲零兩個月，不能有公保，年來常去榮民總醫院醫病，醫院聽說我沒有公保，覺得很奇怪。

現在教育部草擬了教師法，將來經過立法院通過後，作爲教育人員的法規。可是銓敘部卻草擬了公務員基準法草案，草案列舉五類公務員，其中一類就是教育人員，這樣就簡簡單單把教育人員看作純粹公務員，不必再有公教人員的稱呼了！

將來私立學校教職人員，既不是公務員，又不是工人，更不是商人，大概要和藝術人員混在一起，以求得法律保障，不然就什麼都不是，沒有權利。去年，公立學校職員抗議考試院要他們考試，我笑說私立學校職員連參加考試的權利都沒有，還談什麼抗議！

成天喊著「尊師重道」，成天喊著教師們自重自愛，提高自己的尊嚴。今天（八月一日）我在中國時報看到一篇短文，題目是「現代夫子難為」，學生要修理老師，揭老師的底，控告老師，家長動不動就找老師算賬，作者嘆息說：「什麼時候台灣的校園變得不再清純了！」我要嘆息說：什麼時候我們教育人士在政府眼中變得這樣不受重視！另外是我們私立學校教育人士處處遭人踐踏！

中國傳統明明是尊師重道，卻因著教師制度的不良，學生忙著聯考，把「尊師重道」的「道」，從學校消失了！更因著經濟的要求，教育界重視科技，輕視人文，又把「尊師重道」的「道」從學生心目中剝掉了！公務員薪金低，教師們為家務需要錢，忙得兼課或補習，把「尊師重道」的「道」忘記了！

務必要恢復民國初年，政府看重教育人士的心情；務必要社會人士恢復重視「尊師重道」的「道」。教育人員由教育部以教師法管理，教師的薪金要表現尊師的程度。然後大家也要求教師有為人師的資格和人格，不合者，請他走！

假使若是銓敘部堅持所擬「公務員基準法」，把教育人員放在內，再就教育人員作例外之規定，或授權主管機關就特殊事件另行立法，將來例外規定必然要多了！那又何必把教育人員放在公務員法裡面呢？把教育人員讓教育部立法管理，不更單純嗎？本位觀念，本位權力，大約很受銓敘部重視罷！

無論如何，教育人員若放在公務員內，私立學校教育人員總是在公務員法以外，不能享受任何公務員的權利，這是表示政府重視私立學校嗎？私立學校對於國民教育的貢獻，不下於公立學校，應該和公立學校處於平等地位，絕不應該被擠在公立學校教職員以外。

因此，我堅決主張公務、教育人員，在法律上必須分別。

奧運的精神

從紀元前第六世紀，希臘在奧林匹克舉行運動比賽，同時在另三處也舉行比賽，但以奧林匹克爲最著。古羅瑪帝國在羅瑪有跑馬比賽和戰事比賽，又有鬥獸和拳擊決鬥。歐洲中古各國城市，繼續常有比賽節會。近世一八九四年六月，九個國家的四十九個運動組織代表在巴黎開會，法國體育教育家顧拜旦建議組織國際奧林匹克委員會，與會代表積極贊成，開始了現代的奧林匹克運動會。

國際奧林匹克運動委員會，不是政治性的組織，由申請而被承認的各國奧林匹克運動會組成。各國奧林匹克運動會是非營利性的組織，和政治和商業沒有牽連，爲獨立的民間組織。國際奧運比賽會，每四年一次，在夏季舉行；從一九二四年起另舉辦冬季比賽會。每次比賽會由總會委託一個城市辦理，不委託一個國家辦理。申請辦理的城市，向奧運總會申請，由總會決定。辦理的城市須保證在辦理比賽時，在運動場所和運動村，不能有政治性遊行示威；也要保證所有選手，不分種族、宗教、政黨，都能獲得入境簽證，能夠自由出入會場。運動場的比賽是選手跟選手的比賽，即是人和人的比賽，不是國和國的比賽。選手必須接受各項運動的規則和評判員的評判，否則驅逐出場，取消資格。

國際奧運會的比賽，為和平的競賽，是技能的競賽，輸贏的人，在結束比賽後，互相握手言歡。這種精神，表示競而不爭，決而不鬥，輸而不恨。可惜在國家社會裡，在國際社會裡，各方面的競爭，輕則動用奸謀，大則動用金錢，重則動用兵武。競爭沒有規則，不守法律，久而結恨成仇。在立法的國會裡，也有由口爭而動手腳蠻力；在社會的幫派裡，則動而流血殺人。當奧運期間，全球的人在電視的銀幕上：看到各種各項的競爭，看到得勝和失敗，看到結束時致送金銀銅獎牌，看到勝者的國旗或運動會旗上升，每人心裡所有的，是快樂，是舒服。為何不能把奧運競爭的精神注入社會各團體和各人心中，彼此在競爭時，還能和平相處？

奧運的運動員也有奧運的精神：平日勤於練習，有恆心、肯吃苦，接受教導員的指導。競賽時，嚴守規則，清心寡慾，保持體力，得勝不驕，失敗不餒。聖保祿宗徒在兩千年前時，已標舉這種精神，作為努力修德的操範。聖保祿說：「你們知道，在運動場上賽跑的人很多，但是得獎的只有一個。你們要抱著期望得獎的心來跑。每一個運動員都接受嚴格的訓練，要為爭取暫時的冠冕。然而我們所求的，卻是那不朽的冠冕。所以我們向著目標直跑，又像一個鬥拳的人，每一拳都不落空。我嚴格地對付自己的身體，為要完全控制它，免得我叫別人去競賽，自己反而被淘汰了。」（格林多前書 第九章第二十四節——第二十七節）爲修德，要吃苦、要有恆、要實習、要接受指導。同樣爲研究學術，也要有同樣的精神。爲成就任何一種事業，又怎能缺少這種精神！

在這次奧運的熱溫還未消散時，大家想一想奧運精神。

教廷關心吸毒問題

最近，收到教廷家庭委員會寄送主教們的一封文件，題目爲「由失望到希望」，小題目是「家庭和吸毒」，內容爲這種委員會去年六月二十日到二十二日，召開的研究會議，研究吸毒問題的報告。報告中也包含有教廷病人服務委員會去年十一月廿一日到廿三日，所召開吸毒和生命會議的部份結論，這個文件的名稱，就是十一月會議的名稱。

這件文件的內容，分成三大段：第一段，吸毒的現象；第二段，教會的特別工作；第三段，教會福傳的臨在。

吸毒的現象，現在已經散佈在世界各處。現象的作用，吸毒者的人格受了傷害，理智糊塗，意志薄弱，心理生活不正常。家庭受了傷害，家中有吸毒的人，全家人都不安，生活失去常軌。社會當然免不了傷害，道德淪落，社會意識痲木不仁。

吸毒的原因，在吸毒者方面，對生命沒有正當意識，對自心缺乏親人的愛，對事業喪失興趣。這種現象的發生常由家庭父母賦予愛心太少、疏忽青年人的感受，對青年染上吸毒毛病後，不細心設法改正。社會風氣更是吸毒的大原因，消費的享樂主義，慫恿青年嘗試吸毒的輕鬆感受。金錢主義驅使販毒的人無孔不入。輕蔑倫理的自由自大風氣，混淆了青年人的價值觀。

面對這種痛心的現象，教會要做什麼呢?

教會負有福傳的使命，宣揚基督的愛。基督的愛，愛一切的人，特別愛墮落失望的人。吸毒的人需要體驗到基督的愛，對生命振起希望。因此教會面對吸毒的現象，表示關懷的愛心。教會愛心的表現，首先表現在家庭裡，以信仰的力量，堅強家庭的團結。家庭是生命的象徵，是生命力的泉源，以生命的價值和希望，灌注在家裡每個人的心中。由生命力發出愛心，聯繫全家人員，不使一個人被捨棄，對於家中有吸毒的人，加倍以愛心關注、追蹤，幫助戒毒。

教會也激發本堂教友的愛心，使教友以福音的愛，維護吸毒的弱者，不受社會輕視的傷害。對於一般的青年，預防浪漫的毒素，培植青年人建立人格，實習為人服務。從運動、衛生、文化、精神各方面，建立優良的青年中心。

最重要的，還是要有專責人員和機構，關心照顧吸毒的人，協助他們或她們戒毒。

我想目前台灣吸毒的現象，已經是一項驚心痛心的事，安非他命進入了中等學校，毒品的販賣，從所查獲的毒品，價值已到一億兩億台幣。這是一種自然法的反撲，也就是天主的懲罰。科技提高生產的產量，使經濟飛漲，卻帶來環境污染。性生活的氾濫，造成了凶殘的愛滋病。無法無天的享樂主義，釀成了毒品的傷害。爲救這些災禍，我們要如教廷文件所說，加強宣傳福音，社會上目前大家都等待一種倫理淨化運動。我們的各教區是否可以如同台中教區已經做過一次，爲當地政府機關或民間團體，舉辦大型淨化講演。台北方面文化機構很多，我們教會人士可以擔負講演的人也不少，實在可以由教友傳協會發起舉辦。

我們教會已經有向牢獄探望受刑者的組織，這些好心人士，也要到戒毒處探望戒毒的人，向他們或她們講論生命的意義，人生的價值。

還有我們教會有心人士——神父或修女創立了殘障收容所，婦女改良所，單身母親協助所，是否也可以設立戒毒所，以愛心協助吸毒者重新做人，走向新生的途徑，成爲社會有用之才。

財富是好，大家都需要，尤其政府需要，以穩固國家的地位。可是財富若不在倫理以內，帶來的禍害也真多！

教廷財務

前兩星期接到教廷國務院的一份文件，爲教廷一九九一年的財務報表，報表前面有一篇說明書，由教廷財政最高委員會全體十二位委員樞機簽名，報表則由財政主管部門負責人簽名，在今年六月廿三日造妥。

報表內容：去年用費一億九千六百三十六萬四千美元，收入一億零八百八十三萬八千美元，虧空八千七百七十二萬六千美元，虧空數已由教會各方面捐獻補滿。用費中最大一宗爲通常行政費，共九千九百三十一萬二千美元，其次爲梵蒂岡電台報紙印書館花費，共五千六百九十二萬三千美元。剩餘則爲另外三宗用費。收入的一宗爲梵城印書館爲一千萬美元，再一宗爲房舍租金三千一百八十九萬一千元美金，銀行利息一千零九百五十萬一千元美金，其他收入數目都不大。

在說明書上，說明去年結算時，因虧空大，決定緊縮開支，增加收入，今年開支比上年結算減小約百分之十，收入增加約百分之七，說明書呼籲全教會的各教區認清教會法典一二七一條所定責任，大量捐獻以助教廷。

以往各國人士都相信羅瑪教廷爲天下最富足的中央機關，各國教友也這樣相信。這是歷史傳統所留下的印象，到最近才被揭穿，實情則恰恰相反。

從公助富定皇帝信奉天主教，遷都近東公助富定堡，羅瑪成爲歐洲的中心。蠻族入侵，古羅瑪帝國淪亡，歐洲社會由天主教教士維繫羅瑪文化，創設學校，制定社會生活規範，羅瑪教宗位居列國君王以上，手操廢立羅瑪皇帝的主權。教宗自己也有國土，爲一國之主。教宗的皇冠乃有三層，表明爲歐洲的盟主。教宗宮裡的禮儀，一如皇帝宮殿的禮儀。新教宗登基加冕禮中，特別有一項提醒教宗的儀節，當新教宗乘肩輿進向聖伯祿大殿的祭壇時，一位司禮員，手舉一竿，竿上束紙，點火焚紙成煙，司祭員喊說：「至聖聖父，世間榮華，就這樣煙消灰散。」三次點火，三次大聲喊說這句話。

爲增加教廷的聲勢，教廷創立了樞機制，教宗任命樞機，以樞機爲教廷參議，權位等於各國親王。德國的主教有的爲王國諸侯，有選舉國王的特權。修會的院長則仿效主教，修女院院長也高舉權杖。

聖方濟爲第一位公開反抗這種教會俗化的人，他自身赤貧，又創立赤貧修會，自己連升神父都不敢，只任執事。同時，聖道明也創立了同性質的團體。

但是歐洲文藝復興以後，社會浪漫奢靡，教廷也免不了這種習氣，羅瑪城和附近城市現在所有的幾座著名樓閣庭園，都是那時的樞機所起造。怪不到路德成了第一位公開反抗教廷俗化的人，可惜他不在教會以內抗爭，而走出教會以外，和國家的王侯一起反抗羅瑪，德國、瑞士、北歐的王侯正苦於向羅瑪教宗進貢，乃一聲吶喊，脫離羅瑪。羅瑪教廷乃自動改革，召開了脫利騰大公議會。

歐洲新興國家勢力強大，雖尚有以天主教爲國教，但已經不受教宗的控制。一八七〇年義大利政府佔據羅瑪，吞併了教宗國。教宗團居梵蒂岡城，失去了全部產業，一九二九年教廷和義大利訂立和約，雙方承認梵蒂岡市爲一獨立國，屬於教宗。教廷成爲世上最窮的中央政府。教宗保祿六世，廢除教宗宮裡一切的王宮色彩，拍賣了三層級的教皇冠，以救濟窮人。以後教宗沒有皇冠，典禮都除去貴族氣氛，把樞機和主教的服裝徹底簡單化。教宗若望保祿二世平民化了教宗的生活，邀請主教們入宮和他進便餐，但不設宴會。

我們很喜歡教宗的這種平民生活，且更愛這樣貧窮的教廷。教廷脫除俗化氣氛，才可以義正詞嚴責斥社會的世俗化。貧窮教廷呼籲教友援助，誰敢不慷慨捐獻？

愛的宇宙（論墮胎）

最近接到教廷寄送全球主教的一項文件，文件的名稱「爲生命服務」，是一項稍舊的資料，原來是去年四月教宗若望保祿六世召開全球樞機主教會議的會議資料，那次會議的主題便是「爲生命服務」，反對墮胎。最近教廷的家庭委員會將這件資料，給我們送來，要求我們向好心人多作介紹。

這項文件既是會議的開會資料，原則性和學理性的話，說得很多，實際的工作則說得很少，祇囑咐天主教人士多作宣傳，在沒有訂立「墮胎合法」法律的國家，阻止訂立，在已訂有這種法律的國家，改修法律。前幾年義大利訂立了「墮胎合法」法律，反對的天主教人士，全國連署，要求以公民投票去推翻；可惜以少數差距，公民投票沒有達到目的。美國現在則進行推翻最高法院墮胎不違法的判例。在我們中華民國，當訂立這項法律時，天主教人士曾極力反對，但是力單勢薄，不能成效。

當時，我們在學理原則方面，說的話很多；但是今天的社會狀況，還需要我們在這方面再說些話。

第一，這項文件指出兩件事實：全球墮胎的數目，幾乎達到四千萬，這比一次原子彈戰爭的死亡人數還要多。

第二，新化學避孕藥，現在有兼可墮胎的作用，這種藥一入市場，墮胎的數目將增加多倍。

第三，功利主義和享樂主義的心理，已經使人們不知道墮胎是罪惡，祇覺得爲理所當然。

對著這種社會狀況，我們應該盡心盡力作一種社會教育工作，結合社會上的好心人士，共同努力。

功利主義和享樂主義，不是今天才出現，在人類開始存在時就已經有了，因爲是人類天生的傾向；祇是以往社會存有濃重的宗教信仰和倫理規律，把這種傾向嚴予控制。今天社會間的宗教信仰，已被擠出人們的生活以外，倫理規律也已祇是社會的習慣，人們的心理就祇留著功利和享樂了。而且最危險的，是人們失去了愛心。

宇宙萬物由造物主所造，造物主因愛萬物而造萬物。人更是造物主的愛所造，而且按造物主的肖像所造。人的生命，分享造物主的生命，爲造物主的愛心禮物。

中國儒家哲學從古就以宇宙爲一道生命的洪流，生命來自上天的仁愛。宇宙間常是陰陽的變易，變易爲化生萬物，化生萬物表現上天以生物爲心。以生物爲心乃是仁。宋朝理學家朱熹說人得天地之心以爲心，人心因此是仁；仁，則是愛之理，孔子、孟子原先已經把「仁」作爲善德的總綱，以仁連貫一切的倫理。

孟子又說人生來有惻隱之心，沒有惻隱之心就不是人。父母生來愛兒女，兒女生來愛父母。

今天的社會卻失落了這種天生的愛心，事事祇求自己的利益和享受。一個女子墮胎，是殺自己的兒女，拋棄自己的血肉。醫學上今天已有共識，都認定胚胎在開始的一刻，便有人的生命，殺害胚胎等於殺害人。

胚胎由男女的精卵結成，不是自己來的，他的生命是上天所給的。男女不願意接受懷孕，胚胎或胎兒是無辜的，而把他殺害，胎兒無能反抗，但是給生命與胚胎或胎兒的上天，不會不報復。不僅今天社會因罪惡所引起的災害，爲上天所允許的自然反撲，而主動墮胎的人，追求享受，在良心上常有痛苦，在生活上必定有不幸福的遭遇。今天聽見這些話的人，免不了還要冷笑爲迷信；可是天地間的事，就是充滿神秘！

生命是愛

天涼氣爽，遊人稀少的初春季節，走在陽明公園的園徑上，茶花滿樹紅苞，杜鵑叢叢鮮瓣，老楓添上嫩葉，綠苔換了新綠，幾隻黑蝶穿花飛翔，處處充滿了生意。我的腳步雖然老弱，心靈卻清新活潑。歷年習慣在輔大的青年學生中生活，從來沒有感覺自己的耄老年齡，走在佈滿生意的陽明公園路上，更自覺生命仍在發展。

從陽明山下來，汽車走入台北市區，樓房蔽天，煙氣薰地，汽車馳騾，行人趕路，塵世的混濁氣流，衝昏人的頭腦。然而目不暇接所看見的，各種顏色形式的商品，都是人所創造。在城市裡，生命像一鍋熱湯，繼續鼎沸，滾的冒煙冒氣。

在陽明山公園，面對生命的發育，覺得樹木花草很可愛。在台北市的街頭，衝著生命的活力，感到人和人在爭著成長。

生命是活的，不停止地向前；一停止，生命就消失了。生命是動的，常常在動作；一不動作，生命就衰落了。生命是創造的，繼續地製造新的事物；一不創造，生命就萎縮了。

創造的，前進的，發展的生命，來自絕對真美善的造物主。造物主用自己的神力創造了宇宙，宇宙是活的，是演變的。宇宙大得無法計算，神奇莫測；宇宙小得肉眼難見，細小花草的生命，美妙驚人。人的生命，是分享造物主的生命，永恆存在，靈性不斷發展。這一切都是造物主愛的表現。

人的生命，造物主經由人的父母而出生，人的生命出生，稱爲父母愛情的結晶。出生以後，父母以愛心懷抱他，以愛心撫育他，他的生命是在愛心中成長，也要是在愛心中，發育才能夠成全。

人的生命在團體中發展：首先在家庭的團體中，發展天倫之愛；繼續在民族團體中，發揮民族的愛；又在自然宇宙中，推廣對萬物旳愛心。如同孟子所愛：親親、仁民、愛物。

人和家中親人，血脈相連；人和民族同胞，生命相共；人和宇宙萬物，生命相通，沒有家中親人的愛，人就成爲鰥寡孤獨。民族同胞相爭相恨，人便變爲無義的禽獸。殘害自然宇宙的萬物，人將死於自然界的反搏，生命要有愛心，才能欣欣向榮。

本來虛無，由造物主得到生命的禮物，人將永世常常生存。發展心靈的各種能力，永遠欣賞絕對的真美善。

現生當然有困苦，當然有阻難。困苦和阻難乃是生命成長的飲食，吃苦才知幸福的可貴，遇到困難，才能體驗成功的快樂。

生命是造物主的愛，是親人同胞的愛，該當是本人的最愛。愛自己的生命，有了生命乃能創造，乃能建業，乃能欣賞真美善。愛惜自己的生命，也要愛別人的生命；要自己的生命好，也要使別人的生命好。社會洋溢著愛心，人的生命如魚得水。

學到老，愛到老

我曾經在天母公園附近，早起清晨，遇到陳立夫先生夫婦慢慢散步，最近上個月在台北第一殯儀館向參加夫人殯禮的立夫先生致意。我心中想這兩位老人，真是愛到老！年青因父老之命結了婚，年齡相等，而能白頭偕老到九十三高壽，互相親愛。這種相愛，是時時學習相愛，時時感到新鮮，而不是摩登青年們以結婚爲愛情成熟點，以後的歲月，便是結果，然後落葉枯萎。

我自己是獨身，我愛哲學，從廿五歲就開始教中國哲學思想，到現在八十一歲滿，教了五十六年，仍舊每週授課。自校長職位退休，每天在家按時間看書，按時間寫作，看的是新書，寫的是新作，天天「趣味盎然」，絕不以爲「老之已至」。

我自己是主教，主教是獻身於基督而又負責代表基督傳道的人，雖說精力不足，職位退休，但是愛基督愛教會的愛，在每天長時的祈禱裡，常是加熱，常是新鮮，常求新的動作。

老年人不像一根枯木，卻像一株冬天落葉的樹。青青的葉子，被歲月的時間凍壞，被冷風吹落了，樹幹裡的生命則仍舊旺盛。老年人的身體是老朽了，精神則活潑。

老年人仍舊要以每天的生命，是造物主的新的禮物，每天的生活是新的生活，以新的興趣來度過。每天的事情和工作，常是一樣；但是世上沒有兩樁事完全一樣，當前所有的事或工作，是一樁新的，前面的事已經過去了。織布工廠的女工織布，每一匹布的各段都是一樣，但當機器運動時，所織的每寸布在她手中都是新的，她要注意。日常的生活就像一架織布機器，一分一秒，織成我們每天的生活，每分每秒爲我們都是新的。我們要用新的精力來接受，來處理，同樣每種工作，雖然可以是每天相同，但是我們工作的精神和興趣應該是新的。在輔大哲學研究所，我教了快三十年，可是上每堂課的前晚，我要重新預備，不能每堂課背講義，才覺教書有興趣。

孔子愛自己傳道授徒的工作，他說自己「發憤忘食，樂而忘憂，不知老之將至。」習慣，照例，使生活機械化，使人老化，每天常作一樣的事，常因習慣而變成機械，少年、壯年的公務員和工廠工人，喜歡聽人說：「少年老成！」少年變成老年乃可怕的事。生命是活的，是創新的；古書說：「周雖舊邦，其命維新」，老年人的身體雖舊了，腐朽了，他的精神生命則常是新的，俗語說：「老年人經驗多」，可以教訓人。若是他一生常習慣地做一樣的事，他可以有什麼多的經驗呢！

一位爺爺牽著小孫兒，或者一位外公牽著外孫上學校去，看看小孫或小外孫跳著、喊著，覺得小孩的生命在活動，自身的生命也在愛心裡跳。

生命是造物主愛心的禮物；造物主爲絕對無限，祂的愛心常是新鮮的。我們的心和天主的心相結合，我們將似魚在大洋裡，任意往那方面游，都感到新鮮。《詩經》上說：「維天之命，於穆不已。」《大學》上說：「湯之盤銘曰：苟日新，日日新，又日新！」老年人的生命，要是日日新的生命，他要學到老，愛到老，他就能「樂以忘憂，不知老之將至」。

愛心繞病榻

到榮民總醫院探望病人，眼看各種身有病症的人。有一位壯年外交官，頭痛徹骨髓，醫院查不出病情。有一位鋸斷了一條腿，全身卻浮腫；有一個年青人，眼耳患毒瘤，痛的不能看。還有年老人，體瘦如柴，奄奄一息。眼對這些患病的人，心中體驗他們的痛苦，感覺到一座醫院整個地是個「苦」字。

但是眼睛又看到另一個情景。一位中風癱瘓的人，不能言不能看，全身不能動，他的太太在旁已經七年，夜以繼日地替他沐浴進食；鋸了腿的病人，太太常陪著他，日夜不斷。患毒瘤的年青人，有母親常在旁邊，盡心照顧。患病的老人，有老伴有女兒陪。我自己臥在榮總病房時，病並不重，修女、司機和司機太太，輪流在房中，學校的同事和門生，天天有人來看望，送花送水果。

病中見真情！一個人生了病，而病又重，整個家就亂了，大家擔心，大家去照顧，大家都想方法減少病人的痛苦，都用各種方式安慰病人的憂慮；在病榻周圍流動著活躍的愛，顯示一片愛心。

還有藍衣天使的護士，按時照顧病人用藥，測量體溫血壓。一聽病房電鈴響，立刻進房相幫病人解除困難，供給各種服務。醫師乃是病人的希望，病人和他的家人，把一切希望都放在醫師手裡。祇要看病人和他的家人，向醫師探詢病情時，他們眼睛的表情，就可以體驗到他們的心，都懸在醫師的每句話上。醫師和護士在醫院的房屋裡，是陪著病苦的愛心。

繞著病榻的愛心，是可以安慰病人的憂苦。使病榻上的病人受到不是單獨一個人，在背負病痛，是有許多人同他一起分擔，心中的苦可以減輕。但是，身上的痛苦仍舊在，仍舊使他感到器官和肢體的受傷，使他覺得對工作的無奈無力，使他覺得生命結束的危機，心裡憂苦，甚至失望。孔子當時去探望一個重病的門生，執著門生的手說：「這樣好的青年，竟得了這樣重的病，真是命的注定嗎！真是命的注定嗎！」孔子心裡很悲傷，害病的學生心裡一定更悲傷。

七百年以前，在意大利中部亞細細城一座修院裡，院長加拉修女患重病，耶穌聖誕夜不能參加慶祝的宗教典禮，「因此心中更覺難忍；然而天主的聖意既如此安排，她也只好安心順從，犧牲一切。」㈠

上一世紀末，在法國巴黎附近一座修院裡，一位二十二歲年青的修女德蘭，患肺結核病到末期時，身心痛苦：「至論聖女病苦，怕以死前半月，因時時嘔血，不能領聖體爲最苦。……一年前，吐血後，往往通宵，或因患病，或因寒冷，不能安寢。只要能領聖體，清早無不奮勇起身，願與好天主，身心合併，水乳交融，則萬苦不爲苦，萬病不爲病。」㈡

病，不是由天主來的，是人世的罪孽，然經過天主的許可，便可以說天主安排的，天主是人的慈父，不會要人受苦受害。若許人的身體受病痛傷害，必使病痛增進人心靈的福利。人用孝愛天父的心，接受祂的安排，把病痛和耶穌基督所受的痛苦相合，作爲補贖人世罪孽的犧牲，病痛變爲對基督受苦的同情愛心，變爲對世人代作犧牲的愛心。這樣病人心中充滿愛天父，愛基督，愛世人的愛，病痛變爲愛心的表現，「則萬苦不爲苦，萬病不爲病。」

因此，病榻上，病榻周圍都滿佈了愛，愛在心中滅除了憂苦。

註：

㈠ 超人軼事　張俊哲譯　第一二三頁。

㈡ 靈心小史　第三二七頁。

死，愛的圓融

惠施的詭辯中，有「方生方死」的一條，胡適在哲學史裡解釋爲「論時間，一切分割區別都非實有」，「即有上壽的人，千年的樹，比起那無窮的久，竟可以說是方生方死了。」馮友蘭在哲學史裡解釋爲「天地萬物，無時不移。」現在一位大陸學者在中國邏輯思想史料分析的書中，解釋爲「相對運化觀」，生者以死爲死，死者以生爲死，生死運化不居。我的解釋是死生爲相對的名詞，有生才有死，有死才有生；因此有生的名詞，就有死的名詞，兩者互相包涵，所以說：「方生方死。」

這些說法都是在說話上去講，實際上人的心理是很不誠願把死字和生字連在一起。既有生，何必有死！中國人從古就想長生，越是活得有勁的人，越想不死。秦始皇和漢武帝一生追求長生之藥，魏伯陽和葛洪發明成仙之術。

生而不死，是不可能！造物主天主造人，本來沒有規定死。人由心物合一而成，心靈爲精神體，永久不滅，肉體爲物質，逐漸消耗。但造物主賜予人特恩，使肉體不消毀。可是不幸，人類始祖經不過造物主所設的考驗，違背命令，變成造物主的敵對。失去了特恩，造物主對人說：「你原來出自塵土，你終於要歸於塵土」，死要結束人的生命。

生，是造物主的愛；死，是罪惡的罰。人性傾向生而怕死，雖然人一出生就必有死，但聽見死就色變。

耶穌基督是真天主，然已是真人。祂奉聖父的命降生以救人，在要完成救人工程而被釘死十字架的前夕，祂預先知道自己慘死的境遇；憂苦害怕，要求門徒有同情的心，祂向聖父祈禱若能免了這種遭遇，就免了罷！但祂聲明完全接受聖父的旨意，聖父派遣天使鼓勵祂。祂遂挺身迎接來捕祂的差役，到了猶太官長和羅瑪總督審問時，祂一言不答，態度非常鎮定，使羅瑪總督都很詫異。被釘在十字架上，受苦三個鐘頭，血流過多，祇說口渴。最後向聖父說：「我將我的神魂托放祢的手中」，然後說：「一切都完結了！」垂下頭，斷了氣。

基督的死，完成了對聖父和人的愛。祂的死，補償了人對造物主的罪，人重歸與造物主和好，成了天主的子女。

人既是天主的子女，天父在那裡，人也要在那裡。在現世生活時，人是在世界上，不能面見天主，要等到離開了世界，人的靈魂和天主相結合，和天主永久同在。

天主教追思亡者祭祀的經文說：「我們雖爲死亡的定律而悲傷，卻因永生的許諾而得到安慰。我們結束了塵世的旅程，而獲登永生的天鄉。」

聖女小德蘭，臨終最後對基督像說：「我愛祢！……我主天主，……我固……惟……是愛也。」就如聖十字若望所說：「蓋死之時，愛河之水，由靈心等逸，朝宗於天主愛情浩蕩之海洋也。」（靈心小史 第十二章）

聖五傷方濟，臨終前，盡力唱歌，向旁邊的徒弟們說天主已啓示他的罪都赦了，即將進入天鄉，他歡喜唱歌。

天鄉就是愛的圓融，天主愛人，人愛天主。人的永久生命，在於欣賞天主絕對的和無限的真美善，所欣賞的常是新的，所體驗的是天主的愛和同賞永福的同體的愛，所取得的是心靈的滿足。

佛教的涅槃是常，樂，我，淨，因而空虛安靜。天主教的天鄉是愛，因而活躍生動。

佛教以生老病死爲苦，天主教以生老病死爲愛，愛能沖銷痛苦。

宗教淨化選舉

立法院近年的形象，是亂。首先對第一屆老委員亂罵亂鬥，逼退了老委員以後，派系彼此亂打亂擠，把重要的法案擱置了，又帶動省市議會照樣作亂。國民對於民意代表的印象實在壞透了，大家要求改革這種痛心的印象。國民大會在修憲時，修改了監察院監委的選舉方式，爲堵塞金錢買票，廢止由省市議會選舉的條文，改由總統提名，由國民大會予以同意，使監察院不再是民意代表的國會，而是國家的準司法機關。關於立法委員的選舉，一定要由國民投票選舉。否則立法院不成爲民意代表的國會。

全國國民既然大家痛心近年立法院的亂象，希望建立一個負責立法的立法院。爲實現我們的希望，方法握在我們國民的手中，我們要好好投票。因此，我們宗教界人士，共同呼籲全體同胞，憑著良心投下自己的一票。

對著投票我們有兩種良心的責任。第一種良心責任，每個有投票權的國民，負有投票的責任，無故放棄投票，在良心上，對不起國家，對不起自己，對不起上天。第二種良心責任，謹慎選擇愛國愛民的候選人，絕對不接受金錢出賣自己的良心，選出壞的委員，日後禍國殃民。

一九九三年

從宗教看廣電節目

中國時報本月（十二月）十二日第三十五版有一條標題：「不拿聖經，改執導演筒」，標題下的文章記述美國電影導演馬丁史柯西斯的談話，談話的開端就說：

「導演們主宰著電影，而電影主導了美國文化，如果美國文化是世界文化的主流，那麼依此類推，導演馬丁史柯西斯在美國導演界執牛耳，成為電影界最高祭司的他，重要性顯然勝過教宗。在今天，電視的影響力逐漸取代教堂，成為大眾生活指南。」

這段話是今天歐美人生活的寫照，為我們中國人則可以說今天電視的影響力已經替代了家庭教育，作為全國國民生活的嚮導，我們信仰宗教而又是教士的人，本身的職責本來就是做生活嚮導，所以看著電視的影響力，不能從對立的矛盾方面去看，而要從合作的伙伴去看，所以我從宗教看廣電節目製作對匡正人心盡力之方向，有三點要說：

第一：正當的生活。概括地說：我從宗教方面看電視，並不要求電影節目都表現宗教信仰，我所要求的，是電視節目能夠引導人們走向正當生活，而不走向偏激的生活，不偏於男女兩性的放浪生活，不偏於追求金錢的自私生活，不偏於打鬥的野蠻生活，人們的正當生活，是在當前的環境裡，追求自己生活的發展。人是心物合一的人，有心靈有肉體，正當的生活是在心靈和肉體的平衡裡去求發展。人又是和別人居住在社會裡的人；正當的生活，是在人際關係和權利義務的平衡裡去追求發展。用中國一句古話來說，就是中庸的生活。

第二：負責而愉快的生活。人有自由，行動由自己作主，對自己的行動自己負責。浪漫的情感生活，不關心一切，祇求享受的生活，祇顧今天而不想昨天和明天的苟且生活，都不是人的真正生活，那祇是人生的一種假面具。人的真正生活，是對自己負責，對家庭負責，對國家負責的生活。這種負責的生活，當然要肩負很重的擔子。但是當我童年時，住在衡陽南鄉鄉下，當著農忙，自水溏車水灌田，割稻曬穀的時候，鄉裡稻田邊充滿了歌聲，農夫們作自己該作的事，心裡覺得很愉快。我們人在生活裡，自己盡心盡力，雖然有許多困難，問心無愧，心裡必定有快樂。

第三：愛心的生活。當前我們社會所缺少的，就是愛心。生活的價值觀，以金錢掛帥；事業的成就，以明爭暗鬥爲手段；社會上所浮現的新聞，多是強暴、搶竊、綁票、殺人、放火。許多人說這種現象的原因，以電影電視誨淫誨盜爲主要原因之一。中國古人從孔子開始就教人有愛心。孔子在《易經・繫辭傳》說：天地之大德曰生，聖人法天德以仁。孔子又在《論語》裡說以仁貫透自己的人生之道，朱熹說天地以化生萬物爲心，人得天地之心爲心，所以是仁。孟子和《中庸》書裡都說：「仁者，人也。」儒家的傳統就是仁。

一切宗教都講仁愛，天主教更以仁愛爲教義和倫理的總綱，天主的本性是仁愛，耶穌基督的生命是仁愛。耶穌給信徒的訓令，就是愛。

愛，是人們生活的力量，母親愛兒女，可以承擔一切的困難。一個人爲愛自己的愛人，爲愛自己的事業，爲愛自己的學術研究，爲愛受苦的殘障人或被人遺棄的人，他可以自己犧牲，自己努力工作。在自己犧牲自己和努力工作中，心裡感覺滿足，感覺幸福。愛是幸福的根源。

人不能單求自心的安定，單求退除物慾的狂熱，人必須在心靈安定中去幫助別人，如同孔子所說：己欲立而立人。

目前電視節目泛濫著愛情，然而卻泛濫成災；因爲所泛濫的不是真正的愛，而是自私自利。真正的愛，是犧牲、是給予。爲匡正人心，廣電節目應特別看好這個愛心的方向。

現在我結束我的談話，我所提出的是三點，廣電節目爲匡正人心的方向：走向人們正當的生活，負責而愉快的生活，愛心的生活。

教宗和平文告

教宗若望保祿二世，發佈了一九九三年元旦日和平文告，沉重地呼號全球人士掬出愛心，消除貧富不均所造成的赤貧，使人心安定，能夠建立和平的基礎。

在電視上，我們驚心怵目地看到厄利阿比亞和索瑪利亞饑餓民眾的悽慘面貌，這種痛苦來自天災人禍。我最近接到一位留學菲律賓的修女來信，述說所住的修女院旁邊，鄉村人祇有小搖籃供小孩睡，大人睡在露天地上，那種無殼蝸牛的貧苦，無法想像。但是我多次去過馬尼拉，住在一位華僑教友的家裡，客房的設備，超過國際旅館，菲律賓貧富懸殊，距離很大。教宗在文告中，提出拉丁美洲貧富不均的問題，非常嚴重。

貧富不均，常是國內動亂的根源。貧者生活窮苦，追求改善，合理的方法不能生效，乃以暴力抗爭。南美的改革神學，就是在這種情況下產生的。

在國際上，各國貧富不均，開發的富有國家，吸取貧窮國家的資源，以債權控制這些國家的出產，窮國沒有資本，沒有科技，不能開發國內的工業，青年失業，人心不安，社會動亂。非洲許多國家都處在這種情況之下。

孟子已經說過，人民要衣食足，然後才知道禮義，衣食不足常流爲盜賊。孔子又曾說過：不患不足，祇患不均。一國的財富握在少數人手裡，大多數人都窮，國家必亂；國際上的財富，由少數開發國家控制，國際上常生戰爭。教宗在文告裡，指示拉丁美洲的主教們，加強社會正義的教育，推動照顧原始少數民族的生活。教宗又呼籲開發的國家，設法減輕外債對貧窮國家的負擔。

富庶的開發國家的人民，對生活的追求，由正當的享受，走向浪費的罪惡。吸毒和毒品的走私，成了國際的大害。教宗指責這種現象，爲富庶國家的惡報。還有愛滋病又是濫求肉慾滿足的惡果，野生動植物的絕種，也是開發國家人民濫求口福的慘劇。濫殺濫用自然物，結果把自己的家庭和身體都摧殘了，人心枯燥了，社會紊亂不安了。

貧窮爲戰爭的毒素，爲社會的癌；國內有貧窮，國家有鬥爭的風暴；世界有貧窮，世界有戰爭的禍根。但是貧窮卻是人世所不能免，自然因素和人事因素造成貧窮，不是人力所可完全消滅的。我們所可以做到的，在於盡量免除貧富的高度差距，又在於消失赤貧的現實。

教宗呼籲激動人們的愛心，富裕的人深深體驗到「普天之下，皆兄弟也」，以愛心建立國家和國際的正義制度，使宇宙的資源供全球人類的使用，教宗又另外呼籲人類有愛基督的心，不抱金錢最高的價值觀，不行享受最高的消費主義，把心指到物質以上，把眼高舉到來世的永生。富人不浪費財富，窮人不天天哭窮。社會不和的亂源便可以消除。

我們中國的傳統，從孔子和顏回就有「安貧樂道」的精神，顏回居陋巷常有樂趣，孔子以爲錢財如不合理，則看似天上的浮雲。

不幸目前台灣的生活現象，表現了中華民族文化的斷層，既是追求物慾享受，浪費財富；又追求金錢，不顧任何倫理正義。浪費物質的結果，是垃圾堆積如山，無法處理，造成環境污染，轉而害到堆垃圾的人。毒品泛濫，摧殘青年成年人的生命；爲了補健康，殘殺已瀕絕種的野生動物。忘記了儒家傳統的仁道，加上了科技方法的殘忍。

雖然，近年台灣不斷向大陸同胞，予以大量的接濟。然而，孔子已經說過：「君子周急不濟貧。」貧是一種長久的事實，不是「杯水可以滅火」，須要改建社會制度，使社會人士，大家共享造物主所給與人類的資源。每個人有愛天父的愛心，有愛旁人爲自己兄弟的心情。

善渡暮年

今天，二月二日，是我退休的週年。一年十二個月，過去得很快。翻看去年交接典禮彌撒聖祭和聚餐的照片，彷彿像昨天的事。看看照片的日期，則已經進入歷史了。

從離開輔大校長室，在牧廬裡過日子，生活改變很小，祇是把辦公的時間換成了閱書的時間，早餐後休息的時刻由半小時延到了一小時許，其他的時間表沒有變。

今年在輔大哲學研究所碩士班講授中西邏輯學比較和中西形上學比較，在博士班講授佛學和生命哲學，爲紀念王船山逝世三百年，寫一冊《王船山哲學思想》。每天我閱讀的書籍，就是關於這幾方面的書籍，尤其對於中國邏輯學和佛學，下了些工夫，自己覺得學問有些進益。大家不要稀奇我寫了《中國哲學思想史》，又教了中國哲學四十年，還談什麼學問有進益。實際上學問是無止境的，祇要用心讀書，不論讀新書或舊書，都會使學問增多。孔子曾經說：「溫故而知新，可以爲師矣。」（為政）

教書就是讀書，寫作更是讀書，讀書是工作；有工作，時間不會空。退休的人最怕的，怕沒有工作，不知道怎樣遣發時間。有工作，有時間表，生活有條有序，心緒安寧，精神愉快，健康也會好。

退休的一年中，我的健康較以往更好了；最好的，還是心安氣靜。孟子曾經說：「仰不愧於天，俯不怍於人」爲君子三樂之一。（盡心上）我的安靜之樂，更是在全心和基督相結合，奉著基督而孝愛天父。對人世的事，沒有一絲的欲望，不求錢，不求名，不求位，沒有任何計劃，沒有任何恐懼，沒有任何期待。這種情況，似乎有佛教的空和道家的虛無，實際上我則是有一大計劃，一大希望，就是和基督相結合，奉基督而孝愛天父。但是這個大計劃卻不要計劃，而是空虛了心中的一切想念和憂慮，款留基督在心中，好好做一天的日常事務。這種情況乃是宗教信仰境界。宗教信仰安定我的心，充滿我的心，提高我的心。這種境界乃是人生的目的；人生的目的不在現生的享受，而是在身後永生的幸福；永生的幸福，就是和基督相結合，奉基督而孝養天父，以欣賞天父的絕對真美善。

沒有宗教信仰的銀髮族，要譏笑我講迷信；但是他們看著自己一天一天衰弱，步步走向死亡，心裡的情景是無奈、是悲觀、是絕對。世上無論誰，就是秦始皇、漢武帝、希特勒、史大林，或者李白、康德，都是死了。現在活著的人，無論誰也將面對死亡。在死的一刻要面對的是生命的主宰，天主基督。你相信不相信，一點關係都沒有。我相信祂，現在和祂結合，死亡不是毀滅，乃是和基督永遠同在。這種信仰，安定了我的暮年，和樂了我的暮年，我祝聖銀髮族都能享受這種暮年。

在平靜的退休一年裡，教育部公佈了兩次私立大學校院的調查報告，根據師資排列學校的成績秩序，輔仁大學不列前茅，且是唯一不許自行調整學費者。這種報告沒有擾亂我心的平靜，因爲所報告的祇是大學教育的教學成績關於智育的一部份，其他四育都不在內。輔大專任教授少，我在校時曾屢促負責的單位加強師資；但實際上並不比其他大學少，學校當局告訴我是總務處向教育部所寫報告有錯，又因爲輔大外籍神父修女任教授，沒有送教育部審核，教育部就不認可，而且教育部又不認可神學碩士博士文憑。所以我對教育部公佈的報告，用不著心亂。我在輔大辦教育，是按天主教教育宗旨，辦「全人教育」。

關於這一點，我願意公開教廷駐華前代辦裴納德蒙席，在離開台北往任駐孟加拉大使的前天，特別給我一封答別的信，不是公文式的官樣文章，乃是私人身份的信，用義大利文寫的，中文譯本：

「總主教閣下：

在離別台北以前，欣願以私人名義呈一短札，以表滿懷之景仰與謝意。幾近四年之久，在台北幸能洞悉閣下之工作，滿懷景仰稱佩之情。輔仁大學今日能有社會之稱譽，實乃頂戴閣下之令譽。且閣下在他處之工作，俱已銘刻閣下之大名，深信此方之教會得受閣下之貢獻殊多。目前閣下在安寧退休！仍以著作及社會關係，有助於教會。期望上主酬報閣下一生之辛勞。僕本人與閣下往來，常獲得真誠合作，彬彬禮遇，深感德化銘感實深，將常以爲念。謹祝

主祐

僕斐納德　一九九二年十月十五日」

斐代辦的話可以安慰我的友好；我則希望天主能這樣寬仁慷慨地對待我。

愛心滿宇宙

從中華電視台氣象報告的圖影中，多次看到一隻白鷺口含食物，飛回窠巢，餵食小雛，兩嘴相接的情景，流露母子的愛。又在銀幕上，看到一隻母象帶著一隻小象走路，當小象上山時，母象在小象身後，用鼻子頂著小象，撞它往上走，上了小坡，小象跟著母象身邊，兩隻象的背影，反映出母子的愛。

台灣的樹林和竹林，充滿生意，林衡道先生說：「一個人置身樹林裡，就像進入童話國度，每一棵樹都可以幻化爲想像中的角色，親切地與人對話。」（台灣之美 頁十六）因爲「這些矗立在山裡的樹木，只要細心觀看，就不難發現，每一株都擁有它自己的表情；樹幹粗壯者展現英雄的氣魄，枝芽纖細者一如美人的柔弱，嫩芽初冒者像極青春的欣欣向榮。」（同上）滿山樹木的生意，瀰漫著造物者的愛。

我曾走在溪頭的竹林中，一根一根直立的綠竹，枝葉相抱，織成陽光不透的陰涼，清新空氣入我胸脾，很親切地幫我解除盛夏的暑熱。

高雄的西子灣，又開朗，又美觀，褚士榮先生說：「如詩的西子灣，在秋天帶來一群灰色鷺，飛翔於水面，追逐於船尾；平日還有樹精般的綠繡眼飛來竄去；運氣好還會看到人字形的雁鳥陣掠過夕陽的天空，這些帶動自然時序的美景，可以入詩，也可以入畫，更能溶入朗朗的讀書聲，這無盡珍奇的寶藏與神秘，不同於舊日宮廷的御用庫藏，而是人人可玩賞，可以親近的鄰居，散發著自然醞釀的智慧，扮演著『天人合一』偉大導師的角色。」（台灣之美 頁二二）

宋蘇軾在〈前赤壁賦〉裡也說過：「若夫江上之清風，山間之明月，是造物者之無盡藏，而吾與子之共識」。

山間的土壤，覆蓋層層的落葉，蘊生深綠的地苔。地苔抱著樹根，供給百年古木水料。古木掩藏千百的飛鳥走獸，又調節氣候，保持水土。自然界生命相連，互相協調，有中國古人所說的「天樂」。

我在天母接觸「安娜之家」，這個家中住有五十多個白痴兒童和青少年，一位荷蘭神父，兩位荷蘭修女，帶領幾個女工，撫養這些兒童青年。穿衣、洗澡、飽飯，一切都要做。他們看他們並不是白痴，彼此中間建立了默契，他們的愛心，使白痴們也有所感覺，有所反應。

我又到八里鄉的安老院，這裡住著一百多位男女老人，十二位修女照顧他們，修女一半來自英國、法國、愛爾蘭，一半爲中國人。她們以愛基督的精神，照顧老人，無微不至。這個修會不置產業，不收老人住宿費，祇向外界化緣供給老人們的日用。雖然勞心勞力，修女們面容常是微笑；而且整個安老院清潔美觀，似乎常反映修女們的笑容。

今年元月元旦，我在台北總主教座堂主持彌撒聖祭，前一天台北狄剛總主教以電話請我去主持聖祭典禮，因爲參禮者有許多外僑。我同參祭的九位神父進堂時，前面有十三國僑民代表，執著本國國旗前導。彌撒聖祭畢，司儀報告元旦是我的生日，大家向我賀壽，大家頓時合唱英文祝壽歌，一齊鼓掌，一齊鞠躬，參祭的九位神父，分屬五個國籍，全體祭員與闔堂信友，鞠躬賀壽，基督的愛，流通在他們心中，和我心中的基督之愛，交流迴轉。他們唱著「那裡有仁愛，那裡有真情，就有天主同在。」一座聖堂中擴大成一世界，堂中十三國的人民，代表全世界的人，全世界充滿了愛心。

耶穌說：「你們仰觀天空的飛鳥，牠們不播種，也不收穫，也不在糧倉裡屯積，你們的天父還是養活他們；你們不比牠們更貴重嗎？你們中誰能運用思慮，使自己的壽命增加一肘呢？關於衣服，你們又憂慮什麼？你們觀察一下田間的百合花怎樣生長；它們既不勞作，也不紡織，可是我告訴你們：連撒羅滿王在他極盛的榮華時代所披戴的，也不如這些花中的一朵。田地裡的野草，今天還在，明天就投在爐中，天主尚這樣裝飾，信德薄弱的人哪，何況你們呢！」（馬竇福音　第六章第二六——三十節）

生活是愛的施予

「婦女臨盆的時候，感覺很痛苦，她生產的時候到了，生了孩子以後，心裡快樂得把生產的痛苦都忘了。」（若望福音 第十六章第二十一節）她看到一雙小眼睛，感到一個小生命從自己的生命中流出來了，她愛這個小生命，就如愛自己的生命。

嬰兒是夫妻生活的愛的施予。

對著嬰兒，母親的全部生活繼續愛的施予，夜間也要起來餵奶。嬰兒若哭，就要抱著他，拍拍他，引他入睡，母親自己卻忘了睡。

兒童入學了，老師高興帶著他們，在教室不要吵，在運動場不要打。摔傷了，敷藥；成績不好，鼓勵。

少年入大學，參加各種社團，大家集會作計劃，開心地捲起衣袖，快手地攤出錢包，心裡都熱熱地願意付出一切，來參加社團的工作。

大學畢業了，走進社會；就業呢？要去找人。結婚呢？要有對象。自己空手，要從頭做起。便一心想取得，想佔有，想排擠，想打擊。這時感到生活是一個戰場，每個人在鬥爭，為取得一分工作，為佔得一席地位，為賺取多筆錢。看到同學裡有人摔倒了，有人爬上去了，有人靜靜地站在一邊，不知道動。自己要動，要向上，頂衝了別人，也顧不得。說話欺騙，手段陰險，作事祇看外面，自以為學到了聰明，事事順心。不料，母親重病了，妻子吵翻了，主管嫌作人輕佻，一件一件打回票，終於自己碰破了頭，心情低沉，才去找昔日大學的校長請教。校長聽他訴完了苦，告訴他，人生還有另外的一面，人的生活不是祇在追求自己生命的發展，更要緊的在於把自己生命的活力送給別人。生命是精神，表現在物質上，身體的生活就是心靈生活的表現。追求物質的需要物品太多，不單是不能得到，即使常得到了，這些物質反倒把心靈的精神活動堵塞了，人的生命便要萎縮，心靈便要鬱悶苦惱，要像一隻鳥被關在籠子裡，失去了生命的意義，所得來的物品祇供身體的合理需要和享受。不把身體層層圍住，心靈便可以自由活動。所以有多的東西，就給別人；心靈的活動也會接觸別人的心靈；心靈既是精神，心靈活動的場地也該是精神，以自己的心去接觸別人的心。

回到家裡，給太太送了一束花，太太非常驚喜；到醫院陪母親三個鐘頭，直到半夜，母親病痛似乎減輕了很多；早晨，到辦公室，向同事微笑說聲早安，向主管報告任務，態度很誠實。外面有來接洽事情的人，細心向他解答，認真替他辦理。下班回家，開車，在路上讓人一步；看見老年人牽小孩走斑馬線過馬路，停車讓他們過去。開門進屋，到廚房幫太太一手。晚飯桌上逗小孩笑笑。朋友來電話請幫忙，熱情地予以答覆。晚上入睡，心安定多了，他忽然想起聖經上有一句話：「施予比接受更是有福」，爬起床，把聖經拿來，憑著從前在學校所聽見的去找，在宗徒大事錄第二十章找到了。聖保祿宗徒在米肋托城向厄弗所的信友說了他向他們傳道，沒有接受他們的任何東西，自己作工以圖生活，而且還幫助了他們。最後保祿說：「在各方面，我都給你們立了榜樣，就是必須這樣勞動，扶助病弱者。要記住主耶穌的話，祂說過：『施予比接受更有福。』說完這些話，便跪下同眾人祈禱。眾人都大哭起來，並伏在保祿的頸頂上，口親他。他們最傷心的，是爲了保祿說了：以後他們不得再見他的面，他們便送他上船。」

這是人生的另一面，在這一面，人的心顯出來了，人的心相通了，人的生活真是人的生活。

愛，是幸福

目前，錢的價值炫耀人目。錢，可以買流行衣服，可以買手飾，可以買汽車，可以買房子，可以買女人，可以買飛機票，可以買外國人的尊重，還可以賄選，可以買官，死後可以厚葬。台灣的人現在都在享受金錢的這等價值。

但是，有些事物，金錢卻買不到。買不到品格，買不到善德，買不到人心，買不到愛情，買不到君子和聖人的身份，買不到心裡的平安，買不到生活的幸福！

爲什麼現在台灣卻有達官，卻有明星，卻有大學生，到佛教禪堂坐禪，尋找心靈的清淨呢？就是因爲金錢使人心煩不安，生活苦悶，想拋棄金錢以追求幸福；然而所尋得的是冷清的安定，少有愛的熱火。

去年，英國王室鬧婚變，王子和妃子不和。查理王子和黛安娜當年結婚的時候，全球各國新聞稱爲「世紀婚姻」，男子爲英國太子，女子爲世界美女，大家都稱羨不已。想不到去年他們竟同意分居，黛安娜且說出從結婚當天，心裡就懷疑不安，沒有享受婚姻的幸福，她寧可捨棄王妃的尊榮，換取心中的安定，婚姻沒有愛，好像一座牢籠。

李艷秋女士和她先生李濤結婚後，「離開舊家，建立新家。……家，在細心的經營下，已成了下班後，直奔的唯一方向。」（親愛關係 頁一百三十七）「要經營家的感覺，最怕的是夫妻兩個都無心。房子裡一團亂，也沒時間去整理。也許是都在爲事業打拼，但家是工作之外的避風港，一個亂糟糟的地方，誰願意回來呢！」（同上，頁一百六十）

但是僅僅佈置了一個清潔舒適的家，夫妻倆人的心不以家爲重，不彼此相愛，家便是僅徒四壁。李濤乃說：「家是人的組合，因此，我和李艷秋之間的一個承諾是一切以『家』爲前提，下班後儘量不在外逗留。老實說，以我的工作而言，應酬非常多，但除非絕對必要，我總是回家吃晚飯。」（同上，頁一百六十四）李艷秋說：「彼此還要努力使家成爲最安全的避風港。儘管外頭大風大浪，你心裡清楚有個地方是溫暖的靠岸。在這裡，你能靜下心來，有個人可以聽你說，了解你的話，體貼你的心。」（同上，頁一百七十四）家中有了愛，家會吸引人。她繼續說：「如果是我，巴不得天天下完班就趕快回去呢！」這樣的家庭真有幸福。

焦桐主編的《愛的小故事》（參）有一篇〈生日禮物〉的故事：母親接到女兒的賀生日卡，想起昔日的一段事：「高中聯考時，婕兒慘遭挫折，痛苦萬分。因此在大專聯考前夕，我不禁跪在床前向上帝祈禱：『上帝啊！我寧願求您讓婕兒考上，而犧牲我的教授升等論文通過試。因爲我們不能貪心地祈求您同時成就兩大願望啊！』奇妙地上帝竟允了我的禱告；婕兒考取了實踐音樂科，三年後以第一名成績畢業。……而我的升等論文卻果真未通過。」作母親的仍很幸福。

又有一篇「濕鞋」的小故事。一位名叫應鳳凰的女士述說她初到舊金山州大上語言班時，被學校介紹一位隨時可以請教的美國學生，這位美國學生已成家有子女各一。一次她和這位同學全家出遊，在海濱時，被浪花濕透了布鞋。歸途中，那位同學的太太脫去了自己的襪子給她穿，「於是我套上一雙乾襪子，再套上塑膠袋。如此一來，即使伸進一雙濕漉漉的布鞋中，也毫無異狀。夕陽餘暉在前面領路，涼風習習，滿眼青山翠樹。走在異國山路，除了有幸分享美國家庭的和諧氣氛，也感受到默默卻深厚的異國友誼。緩緩一路走下山去，但覺腳上輕盈，一步比一步溫暖。」（頁九十六）心中覺得幸福。

祇要心中有愛，環境雖苦，也可以轉爲幸福的泉源。耶穌基督的八端真福，以對天主的愛改變苦境爲樂境。

「神貧的人是有福的，因為天國是他們的。
哀慟的人是有福的，因為他們要受到安慰。
溫良的人是有福的，因為他們要取得人心。

飢渴慕義的人是有福的，因為他們將心滿意足。
憐憫人的人是有福的，因為他們要取得同情。
心靈純潔的人是有福的，因為他們要面見天主。
締造和平的人是有福的，因為他們要稱為天主的子女。
為義而受迫害的人是有福的，因為天國歸於他們。」（馬竇福音 第五章第一節）

宗教信仰淨化家庭

以宗教信仰淨化家庭，是使家庭實現本身的意義，又使家庭生活得有超越人力的保障。宗教信仰使家庭實現本身的意義。家庭的結合，是人性自然的要求：爲傳繼人類，爲完成夫妻兩人的生活，在達到這兩項目標，家庭的結合須是愛的結合；家庭的基本意義，是一個愛的團體；實現這種意義，便有天倫之樂。

天主教的信仰，是愛的信仰。聖若望宗徒曾經說，天主就是愛，因爲愛，天主造了世界；因爲愛，天主救贖了人類。耶穌基督三年講道，就是講天父對人類的愛。耶穌基督在最後晚餐裡，留給門徒的遺囑：「我給你們一項新的誡命，你們要彼此相愛，如同我愛你們。」

耶穌基督愛門徒，愛人類，有兩點和普通一般所講的愛，也和孔子所講的仁愛不相同：第一，耶穌基督愛人，爲愛人而犧牲自己；第二，耶穌基督愛人，爲著愛天父而愛人，因爲人是天父的子女。

天主教用基督的愛，作爲家庭的愛的模範。夫妻相愛，兩方都要肯犧牲，世上沒有一個人是完全的人，無論誰都有缺點，也都有優點。夫妻兩方互相尊重，互相容忍，互相瞭解。若遇著一方有錯，他方能夠原諒。基督曾經說過，你們要寬恕別人對你的過錯，天父才寬恕你們對天父的過錯。寬恕別人，就是使自己得到寬恕。夫妻相愛還要因爲對方是天主給的伴侶，須用愛天主的心，愛對方，和對方結成一體互相在生活上彼此成全。

現在夫妻最易反目的事，是婚外情，一方對另一方不忠誠。婚外情到夫妻反目的程度，已經是顯露到外面；但是在顯露以前，已經就隱藏了一段時期。天主教信仰告誡我們，天主看到人的內心，夫妻一方暗中有了婚外情，另一方不知道，天主卻已經知道，已經知道這種罪惡。將來若犯罪的人不悔改，一定要罰，而且是身後的永罰。所以信仰要求人要對天主忠誠，因此夫妻對於另一方必要忠誠，保證夫婦愛情的圓滿無缺。

父母子女的相愛，爲人性的流露，父母也常爲子女多作犧牲。在目前的社會裡，這種天性的愛情，也受到污染。父母對子女的愛，祇求子女有享受，卻不知道予以適當的教育。子女對於父母，因觀念不同，因父母缺少照顧，便日漸疏遠，還有時蹺家。天主教信仰，告誡子女們孝敬父母乃是天主所定的規誡，報恩的心又是信仰生活的重心。當愛的活動隨時代而變，報恩的心則不能變。

家庭的生活雖具有天倫之樂，但是在實際的生活裡必定有許多困難，困難有時多又重，使人擔負不起。天主教信仰給人承擔困難的適當助力，即是天主施予人助祐。夫妻子女遇到困難，向天父祈禱，祈求天父助祐，天主必定相助。夫妻子女心中苦悶不安，向天父訴苦，必定獲得安慰。夫妻子女，誦讀聖經，從聖經裡可以取得生活的教訓，可以取得精神的安定，可以取得心靈的融洽。這星期一的中央日報婚姻專輯，曾登載一位從香港來台灣發展工作的女子，單身在台灣，滿目生疏，膽怯心驚，但因和同道誦讀聖經，乃有了信心。她說：「尤其給我最大的啓示，是聖經裡的一句話：愛是恆久忍耐，在我婚姻危機時，我就是把這句話放在梳妝台上，每天提醒自己去體會愛的真諦。……聖經也提到，人因爲不是完美的，就有可能犯下各種過錯，所以犯錯是非常自然的事。因此，聖經告訴我們要學習包容他人，愛我們的親人，包容我們的敵人。」

宗教信仰淨化家庭，實現家庭本身的意義，使家庭生活得有超越人力的保障。

節食文化

教宗若望保祿二世的今年四旬齋期文告，主題爲「我渴」；「我渴」的背後，掛著「我餓」的牌子。「我渴」「我餓」的呼號，在世界各地，越來越大，越來越慘。造成這種悽慘呼號的原因，是我們人類自己造成的，一方面有非洲和歐洲一些國家的內部分裂戰爭，一方面有工業技術破壞生態環境的平衡。

感謝天主，台灣已經四十多年沒有戰爭的烽火，大家安居樂業，生產年年加多，家家越來越富；但就是在這種多錢多財的生活裡，卻像教宗文告所說，漸漸使台灣出現沙漠地。台灣的沙漠地，在物質方面，是垃圾場；在精神方面，是心靈枯乾。

吃喝，在中國歷史裡，從古代已經進入中華民族的文化，成爲一種藝術，成爲一種雅事，烹調爲藝術，飲酒爲雅事。然而孔子修訂經書，特別注重禮樂，宴客有一定禮節，吃喝應守節制。陶潛和李白等詩人，雖以醉酒爲樂，然仍爲舒暢精神。

今天，台灣的吃喝，不見有禮節了。缺少禮節，就產生多量的垃圾。今天台灣的垃圾，極大部份來自吃喝。一桌酒席，菜盤越多，垃圾也越多。一次遊園會，一次賞月。人越多，垃圾也越多。而且人們的心理，宴客的菜盤一定要多，遊園賞月的零食一定要豐富。結果，造成垃圾問題，垃圾掩埋場不知放在什麼地方，一塊掩埋場隨即變成一塊沙漠之地。

這種不毛之地，到最後還不會把整個台灣沙漠化，可是吃喝的追求造成心靈的沙漠地，則可以沙漠化台灣的人心。台灣現在五十歲左右的人，例如這次新入內閣的首長們，都曾在青少年求學時，受過飢寒的苦煎，從吃苦的生活裡煎熬出來，鍛煉成耐苦耐勞的精神。今天台灣的青少年，家中既豐衣足食，父母又節育，祇生一個兩個，對於生活沒有覺得缺少什麼，想要的向父母要就有。若是父母不能給，就自己想辦法，偷、竊、搶、強暴，青少年犯罪率，不減卻增。在家規矩的青少年，卻造成過胖的現象，教育當局提倡減肥。肥胖是飲食過度的結果。

許多人現在感覺到自己心靈的荒漠，走向寺廟去學守齋，出了寺廟，實行節食。守齋節食，成爲宗教信仰的象徵。我們天主教四旬齋期，就是我們信仰的生活。現在四旬期過了，但是節食應成爲我們生活的文明。

今天台灣的社會要求淨化心靈，淨化心靈並不一定要進入寺廟，而是在餐廳和娛樂場，大家實行節制吃喝，便可以洗淨社會的汚污，也就可以淨心的文明。

教宗在文告裡說：「教會要求我們以四旬期的自我克制，走上基督爲我們開導的愛與希望的道路，藉此使我們了解基督徒生活包含遠離貪戀過盛的物質，並接受貧窮。這個貧窮能使我們心靈獲得自由，使我們發覺天主的臨在，以更主動的團結及寬廣的友誼迎接我們的兄弟姊妹。」

在台灣追求淨化人心建立祥和社會，和道德重建的運動裡，應當提倡節食，防止產生不必要的垃圾，加強教育青少年自制的能力，使人們理會人的生命，不單靠飲食，而是靠真理的訓言。

青年輔導基本點

今年三月十九日，台北若瑟青年中心開幕，我參加開幕彌撒聖祭，被邀證道，我依照當天彌撒讀經的一篇福音，講述了青年輔導工作的兩個基本點。

當天彌撒聖祭的福音，記載青年耶穌同父母往耶路撒冷過節，節期以後，耶穌基督獨自留在京城，聖者若瑟和聖瑪利亞，不知道這回事，三天裡四處尋找，最後在耶城聖殿裡找到了耶穌。聖母對祂說：「你爲麼這樣不告訴我們，累得你的父親和我痛苦地找你！」耶穌回答說：「你們爲什麼找我，難道不知道我應該在我父親那裡？」十二歲青年耶穌明明白白說祂的父親是天主，祂要在天父的聖殿裡，說完了，就同若瑟瑪利亞回了本家，聽他們指揮。

讀了這段福音，我想對今天開幕的青年中心有兩點意義，可作爲青年輔導的基本：第一點，信仰生活，第二點，吃苦精神。

青少年生性活潑，精力充沛，交際融洽。輔導青年必須注意青年人這些特性，引導他們向這方面發展。組織青年活動和青年生活營。方式常要活潑生動，多用青年的精力，尤其陶冶他們的團體情感。我們教會輔導青年在這方面，可以說作得很好。

但是我們看近兩年，救國團在暑期活動中辦宗教生活營，佛教辦佛教生活營，參加的青年都表示得益很多，教育當局也要求他們繼續辦理。最近台北市教育局辦教育局人員和國中國小校長三天講習，在萬里靈泉寺舉行，由惟覺法師指導；這種講習會也就是佛教坐禪的生活營。佛教生活營的活動項目，重要的是虔誦佛經，敬坐禪靜。這是中國的傳統，爲求心安，心要面對上天；面對上天，應敬謹靜默。佛教生活營要求誦經禮佛，坐禪觀心。習慣動的青年，驟然坐在佛堂誦經觀心，身體不動，心靈不亂想，好像滿身流汗，走入冰室，身心不知所措，似乎失去了知覺。等到恢復意識，瞭解了環境，心理有了一種異乎尋常的心境，自覺看到了自己的心。這一點就是參加佛教生活營所得的收穫。參加三天禪修的正中書局董事長和校長們討論將中國傳統文化的禪修應用到教學上，他們認爲禪坐培養慈悲心，培養心定的智慧，以平等無差別心看事物。

我們天主教的青年生活營，活動的項目很多，重要的項目是彌撒聖祭。彌撒聖祭在活動場所舉行，或者是會議廳。或者是演講所。聖祭的精神用爲加強團體的連繫，爲加深大家心靈的共融。但很少用爲加深個人心靈和天主的接觸，使個人心靈面對天主。生活營所得是大家心靈的愉快，是彼此的融洽，是團體的連繫。然而爲使這些好結果能夠持久，另外能使個人的精神有向善的基礎，必須以信仰生活，引青年面對天主，天主進入青年的心靈。因此要趕緊使生活營或活動中心，宗教信仰活動稍為加多、加深。在靜而安的場所，有彌撒，有讀聖經，有靜坐默禱。然後有活潑的集會，有愉快的跳舞，大家蹦蹦跳跳，既愉快，又心安。心中深處有天主，體會青年基督說：「你們不知道我應該在天主那裡嗎？」

目前青年所缺少的，還有一點最重要的精神，就是吃苦的精神。目前五十歲的人，在青少年時，都吃過苦，都是在物質生活的貧困中，努力工作，刻苦求學。目前的青少年在生活方面，什麽都不缺，父母盡量使他們心常滿足，也因此節育，怕子女多，子女生活有困難。基督在納迎肋家裡，生活貧苦，勞作度日；祂降生人世，就是吃苦犧牲而救世。中國古人也曾教訓青年人，不吃苦不能成事業；不犧牲不能成聖賢。因此，在生活營或青年中心，必須輔導青年肯吃苦。青年人很豪爽，很慷慨，祇要輔導員合理合情地要求他們學習犧牲自己，他們會樂意接受。目前有許多青年已厭惡物質享受，跑去寺廟坐禪。天主教的青年要知道實踐基督的訓言：「每人背十字跟著我走」。佛教的坐禪和佛教生活營要求參加的人員刻苦、有耐心、靜默端坐、吃素。

青年人心中有天主，懷裡有背十字的勇氣，他便可以常活潑，常精力充沛，常幫助別人。至於說以禪坐精神教學，我們天主教的神父修女早就已在以這種精神教育青年，犧牲一己利益，以基督愛心接納學生，心中無名利的牽累，引導青年趨向精神的目標，培養自己的人格。而且常和基督相結合，生活超越物質的環境，常能心中安定。為輔導佛教生活營和坐禪，常是修行多年的法師或優秀成年法師，他們習於禪修，深於實踐佛教信仰生活，用自己的經驗引導別人。我們天主教輔導青年的神父修女，需要天主培養自己的信仰生活。自心和基督相連，超性生活的精神，洋溢在一己的言行裡，自己體驗著信仰的活力。否則對於輔導青年，祇注意到生活的外面，或者達到科學的心理輔導層面，不能進入青年的心靈深處。

教育的根本——家教

今年三月二十一日，在彰化靜山主持基督生活團終生奉獻禮彌撒聖祭，我曾在證道詞中指出當天彌撒三篇讀經的意義，集中在生活的光明。福音記載耶穌治好了一個生來的盲人，保祿書信說明信基督的人，在光明中行走，光明就是我們的信仰，信仰指示生命的目標，提供生活的規範；光明的生活規範乃是愛。

聖奧思定曾經說：生命是愛；愛得對，乃是善，愛得不對，便是惡。孟子曾說：小孩生來知道愛父母，愛是人生來所有。朱熹曾說：人得天地之心爲心，天地以生物爲心，人的心所以是仁心。

但是荀子卻說：小孩生來就自私，看見玩具或糖果就想要，得不到，就要爭。實際的情形：小孩是生來愛父母，小孩也生來就自私，必須加以教育，改正自私，發揮愛心。

今天看報紙，看到內政部長吳伯雄先生和歌星伊能靜小姐對談關心少年。吳部長說：「我們以前家裡孩子多，很多事都要配合大家，不可以要個性，現在台灣多是小家庭，家中子女少，孩子個個是霸王，家長應該多給他們機會過團體生活，讓他們學習如何配合別人，同時多安排一些戶外活動，以舒緩青少年的功課壓力。」(中國時報 民八二年五月十六日)。

我在靜山的彌撒證道中，也曾勉勵年青的父母，教導自己的小孩拿玩具和來家裡的小親戚或小朋友一起玩，又甘心送一件或兩件玩具給別人。有了糖果，彼此分著吃。在路上或自己門口，看見有人討錢，父母拿錢，讓小孩給。在公車上遇著老年人，把坐位讓給老者。

近幾天，因爲查到破天荒重價的毒品，社會上下都著了慌。據說有二十萬人吸毒，一百個人中有一個，大多數是青年人。一個好可怕的事實。

每一個作父母，要多費心思看看自己的兒女了。青少年心情浪漫，愛新奇，喜歡享受。他們不認識毒品，不明白毒品的危害。遇不良的朋友以毒品引誘，使失足受騙。伊能靜說：「青年人盲從是我擔心的，包括交友不慎及價值觀，很多父母認爲給錢，買衣服就是愛。」(中國時報 民八二年五月十六日)，他們卻不多花時間，了解兒女，指導兒女。

現在父母很注意兒女的物質生活，忽略了兒女的心靈生活。父母忙於上班，忙於自己的事業，盡心賺錢養家。但是人世的錢，人世的事業都隨著時間逝去，兒女的心靈生活則永久存在，耶穌基督爲著淨化人的心靈，替人贖罪，甘心犧牲自己的生命。作父母的人，把兒女的心靈生命應看作第一件大事。無奈，現今作父母的，連自己的心靈生命都看在金錢和名位以下！

兒童生來心中有愛，愛由父母的血肉流來，要靠血肉相連的父母來培養，使根深蒂固，發芽滋長。學校老師從旁加以灌溉，愛心乃能開花結果。父母抽不出時間，上一代的祖父母輩就該肯犧牲精力，教育孫輩。所以我早就提倡三代同居。

家庭教育是教育的根本，沒有他人的教育可以代替，缺少家庭教育，學校教育是架在沒有屋基的房屋，社會的壞風雨一吹，房屋就會坍蹋。

聯招制度造成了升學壓力，建築了補習制度，青少年蹺學蹺家，結夥吸毒作惡。

家庭要發生吸引力，父母吸引兒女到身邊，了解他們的生活，指導他們。再將他們交給學校，自己和老師結成一體的愛心力培養兒童的天生愛心，兒童的心靈生命乃能欣欣向榮。

天理良心賞善罰惡

昨天，五月三十日，我到台北總主教公署參加一項贈勳典禮，受勳者十六位，三位司鐸接受蒙席榮銜，五位工作者得到爲教宗爲教會工作獎章，八位教友受頒教廷騎士勳爵，爵士中有郎雄先生。我被邀致詞，在致詞中我說：近日我放棄了素來祇看的電視新聞；常常看到立法院吵架，地方民眾圍廠，警局查出毒品，整個社會亂得沒有倫理，心中常鬱悶。乃改看電視劇包青天，看見作惡者受罰，正義伸張，心裡覺得很舒服。行善有賞，行惡有罰，乃是天理，天理反映在良心，善惡報應就是天理良心。教會雖超於塵世，但對天理良心也要尊重，對於行善有功者，要予以褒揚獎賞。

善惡報應，乃天理良心。可是人世所看見的恰恰相反。聖經舊約的聖詠第十章表達這種憾事：

「我問主兮何故，邈然兮不我顧？時艱難兮困苦，主自隱兮何處？惡人橫行兮無度，窮人被逼兮無路。設詭計兮送狂圖，欺孤寡兮陷無辜。驕矜自慢兮，目無主宰。刼奪人財兮，逍遙法外。飛揚跋扈兮心誇大，謂天主兮安足怕。中心兮自忖，天主兮安在！基業兮穩固，千秋兮不論。彼之口中兮，惟有欺詐與詛咒。埋伏窮鄉，殺人僻巷。眈眈虎視，窮民遭殃。驅無辜兮入網，謂天主兮健忘。我向主兮發哀歎，舉爾手兮濟眾難。莫容惡人兮誣神明，謂天主兮其不靈。主已垂聽兮，謙者之音。必賜慰藉兮，堅固其心，伸彼冤屈兮，保彼煢獨，莫令凡人兮，擅作威福。」（吳經熊聖詠譯義）

但是耶穌基督說過：祂降生人世是爲救世，不爲判世，人世的善惡，不會在現世得到完全的報應。不過基督又說過：天上地下一切的權力，天父都授給了祂，在天地終窮的一天，祂要再來人世，審判人世，對一切的人，每人按一生所行的要受賞罰。

人間世不能伸張正義，祇能盡力相對的予以伸張，盡力免除冤枉。〈禮運·大同篇〉所說：「大道之行也，天下爲公，選賢與能，講信修睦，使老有所終，壯有所用，幼有所長，矜寡孤獨廢疾者皆有所養。……故謀閉而不興，盜竊亂賊而不作，故外戶而不閉，是謂大同。」乃一種理想的世界，今天中央日報副刊，高柏園先生論看包青天電視說：「人間的人不正義與不公平，正是人無所逃於天地間的宿命啊」。就是在這樣人世裡，天理良心仍舊在我們心內呼喊善惡報應。今天中央日報現代婦女版，潘維剛立法委員說：「對於緣起果報篤信不疑，上天有眼，神佛有靈，無時無刻看著你，果報是逃不了的。」

既然現世的人生，沒有完全的果報，人心又呼喊伸張正義，身後有永生，正義才可以完全伸張。人的心靈是精神體靈魂，不會毀滅。在世時，人的行爲由心靈作主，心靈精神體（靈魂）在人死時仍然存在，便成爲善惡報應的主體，不是再輪迴，而是自體受報。身體在世時，分擔了一個人的行爲善惡，有一些罪惡就是身體所作，如信亂、酗酒、濫食，因在當天地終窮，基督審判人類時，人的身體再要復活，和靈魂再結合，再成一個完人，復活後的身體，也就分擔生時善惡的報應。基督審判人類時，正義乃得完全伸張。

潘立法委員在今天的文章裡，引明朝洪武進士解大紳的一副名聯：「善報惡報速報遲報終須有報，天知地知你知我知何謂無知。」這就是人世的天理良心。

王船山思想

王船山學術研討會閉幕詞，民國八二年六月六日

王船山學術研討會已經到了閉會的時刻，經過三整天的討論會，發表論文二十七篇，對王船山的思想，都有了深入的討論：《易經》思想、理學思想、倫理思想、歷史思想，又指出船山思想的特點，如太虛已分陰陽，《易經》乾坤並建，命日降性日生，情慾與性一體，歷史氣運原則。還有普通不爲大家所注意的問題，如船山和佛教的關係，相宗絡索，也有論文研討，這次會議對王船山的學術思想，確實有所發揮。

可惜大陸學人，祇有一位參加了會議，其他十一位都不能來到。他們所提論文，在會議裡則都由學人代讀了；但論文的思想中帶有大陸思想特點者，不能由兩岸學人彼此討論，成了研討會的盲點。

我在這裡要鄭重聲明，這次研討會純粹爲學術會議，沒有絲毫的政治意義。邀請李副總統致開幕詞，不是因爲他是副總統，而是因爲他是湖南人，和王船山有同省籍之誼。大陸當局忽略了這種人情味。

王船山逝世已三百年，他的思想早已進入中國的哲學思想史。但是他的思想裡，有幾點在當代還具有活力，還是當代思想趨勢的指標。

第一點，王船山根據《易經》的思想，以宇宙萬物繼續變化，具有生命，互相連繫，合成一體，相助而不相害。這種大同思想就是當代環保政策的學理根據。宇宙萬物在生存上相連。人若濫用以致傷害宇宙萬物某一部份，人的生存和其他物體的生存也要受害。

第二點，王船山主張人性需要發揮，使能「繼善成性」。人性不是一成不動，又不是出生就已成全；需要繼續發揚，達到至善。儒家的傳統思想主張「盡性」，《中庸》第二十二章，以至誠的人，能夠盡量發揮自己的人性，以贊天地的化育。這裡思想是人格教育的思想，教育青年成全自己的人性，做一個完成的人。目前教育是科技教育，是聯招教育，生活教育和人格教育似乎在學校絕跡，社會才出現許多許多不良少年。

第三點，王船山最看重民族思想，死以前提寫自己的墓碑爲明遺民王夫之之墓。他的民族思想，成於一種特殊的生活環境中，趨於偏激。但是國民應有民族意識，民族應有自己的文化，則是不變的原則。在當前政治界，連對國家的共識都未形成，對民族文化的意識非常淺薄，王船山的民族精神，應該提起大家的反省。

第四點，王船山思想的重要部份，是歷史哲學。史事發生在現實環境內，應該放在發生時的環境內去評論，但歷史有不變的原則，史事評論不能離開，王船山有天命、倫理和氣運的歷史觀。這一點對於目前一般討論以往政治事件和人物時，常憑各人的政治觀去評論，乃是欠缺歷史意識。

第五點，最重要的一點，是王船山的人格。他一生擇善固執，逃避清朝的徵召，窮居荒鄉，常懷顏淵居陋巷而樂的精神，持身嚴肅，著書授徒，不浪跡山川，不進入佛門，後人稱他「南國儒林第一人」。王船山的人格應該可以鼓勵當前的學人和教授，敦品修行，引導青年學生，建立人格。目前，政界人物不能正身以正人，立法院的混亂帶頭引起社會混亂，學人和教授應該是負起中國傳統儒者的「己立立人，己達達人」的責任。

以上五點，可作爲這次王船山學術研討會的無形精神貢獻；至於有形的學術貢獻，將來論文集出版，可以供大家參考。

在閉幕時，我謹向各位工作人員致殷切的謝意。

算命—荒唐

人世間，荒唐不合理的事真多。中國的智識階級素來自命爲理性人，詆毀宗教爲迷信。在民國初年，自命爲維新的智識階級更詆毀哲學爲玄學，爲空中樓閣，違反科學智識。可是，正在智識階級利用科學智識發展經濟使台灣錢淹腳，使台灣人到全球觀光裝闊老的時代，突然飆起了坐禪熱，更吹起了命理書暢銷風，發熱和發燒的人，乃都是智識階級。

坐禪的宗教熱，在經濟高漲的時候出現，還是可以理解的；因爲物質烘乾了人的心，人心要求清涼劑；物質翻亂了人的心，人心要求清靜安定；坐禪是一劑清涼安定的藥。但是在經濟高漲時去求算命，則真是不合理，真是荒唐。

命運一事，乃是千古不解之秘，從古到今，中國人就確信有命。孔子、孟子都是這樣相信，相信命運是天命。孔子更教訓門生要知命，他自己也說：「五十而知天命」（為政），又說：「君子居易以俟命，小人行險以徼幸」（中庸 第十四章）。孟子也說：「殀壽不貳，修身以俟之，所以立命。」（盡心上）祇有墨子反對命運，他說：「自古及今，生民以來者，亦嘗見命之物，聞命之聲者乎？則未嘗有也。」（非命 中）

當前的命理書，不僅確信有命，而且確信知道每個人的命運。知道命運的方法，不外從易經的陰陽，從天文的紫微和星占，在古代的學者中，有漢代的王充，主張命相，他主張命由父母之氣而來，以死生屬於性，富貴貧賤屬於命，命在骨相裡表現出來；他復主張看相。他的理由是命由氣而成，氣成人的形相，形相爲人的身體，身體的結構便顯靈人的命。由人的身體以算命，容易而不錯。胡適曾非常捧王充，認爲他有科學的思想，主張無神論。但是就骨相來說，胡適一定不敢說這是科學的思想；祇有大陸的唯物論學人，捧他是徹底的唯物論哲學家。可是王充主張無神，是主張人死不能成鬼神，不是否定沒有上帝。因此王充自己充滿矛盾。

現在說命理書由迷信轉向科學，所謂科學就是《易經》。《易經》一本書從漢代易學和讖緯書以及道家全丹吸氣等書混在一起，早就變成了一本百科全書，凡是數學、音樂、醫學、天文、地理、人事吉凶都以易經作爲根本，卻把《易經》的哲學和卜卦丟在一邊而不講，實際上除數學外，其他各項都是讖緯迷信。目前以紫微斗數論婚姻，看星座透視自己的男人，占一字以評一人的出路，都不能是科學的結論。可是年輕的大學生，上班的婦女族，爲知道自己的前途。一窩蜂地買命理書。出版命理書的出版社，目前已有至少十二家，每家所出命理書都在五十本以上，例如時報出版社就出了五十三本。中央日報的星期天，早已除逢時的聯招試題時，每期都在算命。

這種心理乃一種不健全的心理，是孔子所說「行險以徼幸」，也就是上廟擲卦的心理。命，既是天命，既是上天的命，上天不會告訴人。孔子所說：「居易以俟命」。孟子說：「修身以立命」。上天乃是我們的天父，耶穌曾說：「我們的頭髮，天父一一都數過，沒有祂的允許，一根也不會掉」。又說：「天空的麻雀，沒有天命的允許，一隻也不會死掉，何況你們人呢」？孔子的俟命，孟子的立命順命，和天主教依恃天父的誠心，都是相信上天天父絕不會有意害我們，而且非常尊重人的自由。我們祇要修身行善，作我們該作的事，我們可以安心向前走。人生的幸福，不在物質的享受，而在於心靈的清淨平安，更在於靈魂的永生；這一切都要人自己去造。

賺錢的良心

本年七月六日中國時報第七版大社會新聞，報告省議會於七月五日，特邀警務、新聞、教育及建設等單位，專案報告防杜女學生或未成年少女打工，從事不正當行業。大會並推派張溫鷹議員當場以電話向登廣告說月入三十五萬元的KTV店探詢內容，證實坐檯之外尚有「場外交易」，月入便多，全場爲之愕然。新聞處長李明亮說從去年七月迄今，共查處包括妨害風化之不妥廣告二千六百五十五件，經移送法辦一一八件。張溫鷹議員認爲這數字太少，她隨手拿來四份報紙，各有兩大版的招募「公主」、「學生兼差」，月入三十萬之廣告，每天就至少有幾百件。省建設廳副廳長洪炳麟報告查處情形後，突然說這些人太沒有道德良知，引誘青少年吸毒或從事不正當色情行業，應該「槍斃」，社會風氣才會比較好。

我們常責罵青少年自願墮落，年少失足，傷害了自己的一生。我們也常責罵家庭父母不負責任，不教養子女。我們又常責罵學校因著升學壓力，忽略了生活教育。這些責罵都是罵的有理；但是我們忘記了青少年的墮落是成年人使他們墮落的，是成年人在他們面前掘了坑洞，引誘他們掉入洞裡。

今天報載在台北市不法的電動玩具店有兩千多家；每天報紙常報查獲走私毒品，多以公斤計算，有時價值幾千萬到一億元；被迫賣的不成年少女的雛妓，幾十幾十的查獲；這些案件，都是成人們幹的。幹這些案件的人都是爲賺錢。

台灣今天的富庶，是由於成百成千的工業和商業人士，白手起家，勤勞節儉，才能造成富庶。不幸，社會因著富庶，出現了享樂主義，由著享樂乃拼命賺錢。看到賣一塊土地，不須勞苦就可以賺幾億，小聰明的歹徒就想少勞苦多賺錢，販毒，開不法的行業店，綁架，祇要多賺錢，不管賺錢的手段。

古代傳統的話說：放厚利的手，所賺的錢滴血！

販毒，綁架，作不正當行業的人，所賺的錢，是壓榨青少年生命的錢，真真是滴血的錢。這些被害青年的血，從賺錢人的手上，向天主呼喊，要求報復。有如人類初期舊約聖經創世紀所紀載的，加音殺了弟弟亞伯爾，天主對加音說：你作了什麼事？你弟弟的血從地上向我呼喊，你從今以後是地上可咒罵的人。

這些血污的錢，也向賺錢的人的良心呼喊，使他們不能安靜享受所賺的錢，就算逃出了法律的天網，血污錢不會使他們置產立業。就算很例外地置了產業，繼承他們產業的人也不能有福。

耶穌基督曾經很感慨的說：「使一個青少年墮落的人，不如拿一塊驢拉的磨石，繫在他頸上，沉在海裡深處！」好嚴厲的話啊！而且是天主的話！

歹徒賺錢沒良心；那些辦大報的人，一定是有良心的君子，爲什麼又刊登有害風化引誘青年的廣告？也是爲賺錢嗎？

孔子的《論語》裡，好多次教人要「見得思義！」目前向社會人士說這句話，大家要笑我太迂闊了！但是賺血污的錢，血會滴到你心靈上，你一生沒有幸福的日子過，則不是不識時務的話！

天生的愛

台北週刊本年七月二十日出版的一期，登載鄭貞銘先生的短文，題目是「離婚率第一」，說明台灣今年已高達二萬九千一百九十對，離婚率爲千分之一點四一，較日本、韓國及新加坡均高，爲亞洲離婚率最高的國家。離婚原因「不外是由於現代人觀念開放，不以離婚爲不道德，加以婦女自主性增加，在經濟上不再依賴丈夫。因而稍有不調適，即常以離婚爲解決問題的手段」。但是「離婚不僅形成青年人心理的創傷，尤其對家庭生活　、子女教育都構成嚴重的衝擊」。

中國時報本年七月十四日曾刊登林萬億先生的一篇短文，題目是「養兒女像還債？」林先生說最近有項對家長養育子女的看法所作統計，有近三成父母認爲養兒育女像還債，苦多於樂，也就是說「相欠債」，不得不養。

上面兩份統計表，顯示出台灣目前婦女的一種心理狀況，不僅是跟傳統的婦女心理不相同，而且也違背天生的愛心。

男女，由造物主造成，天性不相同，但要相結合，才能夠有完滿的生活。中國傳統文化常以陰陽爲宇宙化生萬物的元素，宋朝理學開山宗師周敦頤曾作宇宙變化圖，太極生陰陽，陰陽生五行，五行生男女，男女生萬物。男女天性要求結合，便有天生的愛。婚姻因愛而成立，由愛以維持。在多元化的社會裡，結婚以後的愛情可能遇到多方面的攻擊。天主教乃講求以天主的神性之愛穩固夫婦的愛心，在夫婦的愛之上，加上天主的愛，外面抗拒各方的誘惑，內面凝聚夫婦的心靈，婚姻的愛乃能長久，白頭偕老。

夫婦結婚，天然地爲生育兒女，父母兒女的愛也是天生。孟子曾說孩兒天生愛父母，父母也天生愛兒女。因著這種天生的愛，嬰孩才能長大成人。

家庭是人生的「加油站」和「避風港」。一個人的身體精力，心靈情感，都要在家庭內充實安定。單身住處不是家庭，單身不需要另一半，在生理和心理上都不能正常的滿足。天主教教士和修女們的獨身，則以天主神性的愛，以充實生活，以精神生活的滿足，洋溢於身體生活。

培養兒女成人，爲人世最有價值的事。馬克思主張生產工具改變人類的生活和文化，但是生產工具是人發明的，人世的一切是人造的。培植一個有品格有學識的人，是對於人類最有功的事。孟子乃說聚天下的英才而教育，爲君子所可有三大快樂之一。父母能夠培養好的子女，從自己本身的愛，從兒女將來的成就，從家族可有的光彩，從社會國家所可得的貢獻，各方面去看必定為一樁最使人滿意的事。中國時報本年六月二十二日，在社會趨勢篇登載回歸家庭的趨勢，小標題說：「部份婦女漸漸返回傳統」，大標題是「相夫教子亦關懷」。社會研究最近報告說有三分之一的婦女，放棄工作回到子女身邊。中國時報昨天，八月一日，有一長篇報告，題目是「女強人，那是我昨天的名字」，作者解釋說，「許多人們心目中的女強人，已不再滿足於女強人的頭銜，除了催人年華的繁忙工作，她們也渴望有平凡的家庭生活，有更多的生活樂趣，她們更想當原來的，真正的自己。」

在「相夫教子亦關懷」的那篇短文裡，有一位美國辦公的女子，看見育幼中心的老師，帶著她的兒子和其他五個小孩，來到她的辦公室，她餵了自己的兒子，當老師帶著小孩們離開時，那個女子說：「我看著他們的身影，眼淚不覺地奪眶而出，一股莫名的傷感湧上心頭，我了解我愛上了我的兒子，而一個陌生人卻替我照顧他，突然間我的理想、美夢、價值觀全部崩潰了。我應該多花些時間照顧艾里（兒子）。於是放棄了原有計劃，而找到一份兼差工作，以便繼續學業及多陪陪兒子。放棄了高薪、全職的工作，換得一個低階的工作與母親的生活，對我來說是正確的選擇。」

父母對子女的愛，是天生的；培養子女乃是培育人，價值站在第一。看著子女的培植、夫婦的愛，也應得到支持和維護。

悼友

孔子曾經說：「益者三友；友直，友諒，友多聞，益矣；友便辟，友善柔，友便佞，損矣。」孟子曾經講交友之道：「不挾長，不挾貴，不挾兄弟而交，友也，友其德也，不可以有挾也。……用下敬上，謂之貴貴，用上敬下，謂之尊賢，貴貴尊賢，其義一也。」

本年幾乎每星期都接到訃聞，神父修女接二連三地去世，在去世的神父中，有幾位和我多年交往，如滿濟世神父，畢納清神父，王任光神父。另外我失去兩位社會上的好友，七月八日俞大維資政逝世，八月三日鄭爲元資政逝世，我心情很沉重，自心又很慚愧，沒有能夠以基督的信仰，影響兩位生命終結的情緒。

我和俞大維資政交往，已經二十年了。當他的長子和蔣經國總統的女兒在美國以天主教儀式結婚時，美國行婚禮的本堂主任司鐸來信向我索取俞資政長子出生的資料，我那時任台北總主教，通電話向俞府索取，俞資政接電話，嫌美國神父囉嗦。我便去俞府，當面向資政解釋。我倆見面，大談哲學，而且談歐洲中古哲學。俞資政興趣很高，約我以後再去談。從此，我倆就一個月或兩個月見面一次，每次談三刻鐘或一小時，三分之一的時間是我聽資政講話以得教益。資政是有名的退休部長，品德學術，深受國人尊敬，年長我十五歲，但他和我談話，自由坦白，滿臉笑容，一口湖南腔，談到得意時，就用右手腕觸我，喊叫護士小姐找書來對證。我在他家五個房間裡坐談過，五個房間滿堆著書，連狹小的臥房，書堆著不好走路。

俞資政很敬佩聖多瑪斯，也看重士林哲學，談話時，原原本本講述中古哲學的思想，指出特點。對於康德和黑格爾，講的很少，對於笛卡兒有時提到。他約我常去談，因爲只有我讀過士林哲學又通拉丁文，才可以談一談中古哲學。

俞資政很看重河北獻縣耶穌會出版的法文書籍，另外魏克（Wieger）神父所寫的中國宗教和哲學思想書，他催我在台灣翻印出版。我每次出版一書，必送他一冊，他說你寫的太專門，普通人不能讀，大陸現在出版平民化的哲學書，你寫一本平民化的中國哲學史罷，大陸出版的書，他有許多，也借給我看，有時送我一冊。

俞資政最佩服當前天主教三位偉人：當今教宗若望保祿二世、波蘭現總統華肋斯和德蕾莎修女。當年德蕾莎修女來台北，他和蔣經國總統通電話，請他接見她，給她一個勳章。我後來告訴他總統接見的情形，他卻說，總統府的人真差勁，總統不授勳，卻要內政部給一個獎章，人家得了諾貝爾獎，那在乎內政部的獎章。他又常說共產黨打不倒天主教，天主教是精神體，用槍砲牢獄打不倒。也曾經對我說：病重時，請你來；意思是給他授洗禮。後來再不提了。去年底，他聲明拜觀音菩薩，今年我又第一次去看他，他解釋說：浙江普陀拜觀音，他小時在家就拜觀音，現在老了，又回到小的時候了。今年第三次去看他，正是他進病院那一天，我沒有去。他進醫院第二天，我到病房向他說明前一天要同故宮博物院秦孝儀院長來談紀念曾國藩逝世兩甲子事，他說你下次來談。但是已經沒有下次了，他就離開人世。

鄭為元資政和我相識已經四十年了。中日戰爭後，他任我國駐義大利大使館武官，我們常見面，也常見他的家人。義大利和我國絕交後，他回到台灣。民國五十年我來台灣任台南主教，他那時在左營任陸戰隊司令官，來台南看我，約我到左營檢閱陸戰隊表演，參加他們的酒會。民五十六年，我調任台北總主教，十二年後調任輔仁大學校長，每年元旦日，他必定到我牧廬，給我賀生，從來不缺。今年元旦，他沒有來，祇送了蛋糕，我有點奇怪，不知道他病了。後來我到榮民總醫院看他三次，送他一冊吳經熊翻譯的新經全集，一幅小型精緻的聖母像，他合掌歡喜地接受。最後一次去看他，他不在病房，護士說坐輪椅散步去了，我以為病勢該是好轉了，不料一星期後就去世了。

兩位好友，都是「友其德也」。俞資政智慧高、學識富、胸懷廣、人格全。每次看他都是聽他高論。鄭資政性情內向，沉默寡言，簡樸誠實，穩重有禮。我同他們兩位交情如水，平淡而久，既無利害往來，也無人情牽拉，在政治界真難得有這兩位不似政治人物的好友，互相尊重，在學術和品德上得收助益。

生命共同體

在現世的實際生活裡，生命常是連繫一起，宇宙萬物的生命，不能孤獨存在的生命，乃有生命共同體。

生命共同體，是血統相結的一群人；中國傳統的家族，就是一個生命共同體。由家族結成民族；民族又是一個大型的生命共同體。在實際生活方面，同一地區的人，可能血統不一，文化也不同；但是實際共同生活在一起，也就成爲一個生命共同體；當代每個國家，都是生命共同體。

生命共同體的希望，在於保持共同體的根源，能加以維持，予以發展。家族和民族的共同體，希望發展自己家族和民族的生命，這是一個天然的現象。

共同地區的生命共同體，在生命上的希望，則是能保持這個地區的安全，發展共同生活的各項建設。

在今天談台灣的生命共同體，應該是地區共同體。今天在台灣生存的人，除了漢民族的子孫外，還有原住民的山地人，也還有少數回族、蒙族、藏族的人。這個地區的人，爲自己的生存，今天首先所需要的，在於保持這個地區的安全；因爲海峽那邊有中共的政權，中共政權的目標，企圖統一台灣；他們的統一，就是把台灣吞併在他們的政權以內，由他們管理。因此，我們社會裡乃有「同舟共渡」的呼號，大家共在台灣渡船上，船的外面有大風大浪，船裡的人第一要大家和睦，以保持船身的安穩；否則，若船裡的人互相鬥爭，船身失去平穩，就有翻船的危險。第二，要大家和衷共濟，彼此共同想法，使船能夠在風浪中向前走。

經濟發展，是台灣生存的前途，大家努力使前途看好。但是經濟的活動，包含各自的利益，彼此互相競爭，免不了發生衝突，需要有共同的目標。經濟的共同目標，在於有共同文化的目標。

目前台灣生命共同體的問題，就是文化共同的問題。台灣近四十年的文化，不必忌諱談是大陸文化，執政，執教、執策的都是大陸人。目前，這群人老了，已經退出工作壇，台灣的新生代站出來接替他們，發展本地文化的呼聲，乃在社會裡響起。台灣的本地文化，能成爲現在人民的生活方式，應該有兩方面的充實；一是尋根，一是現代化。尋根，當然不是尋求日據時期的文化，而是台灣人祖先根源地的文化；現代化，則需要加入西洋文化。

若往長程和遠程發展看，則必須和大陸統一發展，台灣的經濟資源貧乏，文化資源也有限，匯合在大陸的經濟和文化裡，才可以有長久的富裕目標。

大家說歐洲目前出現反面的現象，許多小國脫離原先的聯邦，自願成貧乏的獨立小國。這是因著歷史的因素，這些小國原來獨立了幾百年，共黨執政以後強迫放棄獨立以組聯邦。共黨失勢了，他們便要恢復獨立了，台灣在歷史上，原是中國一部份因日本強迫而脫離了中國，日本失勢了，台灣自然回歸中國，但回歸的中國，要是自由平等的中國，這個回歸，也是台灣生命共同體的新希望。

宗教教育

八月卅日，中華佛學研究所在金門法鼓山舉行遷建動土典禮，教育部長郭爲藩先生到場參禮，我也被邀到場。在典禮以前，我和郭部長坐談幾分鐘，談宗教教育。我請他考慮承認神哲學院，依照專科學院制度。郭部長答說輔仁大學宗教研究所下學期，可以招收推薦的研究生，推薦的研究生不限大學畢業生，高中畢業生也可以。

過了一天，我就給主教團主席單國璽主教寫信，告訴他這件事，請他和主教們商量使青年神父在職進修。

不過，我不大清楚郭部長是否是指輔大宗教系。對於系，報章上已經公佈明年實行推薦甄試入學，對於研究所，則沒有看到推薦的消息。原先有的，是同等學歷可以投考研究所。當年，我在輔大設宗教研究所時，曾向教育部接洽，允許神學院畢業生以同等學歷投考，教育部不答應，堅持須有大學畢業文憑。後來，我設立了宗教學系，我向主教們說：教育部決定修改大學聯招辦法，漸漸逐步予以廢除，到了那時候，修士便可以不經過聯招進入宗教系，系內選修課程可以安排神學院的主要課目。現在推薦甄試辦法開始實行，這條路就開了。

但是，我仍舊要求教育部承認專門培育教士的學院。今年六月，文化復興總會的宗教研究委員會，召開宗教教育討論會，請內政部和教育部派代表參加。討論會由我以宗教研究委員會主任委員主持，經過各宗教代表的建議和內政教育兩部代表發表意見，互相討論後，我作成三點結論：第一，向教育部表示宗教界謝意，因爲教育部允許設立宗教學系和宗教研究所，並且在各級學校，加入宗教精神與倫理教育。教育界願意支持教育部徹底實施宗教精神與倫理的教育方案，祇是在升學壓力沒有減輕以前，恐怕很難見諸實效。第二，要求教育部對國外各大學院的神學文憑：學士、碩士、博士文憑予以承認。三年前輔仁大學向教育部申請，教育部答說在研究中，現在輔大設有宗教系，外國各大學校院的神學文憑在宗教系有效，這一項承認是不夠的。第三點，請教育部和內政部研究並承認培植教士的神學院和修院，予以相等的專科學院或高職學校文憑，完全歸屬教育部管理。這種措施可以有兩項實際的好處；第一，杜絕地下大學院校，有少數基督神學院在內政部登記，實際則辦大學院校課程，國外大學承認神學院文憑畢業生到國外可以申請研究所。若教育部承認神學院，由教育部管理，監督辦學情形，就不能變相辦大學院校課程。第二，杜絕神壇乩童作弊，神棍竊財竊色，因爲內政部可以規定，主持宗教會所，須有宗教修院或神學院文憑。這次宗教教育討論會記錄送內政部和教育部。將來宗教委員會將和內政教育兩部繼續連繫，使修院和神學院的承認問題，能有合理的解決。教育部已經委託專人，調查外國，尤其亞洲國家對宗教教育的情形，以作解決問題的參考。其實日本和韓國早已承認佛教學院和天主教修院（神哲學院）。

教廷與中共

教廷機關報羅瑪觀察報英文版星期刊，今年九月十五號刊載了厄啓佳助樞機(Card, Roger Etchegaray)在九月七號離開北京時，發表的聲明。聲明的全文，茲翻譯如下：

在動身回羅瑪以前，我首先要向第七屆全國運動會籌備會主席伍紹祖先生致謝，因爲我身爲被邀參加運動會開幕禮的貴賓。懷著運動的專勤精神，經過運動項目的迅速長進，新中國已然大步躍入二千年的世界，向全球各民族繼續開放。

「我這次在北京的事實要從這個角度去看，這件事實是一項顯明的見證，表示中華人民國和天主教會互相交換的意願。我來不是爲辦交涉，但是在我訪問的時候，在人民大會堂我遇見人民大會副主席、宗教事務主席、和國際互相瞭解學會會長。彼此交談時，他們都願意把以往的一點歷史翻過去，以往老的歷史，兩方很難共同去寫，最近則又是各寫各的。

當我在這裡時，我時時刻刻都想到中國的天主教會，不斷爲教會祈禱。這個教會是成長的教會，在爲信仰作證所受的痛苦中收得成果，建立了善報。這個教會有名份取得全球人的同情和祈禱，俾能在最快的時機中，重新找得被破壞的一統性；這被破壞的一統性幸而最近漸漸修理，漸漸承認並實行和教宗的連繫。

許多次我聽說中國人的友誼，許多次我自己也向人說這句話，比一句宣傳口號，比一句討人高興的話，更爲重要，因爲更能回應天主在人們心裡所引發的要求。

事情已經過去了，人們也大約忘記了；但是事情的真正意義可能才開始實現。」

當卮啓佳助樞機在北京時，各方都關心這事，都猜測事情的意義。許多記者或撰稿的人都說：教廷派樞機和中共談判，談判建交，談判傳教士傳教，談判斷絕和中華民國的外交關係。實際上，教廷常常不派樞機去談判外交事件，樞機出使是禮貌上的使節，或是表達善意的和平使節。卮樞機自己說明他到北京沒有談判事件的使命。

但是事情的意義，則在於標出教廷和中共互願交談的意願。從中共執政以來，教廷就屢次間接經由外交管道，表示願意和中共交談。中共卻常堅持教廷須先斷絕和中華民國的外交關係，然後才交談，我們主教團和我私人，多次向教廷說明這種要求有違外交慣例，而且是對中共開空頭支票，又無目的地損害台灣天主教會，決不能接受。中共倡言教廷在不斷絕和台灣外交關係，並承認中華人民共和國以前，不能和教廷交談；然而實際上美國日本以及許多原先和中華民國有外交的國家，中共都是先和他們談好，後來他們才和中華民國斷交。中共對教廷的目的，是在教廷和台灣斷交，而不進行交談。教廷外交人員雖有人主張台灣不代表中國，教廷駐中國大使館不宜設在台北，但是自動撤退，則沒有人敢主張。

這次，因爲我國大張旗鼓要進入聯合國，中共加緊打擊我國的外交關係，乃表示願意和教廷交談。厄啓佳助樞機的聲明很明顯地表示這種情況。

既然有交談的意願，可能就有交談的事實。交談的事實當然是祕密的事，我們沒法知道。交談的管道很多，在許多國家，都有教廷和中共的大使，連在俄國也有，都可作爲交談管道。骨子裡中共本來不願意和教廷談，也不願意和教廷通使，他祇企圖斷絕教廷和我們國家的外交。教廷爲改善大陸天主教會的境遇，很早就表示願意交談，而且在中共進入聯合國後，教廷就不以中華民國代表中國，不派大使，不來台灣訪問，不任命中華民國樞機，再再避免刺激中共。現在若中共真願意交談，若他們能讓步到教廷最低的要求，准許中國天主教會受教廷節制，和教廷相通往來，教廷將會接受中共的斷絕和我國外交的要求。我們在心理上應有這種準備。不過，很難說中共是不是談，是不是讓步。

新聞評議

上月，新聞評議委員會慶祝成立三十週年，曾舉行酒會，也發行特刊。我因曾任新聞評議會的第三、四、五屆委員，被要求爲特刊寫篇短文。我寫了下面的三段話：

「我在新聞評議會開了十年的會。審查的案子頗多。開會評論時常到會，因爲我不是新聞法規的專家。十年開會的經驗裡，有兩點常梗在心頭：第一點，是新聞評議會沒有公信力；第二點，是新聞評議會祇接受控訴，不能自動檢舉。

新聞評議會本由新聞界共同建立，聘請評議員，捐助常年經費。但是評議會對控訴案所作的評議，大家相顧不理，報紙不予登載。後來雖經催促，有幾家報紙登出，字不大，地位不顯明，不發生效果。社會一般人，知道有新聞評議會者不多，更少有人知道新聞評議會的任務。記者們對新聞評議會多少都懷著有敵對的心情，那裡可以盼望他們由新聞評議會作宣傳。這樣新聞評議會的公信力在社會上建立不起來，對新聞界的監督力便很少。

新聞評議會按照章程祇接受對新聞傳播的控訴，接受的第一個條件，是控訴人是否受到所控訴事件的傷害。這些事件便都是關於記者不實的報導或者惡意的渲染，都是關於私人的權利。但是新聞界有許多報導，危害社會道德，危害兒童青年心理，則沒有控告，也沒有人可以控告；但這些事件對於國家社會的傷害，比較誤報對一個人的傷害，價值更大，應該由評議會自動收集資料，作成評論，公諸報端。

目前，評議會關於第二點已經改善，已經採自動檢舉方式，評議傷害社會倫理道德的新聞。關於第一點也努力在改善。希望改善的結果，真能建立新聞評議會的公信力。建立了公信力，才可以維持新聞界的道德。」

政府在四十七年修正通過了出版法，加強對出版品的管制，其中規定出版品經三次警告不改，即強迫停刊，尤其民營報紙強烈反應，報界主腦人物，乃共同商議由新聞界自動約束自己，代替政府的干涉，先訂立自律公約，後成立評議會。自律公約以新聞道德爲規範，遵守信實的原則。民國五十二年九月二日，在台北自由之家台北市報業公會的新聞評議會，聘請七位評議委員：蕭同茲，成舍我，黃少谷，程滄波，陶百川，阮毅成，端木愷。三年後，新聞評議會擴展爲全國新聞評議會。

我參加評議會時，程滄波先生任會長，阮毅成先生任秘書長。評議會的目標，常在於維護新聞界自律公約。評論案件時，由秘書處收集各方資料，通知被控訴的一方，自行辯護，或自行改正。如不接受，乃按新聞公約和法規，由一委員作出評議，由全體委員會議討論，通過，公諸報端。

新聞評議會在英美各國已有長久歷史和全國公信力，我們的評議會現正研究歐美各國和日本的出版法規，一方面加強主動評議傷害社會道德的報導。在報禁開放以後，報紙從三十幾家增到百多家，報紙篇數多，記者多，自由也強，報紙的道德愈落愈下，還需加強新聞界的自律，新聞評議會的責任便更加重了。

學者典範朱熹

近月閱讀大陸學者束景南的《朱子大傳》，細心研究朱熹哲學思想的歷程，也很留意朱熹修身的生涯，越讀也越景仰這位理學大師的品格，真不愧爲學者的模範。

朱熹的哲學思想，由儒入佛，入道，再由佛進入儒，最後定於理學。從宋高宗紹興二十一年（一一五一年），朱熹年二十一歲，仰慕道謙法師的心學，從他爲師，把自己的書齋，命名「牧齋」。牧字和謙字，同出於《易經》的〈謙卦〉，〈謙卦〉的「象」辭：「謙謙君子，卑以自牧也。」「象」辭：「謙亨。天道下濟而光明，地道卑而上行。天道虧盈而益謙，地道變盈而流謙，鬼神害盈而福謙，人道惡盈而好謙。謙尊而光，卑而不可踰。」牧字和謙字意義相連，朱熹以齋名連繫老師的名字，下功夫學習禪定的心學。佛教《阿含經》曾有牧牛十二法，以牛爲人心，修禪有如牧牛。朱熹則想把孟子的收心和習禪結合一起，整整三年的功夫，「望山懷釋侶，盥手闕仙經。」「抱疴守窮廬，釋志趣出禪。」操著「主悟」的生活，紹興二十三年五月，他離別了「牧齋」，往同安縣任主薄，兼主學。

紹興二十八年正月，朱熹年二十八往從李侗受教，拜他爲師。這時候，朱熹抱著困學的精神，把書齋稱爲「困齋」。李侗的思想「主靜」，心具天理，點坐澄心，以得七情不發之「中」。他指示朱熹在日用處下工夫，體驗出靜的功用，因而在靜處下功夫，求知行並舉，窮理應事兼行。朱熹自己也自認缺少應事灑落。隆興元年（一一六三年）朱熹入都，李侗已去世，以後和呂祖謙、張南軒等學者往來問學，對《中庸》的中和有新舊兩說。有與張南軒衡岳之游，有寒泉和呂祖謙之會，有鵝湖和陸九淵之會，這時朱熹隱居「寒泉」自定生活的章程：「端爾躬，肅爾容，檢外于，一其中。力于始，遂共終。操有要，保無窮。」他已經從「主靜」轉到了「主敬」。主敬有內敬外敬：內敬主一，專心於當前一事，專心於天理；外敬主端肅，儀容物服行動須端重嚴肅，寒舍隱居，便是「晦齋」，晦乃是隱晦，他後來自己也稱晦翁。晚年，被打入僞籍逆黨之魁，逐出都門，他隱居滄洲，在書齋門上寫一副對聯：「佩書遵專訓，晦木謹師傳」。韜光養晦，收斂身心，真正做「晦翁」的生活，傳道教學。

一代大儒，終生顛簸，由儒入佛老，由佛老回儒，專求正心修身之道，身體力行，在受打擊時，屹立不搖，憂國憂民！主戰救國，樹立傳統儒家學者風範。

我的居所稱爲「牧廬」，是爲提醒自己是司牧，司牧獻身基督，有爲教者服務的責任。現在身爲病叟，可以學朱熹「謙以自牧」、「韜光養晦」。四十年前寫新詩，沒有成就，四十年不再寫，老年學作古詩，現以三首牧廬生活小詩，獻給大家。

一、一週不出門，
門窗絕棄俗。
小花供聖母，
老心已滿足、

二、牧廬門常關，
閒步少出入。
萬卷書中遊，
靈堂入天色。
心飛出雲海，
不被塵氣襲。
冥中接天父，
心廣萬念翕。

三、獨坐小堂聖燈伴，
白髮三千眼中飄。

耳靜心靜口不停，
語語無聲上雲霄。
八二歲月滿四壁，
看似油燈紅燭消。
翹首長歌聖詠章，
天樂渾身忘夕朝。

曾國藩的悔字

在這十一月中旬，故宮博物院和中央日報社分別舉行演講會，討論曾國藩在中國歷史的地位，以紀念他逝世兩甲子。我為紀念他，寫了一篇〈曾國藩家書的五倫道德〉，在中央日報發表。

曾國藩是中國近代的一位傑出人物，以一位文人進士，訓練湘勇，和佔據金陵稱帝的洪秀全作戰，歷經幾次失敗，終於克復金陵，消滅了太平天國。他身封一等侯爵，任兩江總督和直隸總督，享年六十一歲，逝世於金陵總督署，一生忠於儒學。

《易經》一書，是他生活的指南。《易經．乾卦》說「亢龍有悔」，盛極必衰。曾國藩最怕自己的家遭遇這種境遇，普通做大官的家庭，常是不能持久，因為顯露官家的勢力，顯露官家的財富，不久便由盛而衰。曾國藩懇切訓戒自己的弟弟，決不能有官家的氣態，勢力不可用盡，財富不可用盡。「莫作代代作官之想，須作代代做士民之想，門外掛匾不可寫侯府相府字樣。天下多難，此等均未必可靠」。又告誡兒子：「我家中斷不可積錢，斷不可買田，爾兄弟努力讀書，決不怕沒飯吃。至囑」。

他自己修身，常用一個悔字。他在同治六年致弟弟曾國荃說：「兄自問近年惟有一『悔』字訣。兄昔年自負本領甚大，……自從丁巳，戊午大悔大悟之後，乃知自己全無本領，……故自戊午至今九載，與四十歲以前迥不相同，大約以能立能達爲體，以不怨不尤爲用。」在同年另一致曾國荃的書中說：「朱子嘗言，悔字如春，萬物蘊蓄初發；吉字如夏，萬物茂盛已極；吝字如秋，萬物始落；凶字如冬，萬物枯凋。」

曾國藩的「悔」字，從自己的體驗中得來。這種體驗是在軍事失敗中的體驗，體驗的事實和心境，是他在咸豐元年已經給四個弟弟信中所說：「凡人一身，只有遷善改過四個字可靠；凡人一家，只有修德讀書四字可靠」。原先自以爲本領很大，在失敗的時候，體驗到自己沒有本領，乃虛心得人。

但是曾國藩的「悔」字，不祇是「遷善改過」，還有《易經》的「吉凶悔吝」的意義。他拿朱熹的解釋作解釋，「悔」字配著春天，春天爲三陽開泰的泰卦，象徵陽氣初盛，萬物蘊蓄初發，。在修身上，和氣待人，溫和如陽春。在行事上活力初發，不猛進，不剛強，有耐心，有餘力。在心境上，積極樂觀，常有希望。他在同治元年給曾國荃寫信說：「自概之道云何？亦不外清，慎，勤三字而已。吾近將清字改爲廉字，慎字改爲謙字，勤字改爲勞字，尤爲明淺，確有可下手之處」。在同治三年，給圍攻金陵不下的曾國荃寫信說：「聞抗城克復之信，想弟必增焦灼，求效之心尤迫於星火。惟此等大事，實有天意與國運爲之主，特非吾輩所能爲力。所能自主者虛心實力勤苦謹慎八字，盡其在我者而已。」

「悔」字，乃是「虛心實力勤苦謹慎」八字，也就是曾國藩一生修身、齊家、治國、平天下的大道。

真理之光

今年十月五號，教廷公佈了教宗的「真理之光」通諭，討論倫理基本原則問題。這封通諭的拉丁文原本，長達一百二十一頁，草寫了七年，今年八月六號教宗簽名定稿，十月五號公佈。

近年來社會生活和社會學術界醞釀著一個大問題，即是倫理原則問題。學術界廢除了客觀永恆不變的倫理原則，社會生活便都遵守相對的善惡標準。天主教所受各方的攻擊，說是頑固守舊。教宗感到壓力很大，應該把整個問題，在根本上加以說明，因此草寫一封通諭，先向各方面學者和主教們詢問意見，並等先公佈教會的「新要理書」，因此這封通諭草寫了七年，可以想見通諭的重要性。

通諭全部思想的開端，在於福音上所載一個青年向耶穌說：「好老師，我怎麼可以進入天國以得永生？」耶穌答說：「你怎麼稱呼我好老師？好，祇有一個，就是天主。你願意進天國得永生，你就該遵守天主的誡命！」福音上這段話把倫理問題和宗教信仰連接在一起。「好」，祇有天主是好，在倫理上，好是善，善，祇有天主是善的，耶穌的人性和天主的神性結成一體，瑪利亞懷孕耶穌，和耶穌血脈相通，他們也因此是善的，其他的人都有原罪和本罪。遵守倫理規誡是和進天國得永生相連的，得永生是守倫理規誡的目標。

倫理規律因此是爲人所設立的，人可以進天國得永生。人可以進也可以不進天國，人具有自由；倫理問題的根本便在「自由」上面。

現在人們的思想也都注意在自由上；人們以自由代表人的本性，代表人的身份，代表人的尊嚴。自由，是人自己作主，自己決定自己的行動，自己決定自己的生活，不受外來的壓力。倫理規律便由人自己定奪。

教宗對於人的自由，提出了基本的原則，人是在真理內有自由。耶穌曾經說未來是爲真理作證，真理使人得到自由。真理是什麼？真理是人真正認識自己。人自己體驗到自己不是自己有的，是受造的，自己不是自己生命的主人，也不是宇宙的主人。這種認識是真理，不損壞人的身份和尊嚴。既不是宇宙和自己生命的主人，自己既是受造的，那創造宇宙和人而又管理宇宙和人的天主，才是人的自由的根本；否則人濫用自由，就要毀滅自己。

天主既然是人的自由的根本，人的本性就是這樣受造的，人的這種本性稱爲自然律。聖多瑪斯曾經說自然律就是人認識自己的天然光明。現代人極力否認有人性自然律，也否認人可以認識人性，結果也否認倫理有客觀永恆的規律。教宗特別舉出這種思想的三種學說：

「目的論」(teleologism)「結果論」(Consequentialism)，「比例論」(Proportionalism)。這三種學說主張倫理的善惡，是看作者對一項行爲，自己考慮行爲既有的結果，行爲的目的，並權衡利害得失，自已作成好的決定。教宗則強調禁止罪行的誡律爲客觀永恆的誡律，不能因人的意志而改變，所謂「權宜」，也祇是在客觀環境內改換行爲的性質。現在學者和立法的人員以大衆的利益或社會的福利，把禁止的行爲改爲合法的行爲，如離婚墮胎，暫時可以達到大衆利益和社會福利的目的，最後還是傷害大家，傷害了社會。

倫理規誡是一條路，引人走進天國得到永生。若是背棄了它的目的，就使人達不到生命的目的，人自己毁了自己。耶穌說：「我是道路，是真理，是生命。」道路要在真理裡，才能走到永生。

耶穌，過去，現在，將來，常是同一的天主，祂的道路是永恆的，常是新的。那些相對的學說，時過境遷就變成舊的，被人放棄。永恆的真理，不變，不舊，不能被人放棄。

一九九四年

讀書—教書

做學生的時候，眼睛對著書，說是讀書；因爲以往在私塾裡做學生，不單是眼睛看書，更要口出聲朗誦，還要背書，做學生便是讀書。現在做學生，不高聲朗誦了，更不背書了，但要默默地去想，低聲喃喃地去誦，所以做學生仍舊是讀書。

當教師了，教學生稱爲教書；因爲老師要教學生怎麼唸書，又要把自己讀書所得的，教給學生。老師自己讀書不叫做讀書了，叫做閱書、看書。

在古代，書字和學字連在一起，《論語》第一句話，就是「學而時習之」。學字的意思，在當時比書字的意思要廣，學字不單包括書字，還包括習字；習字不僅是溫習，還有實行的行。《中庸》第二十章說：「博學之，審問之，慎思之，明辨之，篤行之。」學字和博字連在一起，稱爲博學；學字和問字連在一起，稱爲學問；學字和思字辨字連在一起，稱爲學識;學字和行字連在一起,孔子稱爲好學,在三千門生中,只有顏回好學,因爲顏回聽了孔子的講話,就去力行。

因此,讀書稱爲求學,教書也稱爲教學。

在新年開始的時候,我這個終生教書的人,就自己反省,也和大家反省一下,我們怎麼教書?

書是學,書便不是書本,教書不是背書本。不背,就要新;不背書本,便要有新的書。教書也就要讀書,讀新書;要讀,不僅是閱,要默默去想,低聲喃喃去誦。我常以爲教書就是讀書,教書不讀書,沒有書可以教;讀書不教書,不知道讀什麼書。當然做學術研究的學者,有自己研究的專科,不教書也努力研究,努力研究也不爲教書。但既然作教師,他努力研究必定有益於教書。我專門研究中國哲學和形上生命哲學,又爲研究,又爲教書。

在新年開始,我們要有一年讀書的計劃,我們不能和曾國藩一樣規定一天要讀多少篇的經書或史書,要寫多少的字,然而我們至少要規定一天有多少時間讀書,或最少要規定每週有那幾天要有讀書的時間。規定了時間,就須嚴格遵守。讀了書,做了研究,要寫報告文字,或是論文可以發表,或是自己留作研究心得。我自己的經驗,是這樣作,雖然事忙,讀書和寫作不停,一點一點積起來,成績還可觀。

讀書是好學，好學是實行；研究自然科學怎麼去實行？然而大家都主張要有共識教育，自然科學教育中的共識教育則是人文教育，人文教育便是實踐好好做人。無論是自然科學的教授，或是人文科學的教授，自己應好好做人，還要教學生好好做人。許多人說教學生做人，那是以往的師道，現在教學就只是講書，那有什麼機會教學生做人！其實，機會多得很！教授走進教室講書，衣著怎樣？姿態怎樣？講義內容怎樣？牽涉到人生問題，有意或無意表示什麼態度？這些動作由學生的眼中，會轉到學生的心中，對他們會有影響。大家指責電視教人作壞，立法院動武教人作壞，同樣也可以指責教師教人作壞，在另一方面，古人所謂德化，也就是教師好的動作，教學生作好人。學校的教育，教書又培育人格，不祇由學校行政人員去做，全體教師都要去做。「教」和「育」不要分開！

謹以近日學作舊詩的三首，向大家賀年：

一、老叟不喜閒聊天，
卻愛埋首書卷中。
也曾長坐辦公室，
俗事神事心忡忡。
攝衣攀登鋼管架，

監視磚石水泥工。
今把從前一筆勾,
牧盧隱居一老翁。
看書寫書時祈禱,
書與天父常相逢。

二、前門後門兩小廊,
闢作花園四季芳。
蝴蝶蘭色掛滿架,
綠葉叢中桂花香。
老叟午後兩廊走,
喜見小蝶翩飛翔。
胸頭無事腳步穩,
敬謝天父愛心長。

三、斜陽雨後樹多霧,
課畢學子塞校路。
講壇高論風消散,

年青情懷笑語訴。
行政樓坐十四年，
鬢髮銀白氣喘吁。
種樹成蔭忙樹人，
長望上天賜雨露。
而今退休策杖行，
校園綠葉隨腳步。

家和萬事興

今年為國際家庭年，教宗的今年元旦日和平文告，以家庭和平為國家和國際和平的基礎。

家和萬事興，為我們民間流傳的口頭禪。家裡的夫妻、子女、兄弟和氣相處，家中的事務必定做得好。台灣的經濟發展，美滿地表現儒家風味，許多經濟事業都是家庭事業，父子兄弟共同合作；連一些私立學校也罩上家庭事業的模型。這些事業真正靠「家和萬事興」。

但是這句口頭禪，不限於家庭內，不限於家庭事業內，而是對於整個社會，整個國家，都可以應用。每個家庭都和好，社會那能不興盛，國家那能不強盛！我們中華民國的經濟，因家庭和睦興盛了，我們國家的社會生活卻因家庭不合而混亂了。單身貴族增多，離婚率增高，子女普遍失去家教，老年人都感到孤單無助。我們本來要求內政部宣佈全國家庭年，重整家庭生活，內政部卻說舉辦兒童、少年、老人、婦人、殘障等群族的福利，以家庭為主題推動家庭福利以配合國際家庭年活動。這些福利活動應該舉辦，但不是家庭生活的基本，我們為整頓家庭生活，該有幾點基本思想上的矯正工作。

一、家庭。家庭爲人生來的社會；人一出生靠家庭養育和照顧保護，是小孩兒童的溫暖窠巢；長大了，家庭是工作的支持者和顧問，是勞苦的安息和調節處，是失敗的養氣再起的基礎，是心身疲勞的安養和恢復精力靈藥。一個人心目中常有家庭，工作後就回家，不作不必要的應酬，在家中尋找心靈的安頓，培育自己的精力。

二、婚姻。以往的傳統觀念：婚姻爲生育子女以傳宗接代，「結兩家之好，繼百世之嗣」。人受造物主的創造，就是男女兩性，兩性結合成一體，以生育子女，乃有婚姻；婚姻是爲生育子女。但是男女兩性，在心靈和身體上，生來就應該互相配合，男有人類生活的一半，女有人類生活的一半，兩性在婚姻中長久互相成全，男女兩方的生活乃能完滿。單身生活不能稱爲「單身貴族」，而是「單身不全」。宗教裡的獨身，乃是一種不尋常的生活，在人性方面的欠缺，由信仰在精神方面去補全。沒有宗教信仰的特種使命感而營獨身，爲安享自由，將是很多欠缺的自由，心靈空虛的自由。

三、教育子女。教育子女爲父母的神聖使命；生育子女，造生一個新生命，爲一種神妙的大事，人類得以延續，更是宇宙人類的大事。社會環境變遷，人類不需要太多的生育，父母可以決定用自然方法節育。生了子女則應該教育，父母都希望子女成龍成鳳，但是在社會環境變遷時，婦女不安處家庭主婦，要出外工作，自己創業，便不能兼顧子女的家教。然而國家社會的一切建設，都是人造的，培植有品格有才學的青年，在國家社會的各項工作裡，算是最基本最有價值的工作。家庭生活苦一點，而能培植有用的人才，還是值得做。像目前父母出外工作，子女沒有家教，青年犯罪率日增，社會動蕩不安，婦女在外工作，對國家社會的貢獻，似乎應該說是低於從前做家庭主婦培植子女了。

四、老年人的安養。今天的孤苦老人，可以說是一半是用畢生精力培植子女，子女成人而成爲孤單的人；一半是畢生爲國家服務，退休無積蓄而成爲無靠無助的人。父母金錢用爲子女留學了，單身軍人退役了，他們現在孤苦零丁。政府、社會、子女應當有健全的設施、誠懇的愛心協助他們，使他們安渡餘年，而尚可爲孫兒輩幼年人工作。

上面四點，爲家庭年的基本工作點。

生活教育

最近一次在孔孟學會理監事會聯席會議上，討論去年大會的一項建議：函請教育部通令各級學校，加強尊師重道。我起來發言，說建議很容易，函請教育部也很容易，教育部通令學校則很難，學校照辦更沒有辦法，目前尊師重道這句話已經不能再說，說了就被學生冷諷熱罵。再者，老師忙著教補習，一心想賺錢，那裡還有什麼師道可言！真正有品德有學問的教師，還是受到學生的尊敬。主持會議的陳立夫先生結論說尊師重道還是很重要，由常務理事會研究辦法。常務理事會決定由小組研究，小組四人，兩位前教育部長，兩位前大學校長，將共同研究如何向教育部建議。

尊師重道，當然很重要；但是在社會變型的時候，這句古老名言，在青少年心目中，能夠發生多少效力，實在令人懷疑。我想若不提名言，實際從生活上去教育，可能收效更大。

生活教育，從家庭開始，父親母親隨時在事實上指點兒女應該怎樣做，指點小孩對於來家的客人要有禮貌，對於來家的長者和老人，要鞠躬致敬；告訴兒女在學校對於校長和老師，要問候請安，在路上和公車上，讓老人先生先坐。隨時也指點遇著盲人殘障人知道讓路。另外教導小孩知恩，感恩，目前青年人的感恩心情很淡薄，常以為父母、老師和政府該當為他們做事。

生活教育，在學校裡要認真實行。前不久報載某商職女生在公車上，對老年人和抱小孩的婦人，不知道讓坐，加以指責。對於日常各方面的禮貌和倫理規則，學校按學生年齡，逐漸予以教導和實習。在高等教育的學校，生活教育，則責在導師。輔仁大學的導師制度可以說是最落實最有效的，訓育會議也開的很認真。前四年曾有兩次學生因停車問題，輕慢老師，我在訓育會議要求學生向老師道歉。

在另一方面，尊師重道，要求老師傳道，傳做人之道。目前除導師以外，能向學生講做人之道的機會並不多，祇有遇著學生做事不當時，要能好心好氣指點學生，希望學生能接受，但是身教，則是人人可能，時時可能做，小學的男女老師，衣著、口語、動作態度，對學生影響很大。學生年歲大了，對老師的認識更清楚，大學生對老師的思想言行，常有研究。老師莫以為學生不注意，自己言行可以不修邊幅，或者偏忽自閉，或竟至行為不檢，必招致學生的輕慢。但是在目前高唱教授治校，學生自主的趨勢中，老師應該有《中庸》所說的勇者的精神，辨別善惡，有中立不倚的志氣。若是迎風轉舵，帶頭起風，雖得一時的擁護，久後將成為混水末流。教師有人格，有主張，不愛錢，下功夫研究學術，必受學生尊重。

目前，選校長，選院長，造成選舉派系爭奪，互相傾軋的現象，決不有益於尊師重道，或者可以教授學生將來從政的不良手段。

在目前教育的環境裡，尊師重道已被人看成古董！但是謝恩，感恩，應該是青年人的心情。由感恩而到尊師，該當是一條走得通的路，生活教育可以走這條路。

中國天主教文物館

昨晚在佛光山台北道場「生活的活水」講座，作了一篇演溝，星雲法師贈給我紀念品，有一冊星雲大師文集「心甘情願」，今早翻開一看，一眼就看到「我於各處弘法時，常常留心佛教文物的蒐集。」心中覺得有同感，就接著往下看。「一九八三年，我在佛光山增建「佛教文物陳列館」；一九八八年，我在美國西來寺建立了佛教寶藏館」；現在我又爲巴黎古堡道場，蒐集法物。所有這些館內的一品一物，無不是我多年來如此苦心的蒐集。」……「看似冰冷的文物，實則蘊含了無比豐富的生命，以其簡潔有力的方式，無言地宣說了佛教悠久偉大的歷史、文化。這種帶給人們精神上的建設，才是無價的財寶。」

我自己也是心好歷史的人，年輕時，在羅馬寫了五冊傳記：《陸徵祥傳》、《利瑪竇傳》、《徐光啓傳》、《基督傳》、《聖母傳》。又讀了好幾種法文、英文、義大利文的傳記文學作品，後來專心研究中國哲學，就把歷史放棄了；但是對於中國天主教會的文物，用心收藏。近二十年，台灣各教區、本堂、學校、教會組織、各修會陸續作二十五週年或三十、四十週年印刷紀念文集，我都收集起來。還有稍爲詳細的神父訃聞、我也收藏；因爲這些都是中國天主教會歷史的資料。

台北教區成立二十五週年紀念時，我請劉宇聲神父編寫教區二十五週年史，劉神父說：「你想誇獎你的功勞啊！我卻不寫。」我說：「才到台北幾年，沒有功勞可誇，我是要你寫教區歷史。」劉神父說：「好！這冊書上不放你的單身照片，也不提你爲教區作了什麼事。」我答：「好！就這麼辦！」

在平日，我們已經要愛惜史料，另外在目前中國教會遭遇大變動的時期，中國教會現在的經歷，在後代是一個關鍵時代的歷史，資料更有價值。我收集聖經中文譯本、中文彌撒本、中文拉丁文日課經本、要理本、各色祭披。又收集田耕莘樞機的遺物。這些物品對中國神父修女教友具有重大的意義，外國神父修女常不能意識到。我把這些物品都陳列和收藏在輔仁大學，成立中國天主教文物館，因爲教宗碧岳十一世和保祿六世都認爲，也曾表示輔仁大學代表中國天主教的文化，是天主教信仰和中國傳統的融會處，中國天主教文化館具體地顯示這種文化。田、于兩位樞機的遺物，又和輔仁大學復校的歷史有關係，兩位都是輔仁在台北復校的主動人物，一位又是復校第一任董事長，一位是復校第一位校長，中國天主教文物館乃和校史館連結在一起。校史館則是學校生命的活水，由校史館結成今天的學校。參觀學校的人，參觀學校的中心——行政大樓，拜會了校長和行政主管，知道今天的輔仁，登樓參觀校史館，得知輔大的來歷，乃有輔大全貌的觀念；再參觀中國天主教文物館，更明瞭輔仁大學的地位和使命。至於對大陸教會的資料，則沒有中國天主教資料館，資料館爲收藏，不爲陳列。

目前，中共在大陸各處重建、或修理歷史文物遺跡，我們看中視的大陸尋奇，看到連先蔣總統中正先生的浙江舊居，也修理整齊，每年有百萬以上的參觀人。台灣則由民間專家喊一喊保存古蹟，政府沒有一件保存修理古蹟的工作。台北的林家花園，鹿港的辜家宅第，保存整修的工作幾等於零。國民代表和台北議員則在蔣夫人尙住士林官邸時，就率眾表演要收回官邸土地，就像收回錢穆先生的住宅，一方面爲表演作秀，一方面呼喊用公地實用，只知道實用，而忘記歷史文化，想表現作秀，實則表演無知。

羅寶田神父

今年元月廿七日的晚上，金門羅寶田神父，乘摩托車出車禍，受傷去世。三月一日出殯，遺體繞行金門一圈，安葬於金門天主教公墓。金門人都嘆惜說金門聖誕老公公走了！

我在台北和羅寶田神父見面次數不多，因爲他不常來台北，若來台北就和我見一次面。他升神父五十年，他過八十生辰，曾來台北慶祝，我都參加了慶祝。我和羅寶田神父，我們倆覺得有點親屬感，就是湖南同鄉感。他雖出生在法國，但是在衡陽被祝聖爲神父，在湖南傳教三十一年。我們倆常說是同鄉。大家都對我說：羅寶田神父性情怪，生活跟大家不一樣。我也知道他生活習慣很特別，他不關心自己的衣食，身上穿的是又舊又破又不合身的衣服；吃的是三天四天煮一次的蔬菜和蕃茄，夾著生硬發霉的麵包；住的屋是他自己作泥水匠木匠鐵匠造的小聖堂；走的是他自己改裝郵局送的該淘汰的摩托車。白天，一位老婦人來經理小堂幾小時，他自己常在外面騎摩托車跑路，晚上獨自一個人。前幾年他來時，述說前幾天晚上，他修理堂裡的電燈，從梯子掉下來，腿受傷不能動，躺在地上，等到第二天老婦人來時，纔扶他起來。

羅寶田神父的奇怪處，衣食住的習慣還是小事，最奇怪的是他愛心的深切、工作的耐苦。他從民國四十一年到金門，投身救濟工作中，金門當時民生物質極度缺乏，羅寶田神父向美國福利會爭取救濟品，按月分發奶粉、奶油、麵粉、衣服等日用急需。但當時民眾最缺乏的，是醫藥，連金門駐軍也缺醫缺藥；羅寶田神父在這方面更顯出他的特色，他背著一個粗舊的小藥箱，騎著摩托車在金門各處跑，軍隊裡也去，窮巷子裡也去，城外零星的破屋子裡也去，替人療傷，給人看病。金門砲戰的時候，他救護傷兵。他設立了一個小醫院，有作義工服務的英國醫師和愛爾蘭護士，看病不收費。後來醫生和護士走了，醫院關閉了，他獨自行醫。但是他不是密醫，不是沒有執照就看病，他是看病行善，不收錢。錢，他不要，也沒有；名位，他不要，也沒有；他所要的和所有的，祇是基督的愛心。

在四十年前，天主教在台灣的第一所醫院——羅東聖母醫院，低而陋院舍，卻聞名全台灣，院內外科手術范醫師，南斯拉夫人，正科的醫師，手術高明，開刀不要錢。當時全台灣要動手術的人都去找他，羅東聖母醫院名滿台灣。前年他去世時，大家都很痛惜。三十三年前，我由羅瑪到台南任主教，台南市一位美國籍華克斯神父接待我，華克斯神父當年在台南是名滿天下，他駕著一部舊美國車，成天在市內市外跑，另外是在榮民新村裡跑，送這個小孩到診所，送那個老人到醫院。新村小孩們看見他來，馬上圍起來喊：「華神父好」，他一雙厚而寬的雙手滿是糖果。可惜，我到台南一年後，他一次駕車到台北，夜間心臟發去世，遺體運回台南，車站滿是人群流淚接柩。

充滿愛心的人，常能得人心，羅寶田神父所有的是愛心，所做的是愛人，金門的軍民四十年公認他是金門的聖誕老公公。他壯年時鬚髮就白了，一頭亂蓬蓬的白髮，滿腮滿頸的白鬚，看不見臉，只顯一雙光亮的眼睛，形像真像聖誕老人。金門現在繁華起來了，大概不祇靠一位送藥的老人，就像台灣現在不靠羅東的范醫師，台南不靠華神父；但是金門、台南，和整個台灣還需要、還靠范醫師、華克斯神父、羅寶田神父一樣的愛心。

上善若水

在農曆新年的時候，司機一家回自家過年，牧廬非常清寂，初一二三有人來拜年，以後幾天牧廬無人出入，我乘機行彈性避靜，除默禱省察以外，也看看報。沒有退休以前，每年在避靜裡該省察的事件很多，退休以後，平日所有的事相當少，在避靜裡該省察的事件也少了，我乃專注在靈修生活方面。現在老了，可以做的靈修工作也相當少，我便想到老子的生活方式，提出了「上善若水」的原則，做生活的座右銘。

老子《道德經》第八章說：「上善若水，水善利萬物，而不爭。」《管子・水地篇》說：「地者，萬物之本原，諸生之根基也。水者，地之血脈，如筋脈之通流也。」《淮南子》說：「天下之物，莫柔弱於水，然而大不可極，深不可測，……上天則爲雨露，下地則爲潤澤，萬物非得不生。」我不敢仿效水的一切好處。

我所取於水的特性，是平靜、能容納。水，打不著，丟東西攻擊它，它都容納下，水面起之小或大的圓紋，等一下就平靜了。我們做人，尤其是老年人，特別是性躁的人，常要平心靜氣，人家的語言或行動，是讚是美，都容在肚子裡，心則不動。現在是四旬嚴齋期，我們常默想耶穌的苦難。我心中最受感動的，是耶穌在比拉多署裡，受軍士們的傷辱，軍士們編茨冠，戴在耶穌頭上，用一件破紅袍披在耶穌身上，用一根蘆葦桿作權杖夾在耶穌手裡，軍士們假裝跪在地上笑喊：猶太人國王萬歲，然後吐口沫向耶穌臉上，耶穌閉了眼動也不動，一聲不響。假使耶穌祇哼了一聲，就可以叫兵士變成灰，或者吐一口氣，氣可以變了大，便毀了軍士們，因爲祂是天主。耶穌平靜地忍受著，讓他們嬉笑，祂心中所想的是聖父的旨意，聖父願意祂受辱以贖人類的罪。

水的另一個特徵，是向下流。孟子也曾經說過！水性向下，掘之左則左流，掘之右則右流，激之，則向上。人家常責我喜歡向上，我自己也意識到傲氣。我唸聖母的讚主頌：「我的心神歡躍於天主，我的救主，因爲祂垂顧了祂婢女的卑微，……」到「祂伸出手臂施展大能，驅散了那些心高氣傲的人」，我心就很害怕，因爲拉丁文的話更利害，不單是「驅散」，是「消滅」了心高氣傲的人。有傲氣的人不能站在天主面前，他是會被消滅的。效法水向下的特性，走在人以後。耶穌在福音裡有一個譬喻，赴宴席，莫自己坐上位，如有較重要的客人來，主人請你讓位，自己沒面子；先坐在下位，主人來了卻請你往上座，自己才光彩。水就下，要受激才向上。

水還有一個特性，是清明。水本性清明見底，髒污是人家使它髒污了。一個人的心靈，本來是清明的；《大學》說明明德，人心應明德，不明是後天的慾情，我們說是原罪的流毒，便要克慾使心靈清明，耶穌說心地清明的人是有福的，因爲他要看見天主。

水善利萬物，我一個年老的人，還可以做什麼去利萬物？做祈禱，做克苦，求天主保祐教會，保祐國家，保祐本鄉，保祐親戚朋友，助祐別人爲國爲社會的事業，這樣可以利人，自己又不知功，受益的人也不知，祇有天主知道。這又合於耶穌的教訓：做善事，左手做的，要右手也不知道，祇有在暗中的天父知道。

大家不要笑年老的人多話，本來朱熹也說自己說的太多，做的太少；但是修身要自己努力，還要有人鼓勵。我們大家年老年青的，一起來修身敦品。孔子曾說：「德之不修，學之不講，聞義不能從，不善不能改，是吾憂也！」（述而）

目前抓賄選，範圍擴到那麼大，社會道德的低落，使我們心憂；可是社會道德是每個人造成的，賄選風氣壞就是賄選的人在道德上有缺乏。單單抓，培植不了道德，務要教化每個人能像孔子那樣「德之不修，不善不能改，是吾憂也！」

宗教法

近來一兩個月，因看西螺聖堂和新莊土地重劃問題，有關人士組團到立法院請願，因而政界和法界又浮現宗教法的要求。

二十幾年前，內政部著實想草寫宗教法，多次邀請宗教界人士舉行座談會，後來因得不到共識，乃放棄了草寫宗教法的計劃。

我當時是反對宗教法，于斌樞機以前也反對，基督教更不贊成。我們反對的理由，是法理問題。第一，沒有辦法可以界說「宗教」是什麼？基督教龐主教拿著大英百科全書，指著書中說「宗教」的界說有四個條件：第一有敬禮的神。第二有教義。第三有專職敬神的人員。第四有教儀。在內政部登記的宗教，多不具備這些條件，他們的代表也反對這種界說。

第二，政府想控制的，不能控制；不該控制的，卻控制了。當時政府想控制神壇和乩童，因發生很多次的騙財騙色；又想控制濫建廟宇，因爲有些商人，出錢建造廟宇，接收大量信徒獻金，免交稅金。爲控制神壇乩童，擬定不容住戶設宗教堂宇，不容有宗教儀禮活動，須先取得相關政府的許可，神壇乩童本不是宗教事務而是迷信，不合法政府不敢說是迷信，且得許可後變成合法事件，沒有辦法可以取締；同時天主教和基督教的家庭教堂以及佛教居士的佛堂則受控制。

爲控制濫建廟宇，擬訂建造廟宇，須由宗教主管人員向所在地政府申請執照；道教沒有組織，沒有宗教主管人員，道教便不贊成這種規定；而所謂濫建廟宇，則都屬於道教。

第三，破壞教會組織，爲健全寺廟財務管理，擬訂每一寺廟教堂爲一財團法人，由寺廟教堂主管人爲財團法人代表，每年向地方政府呈報財務現狀。這一種規定破壞了天主教的組織法，也傷害基督教的組織法。天主教以教區爲財團法人，主教爲法人代表，沒有每年向政府呈報財務的責任。

其他一些規定，因各宗教的性質不同，組織也互異，用共同的法規去管理，窒礙難行。至於爲控制神壇乩童已經有各方面爲保護社會安定的法規。爲防止濫建也有相關法令。

在另一方面，現在宗教人士向立法院請願，爲修改法規，規定教堂不能拆，宗教建築排除在土地重劃以外。這種請求，立法院無法可做。若規定宗教建築在修路和土地重劃，都不動，因爲宗教的界說不清楚，神壇視爲宗教建築，便也不能動，這個漏洞便大！若規定寺廟教堂不能動，有的宗教的宗教事務和儀禮地方，沒有這些名稱，他們便反抗。

爲辦這些交涉，可以用專案辦理，沿用法規中相等的規定。例如前幾天于衡教授在中央日報所提起輔仁大學藝術學院建築執照事，在防洪法令中，列有多種建築可以申請執照，其中列有「公立學校」，我便沿用比較公立學校用專案向省府申請。縣長答應，但縣政府有關人員不願意辦，祇說在法令上沒有私立學校，申請辦理不合法。最後祇好請省主席親自來看，才決定專案辦理照准。又如八里鄉安老院，八里鄉土地重劃沒有被排除在外，結果依照法令保留了院地百分之四十五，其他六十五分須用五千多萬台幣買回。在法令上有學校，停車場，溝渠用地費，由重劃後其他地主所送差費補墊。我認爲安老院不收任何費用，募捐化緣養活老人，最低可以比較停車場，不交重劃差費，縣政府還不答應。因此，只有兩條路可走：一、安老院關門賣地，由縣政府負責。二、向監察院申請糾正縣政府。我想走第二條路。

政府絕不是有心難爲天主教，而是政府人員死守法規，不願意作專案辦理，一來怕痲煩，一來怕旁人指責圖利他人。實際上，專案送到上級，甚至最上級，事件可以有合理的解決。也並不必要引用教廷的外交力量，免得大家又要罵天主教有特權，援用國外勢力。

小校小班

五輛「四一〇教育改造」宣傳花車，四月七日上午由總統府前誓師出發，繞行台北縣市重要鬧區三天，呼籲民眾參與四月十日在國父紀念館舉行的四一〇教育改革大遊行，要求政府將教育權下放，還給民間。

我沒有看到四一〇教育改革的計劃，實情是怎樣，我不知道。既然說把教育權還給民間，應該包括有開放私立小學和中學。

我在羅瑪住了卅一年，對於羅瑪的私立學校看過一些，差不多淨一色都是天主教的修士修女辦的。這種私立學校有兩個特色：一是學生人數不太多。一是小學直升中學。小學和中學的學生不多，校長和教師認識每個學生，專心培植學生的人格，每個修會的學校都有自己的風格，小學中學可以直升，培植的工作從播種、發芽、紮根、成長，可以一貫連繫，一氣完成。一個學生從幼稚園、小學、中學，一連十二、十三、十四年在同一個學校裡受教育，辦學的修士修女都有培植學生的目標和方針，這個學生的人格乃能漸漸地養成。還有些父親和母親，送自己的兒女，到他或她從前的學校受教育，養成家裡人在生活上有同一的風格，加強家庭的團結。這樣，真正可以看到辦教育的成果。

去年，一次在教育部的小型會議上，我對郭爲藩部長和在座的人說：我們台灣要學校大、學生多，一個國民小學可以有幾千學生。校長連教師都認識不清楚，怎麼能夠認識學生，培植學生。中小學教育是以生活教育爲主，大學則以智識教育爲主，大學生也假定可以自主，大學學生多，校長是辦行政工作。中小學校長應該辦教育學生生活，不是辦行政工作。我們現在的中小學校長跟大學校長一樣都是辦行政。因此產生一些怪事，特別是私立小學中學不許直升，入學登記要抽籤，爲設學校，無論大學中學小學，校舍一定要大，已有的大學嫌校地狹，要辦兩三處校園。我問郭部長，曾經就學的巴黎大學，有千年的歷史，是不是只是幾座大樓。

目前，教育部將設校的校地面積縮小了，又加緊在推行小校小班制。理由是減輕教師的工作，加強教育的品質。有人還在報上表示意見，說改造社會風氣，從小校小班做起。

根據教育部八十年度出版的統計，全國小學生有兩百九十三萬四百四十四人，學校有兩千四百九十五所，班級爲五萬六千零九班。平均每班人數爲四十點九五。至於國中，每班人數平均爲四十三點八四。

國際上的教育狀況，小學每班平均人數，美國是二十四點五人，英國二十六點八人，法國二十二點五人，德國二十七點四人，蘇俄爲四十人，日本爲四十人，韓國爲五十七人，新加坡爲三十五人。國中每班平均人數，美國二十四點五五人，英國二十一人，法國二十四點三人，德國二十七人，蘇俄三十五人，日本四十人，韓國五十四人，新加坡三十五人。

我國教育部的政策，以六年計劃，分二階段在八十七年度，將國中國小每班人數降到四十人以下。若要把學生每班人數降到三十人，所需經費至少一千億元，實非目前國家教育經費所能負擔。

同時台北市教育局也宣佈將於最近期准許私立小學學生百分之三十，可直升中學部。

這種現象是種好的現象，教育主管從行政重點漸漸轉移到教育重點，學校是教育學生，不是專辦教育行政，不是轉求行政的方便，是專求學生的成效。

成人倫理教育

目前，我們社會裡成人教育的班和校，像雨後新筍相繼湧出，爲少壯派的人，爲銀髮族的人，爲家庭的主婦，爲老闆娘，爲白髮老者，各有各的專班；還有正式授學位或文憑的空中大學和各大學的推廣部。

不是因爲學問無止境，大家爭著求增加知識；而是生活環境改變，需要大量的新知識去應付。我們輔仁大學除推廣部外，開了婦女大學班、老人大學班、老闆娘高級班。

但是，我們的社會目前又需要另一項成人教育，即成人倫理教育。吸毒、雛妓、綁票、縱火，販毒、聚賭、搶劫，已成爲每天常見的事。而且規模正經的立法院吵鬧動武，不務正業，擱置數百件法律草案不審；社會各種行業動輒圍廠塞路，遊行抗議。香港人從電視看台灣新聞，都驚奇台灣社會的亂。台灣人出外旅遊也造成炫耀金錢，粗暴無禮的形象。

目前尚未結束的賄選案件，範圍的廣，賄選人數的多，被起訴者地位爲議長和副議長。反映民間的倫理偏差。

真的使我們驚訝我們社會道德淪落這樣低落！但是當事人卻不認爲錯。當年立法委員擲院長耳光，去年國代打考試院長一巴掌，不僅主事的人氣盛詞嚴，報紙上還有人寫打的好。中央日報和關天師舉辦倫理生活演講會，刊登演講全文，同一日報卻也繼續報導：「只要我願意，有什麼不好？」這種現象的原因，就是我們社會失落了家庭教育，學校放棄了生活教育，兒童青年沒有聽到倫理的教育。不知道什麼可做，什麼不可做！舊的規矩都不好，自己找新的。

成人倫理教育乃被有心人士發起了。寺廟的禪靜班，還是自願革心的人所要求。各種基金會和文化機構，目前繼續辦倫理生活講演。

文化復興總會則和教育部計劃兩項工作：編纂《論語生活小冊》和《民主基本知識小冊》。《論語生活小冊》已經出版了，是由台灣大學哲學系教授負責編寫的，他們把《論語》孔子的話分類編列，每條加以白話翻譯和短篇的解釋。教育部央請編纂者放棄版權，並呼籲各機關翻印，分送學校、機關、工廠、辦公處，這是一種全社會的成人倫理教育。

林洋港院長發起全民倫理運動，作爲文化復興總會的一種工作；他不僅到各處演講，又在發起編輯民主基本知識小冊，把民主的意義，民主的心理、民主的作法，最基本的知識，向大眾介紹。小冊出版後，也將像《論語生活小冊》不保留版權，希望多多翻印，多多散發。

這種成人倫理教育，目前迫切需要。不少人到寺廟或教堂，靜心反省，清除心中的貪慾，革新自己的生活。但是對於社會大眾，須用倫理基本知識，向大家講解，使大家能夠具有倫理原則的共識，是非有共同的目標，社會生活才可以有秩序，有平安。

例如維持立法院和議會的秩序，擬以憲法限制言論免責權，國民黨臨時大會沒有通過，改以立法院內規自律訂定。在立法委員對於人格的尊重，民主的意義，沒有基本的共識，品格的修養沒有基本的操行，自律法規雖有，將等於形式。希望立法委員每人手裡都有一冊《論語生活》和《民主基本知識》，「慎思之，篤行之。」

溝通解釋

這些年來，外界常有些傳言，說中國天主教主教和國民黨走在一起，作國民黨的朋友。日本、南韓、香港的天主教會人士也有這種說法。我想事情真相後來會明白，不必辯說。可是最近聽到我們台灣的神父和教友以及修女也表示這種看法，我認爲應當解釋了。而且最近還有兩點看法也不正確，需要簡單地加以說明，免得誤會愈來愈深。

第一點：中國或台灣主教和國民黨一起，作國民黨的朋友，事實不是主教和國民黨，而是和政府在一起，和政府的人作朋友。天主教會的原則是服從合法政府，不是反抗政府，就在共產黨政府下，教廷也指示服從政府，但反對共產黨的政策。中國政府近六十年都是國民黨執政，而且在大陸時，除了共產黨外，沒有參政的政黨，來台灣後，祇有國民黨一黨，近幾年才有民進黨參政。在這種政治環境下，中國主教按教會原則，和政府在一起，乃是理所當然的。對政府的政策則不是一切擁護，遇不合理時，則加反抗，如墮胎、限制私立學校，天主教主教都不斷表示反對，我也公開反對在大專院校校長或訓導長任學校黨團主委。于斌樞機和我，同政府的人來往較多，彼此也有交情，但不是因爲他們是國民黨的人，而是因爲他們是政府的人。我們從來沒有到國民黨開會，也沒有爲國民黨拉票。民進黨說我不跟他們接近，我實在也沒有跟國民黨接近。假使有一天，民進黨組織政府，天主教會當然跟他們接近。

第二點：教友們中有人主張和政府交涉，更好要用遊行抗議，而且主張現在必須用。關於這一點，教會的傳統和教廷的指示是，教會同政府交涉，用談判的方式，彼此尋求合理合法的結論。在目前台灣社會裡，流行一種風氣，有事我發動遊行示威，或圍廠抗爭，政府就會接受所要求的事。這種風氣的造成，原因是政府自作孽，處事不公平，執行不積極，但又怕多事，遇著民眾抗議，立法委員施壓，馬上軟化。因而民眾養成風氣，只要群眾抗爭，事情就能如願以償；政府人員養成風氣，沒有群眾抗爭，事情就可以隨便處理。這種風氣表現民主政治沒有成熟，大家還沒有懂清楚民主的意義。林洋港院長乃主動編印解釋民主意義的小冊，作民主政治的大眾教育。

第三點：天主教會辦有組織的教會，有教會事物的法典。天主教會的體制爲兩級制，即教宗、主教，也是全球教會，教區教會，教宗治理全球教會，主教治理教區教會，全教會的立法、行政、司法三權集中在教宗，教區的立法、行政、司法三權，集中在主教。在教區內主教對教區負全責，各種事務都由他處理，除歸屬教宗治理的修會內政外，沒有治外法權的機構，主教團所設的機構如總修院在一教區，屬教區主教監督。教區主教以上只有教宗，教省的總主教，對教省內的教區，不能干涉，只有在法典所規定的幾項監察權。最近興起的主教團，法典上有規定，是參加主教團的主教共同研究、策劃和共同推動教務的機構，所有決議對於教區主教沒有法律的約束力，如要有約束力，須先經教廷批准。主教團主席是主教團會議以及主教團所有機構的主席，並不具有主教團第一席主教的地位，教省總主教是教省的首席主教，主教團的牧函，由主教團全體主教簽名，主教團的宗教典禮，在一教區舉行，按法由教區主教主禮，教區主教可以合情合理地讓主教團主席主禮。主教團不是權力機關，只是共同商議的機關，議案的執行，靠教區主教去執行，近閱一冊書中載著台灣一位神父，往見大陸愛國會主席兼主教團主席宗主教，稱他是中國天主教最高權力，這就是一種誤解。主教團不是權力機構，神父晉升司鐸品職時，公開鄭重向主禮主教許諾服從自己教區的主教，如係修會修士，許諾服從修會會長，當年雷鳴遠神父向傳信部長王勞松樞機，建議破天荒選任並視聖第一任中國主教，王勞松樞機向雷神父說：「神父，你要謝謝自己對會長的服從；因為你在多般困難中仍舊誠心服從會長，我們相信這種神父的話可信。」因此，不可以不問教區主教同意，別的主教，或神父教友，干預教區的教務。

人口政策

衛生署擬定了今年的人口政策，定於今年七月實行。人口政策規定以生育兩個子女爲好，適合提高兒童品質政策。實際上台灣的人口的增加，去年祇是百分之一點多，衛生署在公文裡隱隱顯出社會老年化的顧慮，已經不像以往用鼓勵的口氣，鼓勵不要超過兩個子女，祇說仍以生育兩個子女爲要。台灣社會的風氣，由兩個子女吹到一個子女，又吹到不要生育子女了。台灣現在正欣賞單身貴族，又在鼓吹不做媽媽的理由，人口是銀髮族增多了，黃口小兒減少。

節制人口的理由，冠冕堂皇的是提高兒童品質，若一家生多的子女，營養和教育都不能顧到每個子女，子女的品質將很低，若祇一個或兩個，則可以教養都週全，子女品質就好。

歷史和現實很反對這種冠冕堂皇的理由。從歷史看，中國傳統素爲大家庭制，每一家都子女眾多，而且以傳宗接代爲婚姻的目的。貧窮家庭的孩子，確實衣食不足，照顧不周；但是這些孩子長大成人，都能吃苦，都能勤勞，而且有人格。就台灣說，這些人移民台灣，建立了台灣社會，最近，更造成了台灣經濟的奇蹟。你衛生署的人，能說這些人品質都不好，比不上現代的青年嗎？

從實際上說：目前台灣問題最大的，是青年犯罪問題。據最近的統計，台灣每十個青年中即有一個犯罪。在犯罪率方面，每四名人犯中，就有一名少年犯。而兩個少年犯中，就有一個是學生，並且在街頭遊蕩率也很高。近月學校中的國中國小學生戲弄老師、毆打老師，向學校行暴力的事件出現了好幾種。這種現象絕不表示青少年的品質比以往的青少年好，而是壞。

中國時報今年五月十六日登載一份消息，標題是「『一胎化』下，大陸下一代素質遭到質疑」，小題目是「夏令營中表現不如日本兒童，引來譏評，消息傳出，震動中共高層，江澤民要求重視」，消息說：參加這次夏令營的中日兒童都在十二到十六歲之間，每人要負重十公斤，徒步行軍三十公里。然而，面對多變的天氣和崎嶇的道路，兩國兒童卻有著極不一樣的表現。日本兒童堅強刻苦，大陸兒童則因平時嬌生慣養，表現不佳，出了不少洋相。日本人公開說大陸下一代不是日本下一代的對手。大陸人民日報和中央電視台都作了系列的相關文章和影片，江澤民表示深感震動。

台灣的下一代是不是日本的對手？每家收入已提高，每家子女又少，父母養育子女，偏於嬌養，生怕子女吃點小苦，子女要什麼就給什麼。這樣的子女會是品質更高的青年嗎？結果，青年犯罪率天天增高，我們政府和政黨的高層人士，對青年品質不好，有任何震驚？沒有，祇天天作政客的鬥爭。

不養育子女，或不多養子女的理由，在政府方面實際上是經濟問題；若要說品質或遺傳，那是裝作學者來騙人。在男女夫婦方面，實際是自求享受的私心，以子女爲包袱。

天主教的教義，以生育子女爲分享天主的創造力，父母生育子女，創造新的生命，是一種精神的滿足。培植子女，又是分享天主的發展生命神能，天主造了宇宙萬物，又賜宇宙萬物發揚光大，父母培育子女，塑造他們或她們的人格，又是一種精神的滿足，體驗自己本人生命的成果。生育子女的人數，由夫婦依據環境的實在情形，可以自作負責的決定；負責的決定，是對生育和教育兩方面負責，又對節育的方式是合人性不合人性負責，負責決定的標準，第一不在數目上，而在婚姻的倫理精神上。

我們的生活營

七月，學校放假了，中小學和大專都舉辦生活營，救國團更是舉辦各種各色的生活營，去年還辦了宗教生活營，結果說很好，今年還要辦。

青年人活力充沛，情感活潑，學年中埋頭讀書，準備各種考試，幾乎被烤焦了。到了暑期，把他們和她們從呆板的課室生活裡解放出來，放出他們和她們到自然的天地裡，動手動腳、動口動腦、跳舞唱歌、遊山弄水，把身體內的體力，發揮出來，把心上的思想感情，活潑起來。每一個青年看起來都像生龍活虎，有精力、有志氣。

我們天主教的生活營，活潑天真，有友情，有次序，激勵青年自動創作，歸根到天主。指導青年的神父修女，都留學歐美，研究了輔導心理，深深了解現代青年的傾向，很能得到青年們的信任。

佛教開始舉辦生活營了，將來佛教大學校院開辦後，他們的生活營必定愈來愈多。

南投縣民間鄉萬丹山的白毫禪寺，在前年十月中旬到去年元月上旬，舉了台北市教育局的國中學生的「無塵營」，由內湖、雙園、北投、陽明四所國中學生，徵得家長同意後參加，分四個梯次，每次八十名學生，為期一星期，八十名學生分成八小隊，都穿上師父發給每人的灰藍色羅袍，每日遵守寺規，早上六點起身，廿分鐘後集合上早課，早餐後打掃庭院。齋堂用餐，排隊誦讚牟尼佛進堂，齋堂內禁語，不准離座，上午、晚間各有一堂課，法師帶領全體師生誦經，並解說經意，再修習禪坐。此外有野炊、大地遊戲、聯誼、夜遊、晚會各種活動。無塵營的後果，參加的學生和台北教育局都說好，今年仍舊辦。

去年四月下旬，台北市一百位中小學校長，在萬里靈泉寺和十幾位教育局官員，禪修三日，除分組研討，人人不得開口說話。禪坐以香計時，每柱香約四十五分鐘。禪三班，上午兩柱香，下午三柱香。結束後，大覺得三天的禪修不但個人增長智慧，觀念清澈，而且學到教學情境設計的重要。

無塵營和我們的生活營是兩種輔導的方式：無塵營為中國佛教的傳統方式，我們的生活營為現代的西方方式。佛教傳統方式含有中國的修身生活傳統，中國的傳統修身方式是《大學》所說：「修身在正心，正心在誠意，誠意在致知格物」。修身工夫的實習：「知止而后有定，有定而后能靜，靜而后能安，安而后能慮，慮而后能得。物有本末，事有終始，知所先後，則近道矣。」中國的修身注重在心，心要正於人性天理，心正在於誠意，因為心動為意，人性天理在人心內。因此心動要誠於心內天理。為能誠，須知造人性天理。在這項修身的工夫，基本條件要心安定，爲能心安定，須求靜，中國佛道儒都主張靜坐。

西方人的心理好動，常求前進。梁漱溟說西方人向前，常動；中國人向內心，常靜，我們不可以學西方人，西方人向前忘記了自己，現在西方人開始向內心。實際上現時許多西方青年，羨慕東方的神祕主義，開始學禪。但若向深處研究，西方人主修身是向內心，而且主靜，開始時，是埃及沙漠地的獨修隱者，以後有聖奧思定的靜修，後來有本篤會的靜動兩修，半世紀有終日靜默的苦修，近世紀有耶穌會的四句避靜，聖大小德蘭的祈禱，都是專注由靜而定自己的心。

目前，台灣青年也多有求靜學禪的傾向，佛教無塵營乃有號召力。

前不久，我到八里鄉聖心中學參觀修女們新設的靜坐堂，又到光仁中學和蔡修女校長談生活營，鼓勵他研究並實習一種中西融會的生活營，一面發揮青年人的力，一面引信仰入青年心中。在生活營中，宗教生活：彌撒、讀經、默禱要占相當的時間，方式要嚴肅，靜默要徹底。一方面，有青年同樂的情境，一方面有虔誠的的宗教氣氛。在生活中，青年因著愛天主而彼此同樂，生活營後，天主留在青年心中。

愛的文明

「愛的文明」，教宗若望保祿二世今年在致全球家庭的通函裡提出。教宗提出「愛的文明」標指家庭生活。

家庭生活，中華民族的傳統，常認爲天倫之樂；天倫之樂交織著天倫之愛。但是中華民族的傳統是家族制度的大家庭，人口衆多；爲維持大家庭的和平，乃實行父權夫權，愛的情感當然有，外面浮現的則是權利和義務，乃成孝悌的文化，又是三從四德的文化。

歐美社會的傳統則是小家庭，而婚姻的結合，由男女相愛而成，歐美的家庭生活慣用愛字，成爲愛的文化。

中西的傳統，目前已陷於崩潰的階段。不久台北的報紙登載已行單身貴族的風氣，或男或女，愛自己個人的自由，避免感情的傷害，實行單身的生活。他們看婚姻不是人生必要的事，而且因爲離婚既多又太隨便，男女的心理失去了平衡。他們把婚姻作爲平靜生活的障礙。廿一世紀的社會將是單身生活的社會。

台灣的社會更是變得快，從大家庭變成了小家庭，從小家庭變成了晚間同住的家庭。單身不婚的生活漸漸成爲風氣，美其名爲單身貴族。不婚而同居，已經不是引人怪異的壞事。離婚的數率，在東南亞居第一位。結了婚而以教育爲包袱，可拋開就拋開。婚姻既不是傳宗接代，也不是人海中的安寧港。

教宗若望保祿二世，在致全球家庭的公函中，乃提出家庭的「愛的文明」。家庭因男女相愛而成立，因父母子女相愛而延續，因家人相愛而圓滿；家庭代表愛，家庭實行愛。

婚姻男女的「愛的文明」。造物主造了男女兩性，合成一個人類，男是一半，女是一半，互相不同，互相完作。兩個男女，各爲獨立的人，能相結合，且長久不相分離，不宜用外面的束縛，應有內面的連繫，造物主給人心造了愛，使男女兩性天然有相引相合的內面繫力。人的生活以心爲主，心的生活以感情爲重，感情生活以愛爲深。人的愛，天然是男女相愛。婚姻生活使愛得完滿，使感情得平衡，使男女的生活互相完成。

生育子女爲人生最艱巨的工作，需要有內心的支持；造物主在人心又給予父母子女的天然之愛。孟子曾經說小孩生來就知愛母親。這種天然之愛，使男女天然有作父母的願望，使子女天然渴望父母的照顧。這種天然的情愫，在父母子女的愛中得有完滿。

單身的男女，沒有婚姻中的愛，男女的愛不完滿；父母沒有子女，子女失去父母，父母子女的愛常缺而不全。

聖保祿宗徒讚美爲基督而守獨身，則是守獨身者的愛，在合天主相愛中，得到完滿。教宗若望保祿二世，標明家庭生活的「愛的文化」，所標明的愛，是「給予的愛」，是「要求的愛」。「給予的愛」是犧牲自己的愛，是把自己給予被愛者的愛。給予愈慷慨，愛愈大愈深愈純淨。「要求的愛」是爲愛有應盡的責任，夫婦有夫婦的責任，父母子女有父母子女的責任。愛不僅是感情，愛是生活，生活是實際工作；家庭生活的愛，乃是家庭生活的工作，因而才有「愛的文明」。

福傳

「福傳大會開過已經五年多了，而福傳推行評估研究進行已經是第三年的最後一個階段。但是由研究調查中我們仍然可以發現有許多聖職人員不知道福傳大會的內容，甚至有些聖職人員還不曾聽說過有福傳大會的召開。這現象是否來自教會內溝通管道的不良，還是由於教會內各階層團體者之共識感不能共融所致。對於這種情形，教會應加以特別重視檢討。」

上面一段話，是福傳推行評估研究第三階段報告的最後結論中的建議。

我看了這一段話，並不感到驚奇。在福傳大會開幕的前一年，我在主教團的常會中提議後，大會延後半年召開，因爲神父們的共識仍舊缺乏。當時情形，對福傳大會的籌備，在教友組織中和修女中，下的工夫頗多，對於神父們則祇專心影響各教區的司鐸代表，沒有對全體神父作過宣傳工作。福傳的工作，應以神父爲主體，忽略了神父，福傳工作沒有辦法可做。

我三年來看過福傳評估的三階段報告，我有兩個感想：第一，五年來，台灣教會的工作直接受福傳大會的影響不多。第二，福傳的意義卻愈來愈少，仍舊是以牧靈作爲福傳。這兩點也就是因爲神父們沒有有心參加福傳大會所結成的果實。

福傳的意義，是向外宣傳福者，是向沒有信仰基督的人介紹基督、牧靈的意義，則是培育教友的靈修生活。若干年以前，教廷傳信部（向萬民傳福音部）批評我的台灣教會從福傳轉入專爲牧靈。那是因爲台灣社會情形變化到經濟發展，人民來聽道者很少，教會當然就轉而注重牧靈了。

因著這種牧靈的工作，我們教會養成了習慣，只看教會內的人，不看教會以外的人。各種靈修講習會，各種教友組織，都是爲自己的人。神父的最基本也最重要的工作，是拜訪教友。教友團體的基本工作是培育自己的會員。這種工作當然重要，而且是基本的工作。但是若把工作限制在信仰基督的教友以內，便不是福傳了。

福傳的工作，第一步在和沒有基督信仰的人相接觸，取得連繫。十幾年前，天主教職工青年的組織會有非天主教的團員，我當時負責主教團社會工作委員會。以爲很好，已故的杜主教極力反對，已故的鄭天祥總主教也不贊成。天主教在社會內工作的組織。爲什麼不能讓非教友加入，使他們和天主教人接觸，互相連結。當然人數不能過多。也不可擔任會長職務。

青年司鐸的進修

上期我根據福傳第三階段報告，談了福傳的意義，在這一期我再根據這項報告的主題，作一次談話。這項報告的主題，是聖職人員的福傳牧靈工作。在報告的第七章總結與討論中指出聖職人員參與工作的困難：沒有時間，缺乏專業人才的幫助，牧靈對象缺乏熱情，工作沈重。總共四種困難，困難的原因可以歸併到聖職員人數的少和訓練的疏忽。在第八章結論與建議，結論說：「在福傳大會後（這五年來）聖職人員對於進修活動，不論是計劃性進修的或其他教會機構所舉辦的進修，在選擇與進修活動時皆偏向於參與一些神學、神修學的活動，而較少參與一些社會、人文科學方面的活動。」

這是一個傳統的現象，也是種風尚，主教團爲聖職員每年舉辦一次或兩次講習班或進修班，講論神學，牧靈和靈修，多數神父沒有時間，又認爲題目不吸引人，主講者也不新鮮，習慣參加的就參加，不習慣參加的，就不參加，但是這兩三年，據說參加的人數還不算少。

台灣社會變遷得非常快，又非常廣。我在學校時，竭盡心力也追不上學校的心理狀況。司鐸在工作上，面對的情況一定很複雜。銀髮族的聖職員，工作方式已經鑄定，工作的範圍也照常不變，他們不大感受到煩惱，但是年青的神父，面對今後數十年的新社會環境，工作範圍和方式，不能不有所改變，爲應付未來的改變，應有相當的預備。

我記得幾年前，主教團一次全體大會曾決定爲晉鐸十年以內的神父，每兩年舉辦一次進修班，時期爲一個月，晉鐸不滿十年的司鐸必定要參加。進修班的內容包括神學、聖經、社會、文化。在這些方面，進修班講習新的內容，聘請專業人士講授，這種進修班似乎很有意義，不知已經舉辦了沒有。

這種進修班的計劃，由主教團聖職委員會負責。聖職委員會要聘請有社會經驗的神父，如李震校長、房志榮神父、洪山川神父、郭維夏神父、李哲修神父、朱恩榮神父、李蔚育神父等等，再請兩三位專業教授，詳細草擬。草擬由主教團批准後，著實進行。各教區也慷慨負擔所需經費。

目前，政府和各項職業機構，都爲各自的職員，定期舉辦進修班，使職員們可以趕得上時代。據這次福傳第三階段報告，司鐸工作的困難，是沒有專業人員的幫助。聘請專任專業助理員，可能常有問題，司鐸本人對於社會所發生的問題和工作對象的心理，應該有相當的認識。社會是在變，而且會繼續變，社會人士的心理和組織都跟著變，青年司鐸若不自己充實，將來在工作上必要感到無力應付，教務的發展隨著停滯。大家近年都喊台灣教會停滯不動；但若司鐸沒有動的目標，沒有動的形式，沒有動的計劃，教務怎麼能動呢？佛教大學帶動社會人心淨化運動，辦理禪靜，我們台灣天主教的靈修是不是適合現代人心呢？確實要認真研究！

抄幾首試作的新詩，供大家一笑

夢遊

一、

夢遊處處回羅瑪，少壯寓居卅一年。
伯鐸殿頂繞白雲，鐸聲耳畔日夕傳。
提伯里河沿岸行，曉楓殘月薄薄煙。

二、

鬥獸圓場不破黑，古帝皇城漫草芊。
千百聖殿聳圓頂，經韻燭火香飛捲。
公園石像伴遊人，城中廣場擁噴泉。

老身何時訪舊地，友朋泰斗已歸天。

高速公路

高速公路車牛步，排排車窗眼無奈。
巍巍貨櫃高欲墜，小車爭竄路肩外。
前車小孩玻璃敲，路旁窗中濕衣蓋。
台北不斷春梅雨，海峽常飄冷鋒帶。
閉我雙眼向天父，長空萬里超雲靄。

校園

滿園杜鵑笑迎衆，紅白紫花爭招手。
葉葉雨滴添綠意，朵朵相識舊日友。
冬去春來蝶飛舞，學生青絲飄新柳。
借問老叟近如何？光霽胸襟愁莫有。

蝴蝶王國—蝴蝶亡國

台北畫刊八月份的刊物上，有這樣一個標題，我一看就感到徹胸的悲傷；雖然那篇報導的作者，強調蝴蝶王國不是蝴蝶亡國，因爲有多處的蝴蝶保養區；但是台灣目前已經是蝴蝶的沙漠區，六十年前蝴蝶漫天飛舞的美景已早消失。蝴蝶瀕於絕種的境遇了。

台灣地區在生物學上，有種奇妙的位置，南部屬於熱帶區，北部屬於溫帶區。全台有六十多座一萬尺以上的海拔氣候的高山，類似寒帶區，這種變化多元的氣候，產生熱、溫、寒三帶的各種蝴蝶，富有四百多種。在比台灣面積大二十倍的日本，蝴蝶只有二百種。在比台灣大六十倍的英國，蝴蝶僅有一百種。因此，台灣稱爲蝴蝶王國是名符其實的。可惜，這是六十年前的事！

民國五十年到六十年時候，台灣興盛一種工業，稱爲蝴蝶加工業。全島有二十多家工廠，女工數千人。每年少則數十萬隻蝴蝶，多則近一億隻蝴蝶被殺死，賣進加工廠，製作各式各樣的蝴蝶標本和裝飾品，充作外銷貨物，賺取外匯，捕捉蝴蝶以賺取生活費的，則多爲山區原住民。十年的時間，蝴蝶在台灣絕跡了，需要特別保育以避免絕種的危機。

我是民國五十年來台灣安住，眼見顏色鮮麗的蝶翅一天一天的少，終至於在陽明山公園都看不到蝶影。最近兩三年，在陽明山花叢中，首先看到手指般大的乳黃色小蝶，最近看到人耳般大的黑絨色飛蝴蝶，心中油然升起一股喜樂。

但不時看到一些家人出遊，父母帶著小孩，小孩手中拿著竹桿，桿頭纏著角狀小網。我心頭湧起絲絲悲哀，現在已很難得看見小小的蝴蝶，竟有小孩還去捕捉。小孩不知道蝴蝶的悲劇，可是老師指示小學生捕蝴蝶作標本，則是不通世故了！

錢，爲人們所需要；但是爲賺錢也有倫理規律。不用說爲賺大錢須守法，爲賺小錢也該守理！宇宙間的生物由天主創造，形成一個美麗圓滿的世界，詩人騷客欣賞詠讚。天地萬物大大小小，互相連繫，結成一道生命洪流。不停奔放。天主立定人爲萬物之主，利用萬物以謀生。孔子當時就知道萬物生命的意義，人用物而不可濫用物，打漁打獵都要在魚類鳥獸不生育的時期，以免妨害生物的發育。不幸，人們爲著錢，從古以來就不顧生物的存亡。打、殺、濫打，住過幾千年，生物就被人弄的絕種了。當然，生物在自然環境裡因環境的變遷，有不適於生存而絕種。然而自然的絕種，按照造物主的物種計劃，自然有新的種出生；人爲而絕種，則不能有人爲的新種出現。或許有人在想，以試管生殖，可以造種！這種造種法，有似於人造雨！

當我吃到友人送來的烏魚子時，心理很難受，一口吃掉幾十或幾百隻魚的生命！大家這樣吃下去，烏魚不會絕種嗎！捕魚的人目前捕烏魚賺錢，烏魚沒有了。捕別的魚，或改行職業，烏魚絕種對他們沒有關係！

我還有過親身的經驗，兩位朋友先後送給我兩隻狼犬，十幾年前那時，我的牧廬有園子，適於養狗，兩隻狼犬來牧廬時已經大了。但仍跟我很親熱。不幸到了台灣聽信吃狗肉補身的氣節，狗肉販竟以毒藥隔牆丟入園內。先後把兩隻狗毒死。企圖從垃圾箱撿得死狗，我卻把狗埋了。心裡常有狼犬死前慘叫痛苦的情景。

目前幾種社會痛心問題，雛妓、販毒、賭博電動玩具，不都是賺錢的問題嗎？大家罵這些求錢的人沒良心，又說這是經濟開發要走的路途。解釋說夢的心理學家弗洛依德要解釋爲心理慾情，實則是人類原祖的原罪流毒，求舒服生活而不擇手段的欲望，將隨人類而長久。基督降生給人類治慾良藥，人類拒而不取。

我近來常想老子的主張，可能很對：「五色令人目盲，五聲令人耳聾」，「棄聖絕智」回到原始人類生活才有福；但又不可能使人類文明開倒車！

中華民族爲古文明民族，祖先積有倫理文明，因在經濟發展途中，經過在開發中階段走進開發階段，在文明史上也被人看爲從未開化。開發中，進入開發的民族，今年還因殺生而有美國外貿制裁，「古文明王國」變成「古文明亡國」像「蝴蝶王國」變成「蝴蝶亡國」！

再論福傳

在前三期的益世評論上，我寫了一篇「福傳」。教會同道有些反響，不是批評或讚揚，那爲我老年人無所謂；而是送來了資料，催我讀，催我再寫；因爲關於福傳有許多不同的意見，有人主張扛著標語，遊行示道（不是示威）。有人主張播映電視節目，宣講福音。有人主張發行報紙，大張旗鼓，走入社會。有人卻主張台灣教會爲小小羊群，安於自己。藉著宗教合作，實現天國已臨人間。教會同道催促我對這些「福傳」，表示意見。我年老力衰，不能作長篇論證；益世評論給我的篇幅也不容許。我祇抄幾段梵蒂岡第二次大公會議的文獻，供大家作反省，我祇加一點意見，也祇代表我私人。

「惟一的中保耶穌基督在人間建立祂的聖教會，並時刻支援她，使她成爲一個信望愛三德的團體，也是一個有形可見的組織。並藉著她向眾人傳播真理與聖寵，這一個含有聖統組織的社團，亦即基督的玄奧身體是可見的而又是精神的團體；是人間的教會，而又是富有天下神恩的教會。」（教會憲章 第八節）教會憲章繼續說：「這就是基督的唯一教會」。也就是「我們的救主在其復活後交由伯多祿治理的教會」。

「幾時教友團體已經深入社會生活，和當地文化相當和諧，並享有相當的穩固基礎，即可說是建樹教會的工作在那一個人群中達到了相當的程度：就是要擁有一批本籍的司鐸、會士和教友，雖則其數量可能仍不敷用，並享有必須的職務與機構。使在自己的主教領導下，足以維持並發展天主子民的生活。」（教會傳教工作法令 第十九節）這種團體，大公會議稱為「新生的教會」，即傳教區的地方教會。

大公會議論教會的特質說：「就像天父派遣了聖子，聖子又派遣了宗徒們，祂說道：『你們去訓導萬民，因父及子及聖神之名給他們授洗，教導他們遵守我給你們的誡命。請看！我同你們時刻在一起，直到世界終盡。』教會由宗徒們接受了這件宣佈救世真道的莊嚴命令，便要到天涯地角切實執行，所以教會以保祿宗徒之言自戒：『如果我不傳福音，我就有禍了。』便繼續不斷地派遣福音使者，使有一日新生的教會健全地設立起來，而且也負起宣傳福音的責任。」（教會憲章 第十七節）

大公會議論新生本地教會的傳教責任說：「旅途中的教會在本質上即帶有傳教特性，因為按照天主聖父的計劃，教會是從聖子及聖神的遣發而發源的。」（教會傳教工作法令 第二節）

關於上述的文獻，我作很短的反省。教會是基督為繼續救贖的工作而設立的。以聖神永久聖化她，藉她向眾人傳播真理與聖寵。教會本質就是傳教的教會，因爲聖神乃是超性的活力，在教會內激勵，推動宣傳福音的愛心。愛是向外發射的，善也是向外發洩的。聖神的愛心，便是教會傳愛、傳善的活力。教會宣傳福音的愛心活力，乃是教會的生命，沒有生命，便是死的教會，這是聖保祿所說：「如果我不傳福音，我就有禍了。」死亡就是大禍！

有人爲催動傳教，便要結隊遊行，大舉宣傳，仿傚基督騎驢進耶路撒冷。數千民眾，搖著路杖，一路吶喊，馬上司祭長喊說這樣下去，羅瑪人不會把我們都滅了嗎？五天以後，司祭長向羅瑪總督要求定耶穌死罪，因爲他率師想作猶太王反抗羅瑪皇，使耶穌成了政治犯。罪狀釘在十字架上，因猶太人王耶穌基督，結隊遊行的傳道常被泛政治化。

以電視傳教，常是我的希望，曾主辦「一個難忘的故事」的節目，光啓社鮑神父堅持節目宣傳倫理道德，不作宗教節目，丁松筠神父的「我們應該爲宗教作廣告嗎」的文章裡，也是這種主張，認爲宗教節目不受觀眾歡迎，接收的人不多，我想這是對的。但佛教和基督教，有一個宣傳宗教的節目，收視率不太低，可作我們天主教的借鏡。

以報紙傳教，常是我的夢想，可惜人力財力都不夠。最近靜宜李同家校長建議辦「宇宙光」一般的刊物。我十幾年前就計劃著，但情況不同。不能實現。「宇宙光」由幾位長於傳播有宗教信仰的青年，以義工不收錢反而貼錢的精神，合作起家的。李同家校長或許可以用靜宜學校作基礎，聚齊幾位同道，由小點開始，可能有成。輔大已經有哲學與文化月刊、益世評論兩週刊，不宜再多。

小小羊群的教會觀，則是在多元社會裡以生活見證傳福音，小小羊群，「呼籲交流與合作，此事本身反映天國業已來臨。」以我九年參加宗座宗教交談委員會，又以我十年主持亞洲主教團協會宗教交談委員會。所有的經驗，生活見證傳福音，實行於以回教爲國教或以佛教爲國教的社會裡，因爲在這地區天主教沒有傳教的自由。但在傳教自由的地區。除生活見證外，聖神的愛必定激勵他種傳教的積極工作。

張春申會長或許另有一種心情，和我一樣，即保祿宗徒所說：「我被派不是爲授洗，是爲宣傳福音和祈禱。」我在輔大開教義班，爲博士弟子講福音。我是撒種，別人去灌溉。天主令發芽生長。小小羊群「不過如果她發現有人都願加入『小小羊群』的社團，它也會興奮，因爲多有一些人接受『至公』的洗禮。」

「小小羊群」在多元社會，開心和各宗教交談，以表現大公精神。基本的條件是認識自己「這是承認身處的現實，但又不失身分，絕無盲目自賤的意味」。我們台灣的教會在現實上是什麼身份？是「西洋教會」。不僅教義聖事和西洋教會同一，神學、哲學、靈修學、靈修方式、講道方式都是西洋的。佛教傳入中國，兩百年內，就有道安、道宣、慧遠等等法師以道家思想講佛教，且將佛教心學影響了宋明理學，使佛教進入中國文化，成爲中國佛教。

從教宗黎立第十一起，到現任若望保祿六世，不斷地重覆肯定中國教會本地化的重要且指令輔仁大學擔負這項使命。但為行，需要有人。所需要的人是專門研究中國哲學、宗教學和文化史的人。從吳經熊、蔣復璁兩位去世以後。我們教會裡有誰是這種專家。我自己研究中國哲學五十年，也教了五十年，又寫了些中國哲學的書，但是除學生外，有誰注意。我曾嘗試提議作小改革，八年前在主教團建議研究民俗節、端午、中秋，予以宗教意義，參加會議的修會代表首先反對，勉強通過由各教區辦理，根本失去意義。又，見證月刊因宋之鈞神父退休，要求我發行人在每期卷首寫一短文。我寫了兩次，第三次寫一點關於彌撒禮儀的短文。論者認為古董，不登，也斷了往來，以後我再不提本地化了。我很敬佩也感激蔣經國總統。他曾兩次在總統府自動對我說：「羅先生，你寫的書，我都看了。」有一年九月廿八教師節他要我在總統府的紀念會上作報告（演講），我講了儒家的生命意義。

教會本地化的原則，大家都懂，為能實現，須要研究過神學、中國哲學、宗教、文化史的專門人才，我希望修會會長用心培植兩三位這等專家，進行中國教會本地化的工作，突破中國教育被卡在的瓶頸。大公交談，留在下期談。

大公交談

幾位教會同道對我說：你對宗教交談是老手，九年任教廷宗教交談委員會第一屆委員，十年主持亞洲主教團協會宗教交談委員會，在台北你設立了宗教座談會，現在又主持文化復興委員會的宗教研究委員會。你對宗教交談有興趣，有經驗，請你給我們講一講怎麼樣作宗教交談。

我的經驗先從宗教交談的起源說起，宗教交談是從梵蒂岡第二屆大公會議開始的。這次大公會議關於交談有三項正式文件：「大公主義法令」，「信仰自由宣言」，「對非基督宗教態度宣言」。三項文件，在提出時，招致許多有關的主教群起反對，後來經過說明，提案文件經過修改，大會才順利通過。

梵蒂岡第二屆大公會議，在文件裡，有三個名詞：「至公」、「大公」、「交談」。「至公」，天主教會至公，乃天主教教義中的一條，在大公會議的「教會憲章」有所說明，新近公佈的教會「新要理書」也詳加解釋。新要理在第八三〇節解釋「至公」，說：有兩層意義，「至公」（Catholica）的意義為全部（u niversal），從兩方面說：一方面是整體

（Integrity），教會有整體救贖的意義，即有基督爲頭，聖神爲心，聖事爲方法。一方面是全部，教會爲全人類的救贖聖事，使全人類得救。大公會議「教會憲章」第十四節說：「大會謹遵著聖經和傳統，強調這一旅途中的教會，爲得救是必須的。因爲得救的惟一中保和途徑就是基督，祂在自己的體內，就是在教會內，和我們在一起；祂曾親口明白地訓示信德及聖洗的需要，同時確認了教會的需要，而聖洗則是進入教會之門」。在「教會憲章」的第十三節，則說：「爲滿全天主聖意的計劃，應向全世界萬世萬代去傳佈，因爲天主從原始即創造人性爲一個整體。」聖若望宗徒在福音書中傳述了基督的話；羊棧只有一個，祂是羊棧的門，祇有從祂才能進入羊棧。祂還有許多別的羊，要引它們進來，合成一牧一棧。

在「至公」的意義裡，大公會議指出有「大公」的意義，天主教教會內各民族的文化不同，文化中所有優良的成份，都可以而且應當爲「至公」教會所採用，共融在「至公」教會的生命裡。

「大公」，在「大公主義法令」裡，意義爲基督徒之間重新合一，大公法令第一節說「推進所有基督徒之間重新合一，乃是梵蒂岡第二屆大公會議主要目的之一。……在我們的分離弟兄中間，因聖神的感化，也興起了一項逐日在擴大的，重建所有基督徒合一的運動，又稱爲大公運動（ecumenic movement）。大公運動或大公主義的條件：「內心的歸依，

生活的聖善，再配合上爲基督徒合一的公私祈禱。應該視爲整個大公主義的靈魂」（法令第八節）

「交談」，在「對非基督徒宗教態度宣言」第二節結尾指出：「教會勸告其子女們，應以明智與愛德，同其他宗教的信徒『交談』與合作，爲基督徒的信仰與生活作證，同時承認、維護，並倡導那些宗教所有的精神與道德，以及社會文化的價值。」

「交談」，在大公會議祇用於對非基督宗教的關係，對於信仰基督跟天主教分離的教會的關係，則用「合一」。但實際上爲合一，必定彼此要有對談。這種對談不是交談，乃是討論，討論教義的差異，以尋求合一。討論教義由教廷特派人員舉行，其他團體和私人都不能正式討論。

「大公」，在大公會議祇用於基督教會的合一運動，在大公會議以後，「大公」和「開放」在意義上結成一個。天主教會從大公會議吸取了開放的精神，首先在「教會憲章」指示各民族文化、倫理、修身各方面的優良部份，都宜接收在教會的遺產裡。在宗教信仰自由宣言，大公主義法令，對非基督宗教態度宣言，三件文獻裡，都表現大公的精神。因此，現在「大公」用於這幾面的關係和工作。

「大公」和「至公」，意義則不相同，也不能相混；因爲「至公」和教會的「唯一」特性不能分離。「大公」是一種精神，「唯一」是教會的特性，「大公」精神以「唯一」爲基礎，而不是以「大公」代替「至公」，或把兩者的意義合而爲一。「至公」的意義，是天主教會爲全人類的教會，不是像初期信仰天主教的猶太人，認爲天主教祇爲猶太民族。天主教爲全人類的宗教，這個宗教有一個「惟一」的特性，即人類獲救的唯一宗教，因爲爲人類的救主和中保，祇有一位，就是基督。但是天主教又有「大公」的精神，承認各宗教都有好處，按照天主的旨意，爲人類也都有益，各宗教的信徒，行善避惡，天主不會讓他們喪亡，冥冥中使他們得救。

梵蒂岡第二屆大公會議的「教會憲章」說：「還有一些人，尚未認識天主，卻不無天主聖寵而勉力度著正直的生活，天主的上智也不會使他們缺少爲得救必須的助佑。……因此，爲了增加天主的光榮，並爲促進這千萬人的得救，教會便切記著吾主『往訓萬民』的命令，用盡心思去推動傳教的工作」。（第十六節）今年八月二號到六號，教廷教育部長拉基樞機在美國印利安納州聖母大學參加全球天主教大學聯盟大會時，發表演說，指責有些亞洲神學者，因著交談損害了天主教啓示和基督救贖的「唯一」特性；而且最近拉基樞機向輔仁大學最高負責人來函也有所指示。

關於「交談」，我說說一點經驗。

一、宗教交談，不談宗教教義和禮儀，可以談靈修生活。

二、教廷指示不能共同舉行彌撒和聖事（Non Communicatio in Sacris），共同祈禱非常好。

三、認識別的宗教，交談時，可以有專題演講，介紹各宗教信仰，但不討論。

四、對於政府關於宗教的法令和設施，採取同一的態度，同一的工作步驟。

五、對社會工作，採取合作。

六、對民族文化，積極合作參預。

在亞洲主教國協會的宗教交談會的十年經驗，祇有我們的所謂專家多次集會，主教們都不參加，每次集會發表一份文辭秀麗和原則堂皇的宣言，供人閱讀。我覺得這種正式的交談，常是我們自己一方面「獨講」，我乃辭主任委員職。現在祇用社會的團體，邀請各宗教代表，互相交談，彼此了解，消除以往互相排擠。互相敵對的心理。對於社會，可以提高宗教的道德影響力，加強宗教對社會文化、學術、教育、生活的各項工作。在交談中，我們天主教信友，也不忘記耶穌所說，祇有祂從天上來的，才能領我們歸向天主。

福傳的意義

前兩篇文章：再論福傳，大公交談，因爲篇幅的關係，沒有能夠把該說的話都說完，尤其對於福傳的意義，沒有確實說明！因此，再寫一篇短文，專門講福傳的意義。

福傳的原文爲拉丁文 Missio（原文為單數），意義爲派遣，由派遣而有使命的意思。派遣的來源，是天主聖父派遣聖子，降生人世，爲救贖人類。聖子被派來世，因而在若望福音裡，基督常以「派遣者」或「派遣我者」代表聖父。聖子被派來世，負有救贖人類的使命，使人類得有救恩。

耶穌基督受難死亡，復活升天。在受難前夕，最後晚餐裡，祂許給宗徒們將派遣聖神來光照他們，使能明瞭祂所講的聖道。五旬節日，聖神降臨了，在升天以前，耶穌基督建立了聖會，以宗徒們作柱石。作教會代表。耶穌基督在最後晚餐裡對宗徒們說：我派遣你們如同聖父派遣了我。這是派遣宗徒們，即派遣教會去使人類得救恩。復活後，基督三次問伯鐸愛祂否，得了伯鐸肯定的答覆，三次吩咐伯鐸餵養祂的羊群。這是以牧靈的使命交給了教會。

基督被派降生人世，爲執行救贖的使命，分三階段進行：第一階段在納匝肋隱居了三十年，預備祂的身體爲後來受難；第二階段爲三年多的傳道；第三階段爲最後遭難，被釘死十字架上，自作犧牲，完成救贖人類的使命。三階段的工作，都是救贖的工作。

教會通常所說的福傳，則是指的基督第二階段的傳道工作。救恩的實效，必須先傳報給人類，使人類知道而去接受。因此，在開始傳道時，在納匝肋會堂讀了依撒意亞先知的一段預言：上主的神臨在我身上，派遣我向貧窮人傳報福音。基督說這段預言現在應驗了。祂說明自己是被派遣來傳報福音。後來祂派遣十宗徒，兩個兩個一隊去傳報天國已來臨，又派遣七十二門徒，也兩個一隊去宣講天國。

升天以前的一刻，基督隆重地派遣了宗徒們走向世界傳報福音。祂說：天下地上一切權利，聖父都給了祂。祂派遣宗徒們去向全世界萬民傳報福音，給他們授洗。教他們們遵守規誡。

這種派遣乃是教會通常所說的「福傳」，向沒有信仰的人傳報福音，教會通常用拉丁文Missio ad Gentes。也簡單用Missioni（多數）大公會議教會傳教法令開端是 Ad gentes Divinitus。教宗若望保祿六世的「救世主使命」通諭，開端的「救命之使命」的使命（Missio）指的救贖人類的使命；在第四章論向萬民傳教的範圍，則用的Missio ad Gentes，即通常所說的「福傳」。 Ad Gentes有兩個來源：第一、古代猶太人自認爲天主選民，稱別的民族為外方人，化外人Gentes 。古羅馬法有民法，為羅瑪國民，有us Gentium為民族法，即今天所謂國際法。領洗的人為天主的新選民，看未受洗的人，教會沿用猶太人的話稱為 Gentes，教會又用羅馬法的術語，以Gentes為國際各民族。

在國際間，信天主教和不信天主教的地區，本來分得清楚。歐洲和美洲是信奉基督的地區，教會的福傳工作是往歐洲以外的地區去傳報福音，傳教士也是來自歐美。最近第二十世紀。歐洲許多從小受洗的人，放棄了宗教信仰，成為無神論者；因而引起了許多信仰和倫理問題，教宗若望保祿二世屢屢呼籲歐洲必要作重新傳道的工作Rieevangelisation，向這些失了信仰的人傳報福音。向這些人傳道不是往不信基督的地區去傳道，傳統的福傳ad Gentes向外傳道的意義便不合了。有人主張把福傳的拉丁原文多數 Missiones (Missioni)取消，只用單數。教宗若望保祿在救主的使命通諭。正式提出了這個問題：「把兩個領域整合為天主聖三的救恩計劃，均給與傳教活動本身新的動力。」（第三十二節）但是教宗馬上聲明：「然而，應該小心避免把極不同情況放在同一層次，而削弱，甚或取消教會對外傳教和傳教士的危險。」（同上）教宗說，福傳有三個層次：第一個層次，在一地區或民族中，「基督的福音，尚未被認識，或缺少足夠成熟的基督徒團體，能夠在他們周遭讓信德具體化，並向其他團體宣講。這就是向萬民傳教一辭的本意。」（第三十三節）第三個層次是「新的福傳」或「再福傳」。「在具有古老基督教根源的國家，偶然也出現如同新生教會中的現象。

整個受洗者團體失落信德的生動意義，甚至不再認爲自己是教會的成員，並度著遠離基督及其福音的生活。處此情景下，需要的是「新的福傳」或「再福傳」(同上)兩個層次的福傳，有相同點，即是向沒有基督信仰的人傳報福音；有不相同點，第一層次是向外，第三層是是向內。第二層次，在下面最後一段要講。教宗在通諭裡所講的福傳，是第一層次的福傳，「因爲教會的首要任務，教會是被派遣到所有人民之中，直到世界的盡頭。」(第三十四節)

最後，看一看一個具體的問題，在台灣的天主教會是不是達到「救主的使命」在第三十三節所說的第二層次的情況：「具有足夠和健全教會結構的基督徒團體，它們有熾熱的信德和基督生活。它們對其週遭作福音見證並對普世傳教有承諾的意識。在這些團體內，教會實踐其活動和靈牧照顧」，在這種情況下的教會，以自己的生活見證和牧靈工作，作爲福傳工作。我由我自己的經驗，我想別的各位主教也和我同一的經驗，在台灣有少數的宗教團體，例如基督活力運動，基督服務團，基督生活團，聖母軍……等團體，可以說是達到這種情況，但整個的台灣教會，離這種情況還很遠，我們對許多已領洗的散失教友，需要「再福傳」，對周遭絕大多數不信仰基督的同胞，更需要向外的福傳。對於福傳的工作，大公會議的傳教法令列舉：生活的見證與交談，愛德的表現，宣講福音。救世的使命通諭列出：生活見證，宣講，進入本地文化，交談。我是一位退休的主教，不能多做傳教工作，然而傳教法令和救主的使命都指出主教是第一個負有宣講的任務。退休主教仍是主教。我盡我的力量以文字宣講來盡主教的責任同時特別以教會進入本地文化的工作，做福傳的工作。

天主教的家庭婚姻觀

聖經的創世紀述說天主按自己的肖像造了人，造了一男一女：「上主天主用地上的灰土形成了人，在他鼻孔內吹了一口生氣，人就成了一個有靈的生物。」（創第二章第七節）上主天主說：「人單獨不好，我要給他造個與他相稱的助手。」（創第二章第十八節）「上主用那由人取來的肋骨，形成了一個女人，引她到人前，人遂說：這才真是我的親骨肉，她應稱爲女人，因爲是由男人取出來的，爲此人離開自己的父母，依附自己的妻子，二人成爲一體。」（同上，第二十二——二十四節）天主按天主的肖像造了人，選了一男一女，天主祝福他們說：「你們要生育繁殖，充滿大地，治理大地，管理海中的魚，天空的飛鳥，各種在地上爬行的生物。」（創第一章第二十七——二十八節）天主所造的男女，名叫亞當、夏娃。當他們違背天主的命令，作了指令不許作的事，天主罰他們，對夏娃說：「我要增加妳懷孕的苦楚，在痛苦中生子，妳要依戀妳的丈夫，也要受他管轄」對亞當說：「你一生勞苦才能得到吃食……你既是灰土，你還要歸於灰土。」（創第三章第十六節、第十七節、第十九節）

上面所引的是聖經的話，就是天主教家庭婚姻觀的基礎。

男人和女人都是天主所造，都是按天主的肖像所造的，都是人，凡是人該有的，男女都有。在「人」的意義上，男女都是成全的。

女人受造，具有另外的意義。天主看著所造的男人，認爲單獨一個人不好，要有一個與他相稱的助手和伴侶，乃用男人的肋骨造了女人，男人說這是自己的親骨肉，兩人結合成一體。

人，男女都是人。人的生命，則需要男女結合成一體，才是成全的生活。生理方面、心理方面、日常生活方面、社會生活方面、人類建設方面，都需要男女合作，纔能成全。在生理方面，有兩性的差別。在心理方面，有兩性的特質。男女兩性結合成一體，人的生理生命和心理生命，乃能達成圓滿的生命，男女兩性的差異，互相成全。日常生活的工作，和社會建設的工作，也由男女兩性共同合作，但在生理和心理的差異，工作的性質和方式，不要雷同，而是互相協調，互相成全。

男女結合成一體，即是婚姻，婚姻乃是男女兩性天然的成全生活，男女單獨的生活，天然有缺，需要兩性結合，一方的天然缺欠，由另一方來補滿，生活纔成爲圓滿的生活。

婚姻的結合，有層面的結合：一個層面是天然的，即爲生育的性交結合。一個層面是人爲的，即爲生活的結合。爲性交的結合，聖保祿宗徒曾指示信友們，男女雙方具有同樣的權利，丈夫對妻子該盡他應盡的義務，妻子對丈夫也是如此，妻子對自己的身體沒有主權，而是丈夫有，同樣，丈夫對自己的身體也沒有主權，是妻子有，你們切不要彼此虧負（格林多前書第七章第三—五節）性交使兩方結成一體，一體的結合乃是婚姻的結合，婚外不能有性交。性交的天然目標爲生育，乃是人類傳生的要求，同時也爲夫妻心理的結合，但不可只爲求心理的結合，更不可爲滿足肉感的慾情，以人爲的方法，阻擋生育以求性交。

婚姻的結合有生活方面的結合，這種結合便是家庭。夫妻雙方爲著日常的生活，應有永久性的婚姻，永久性的婚姻乃是家庭的因素和基礎。男女兩方天然上虧欠的互相補充，互助協調，需要有家庭的結合，繼續進行。子女新生命的培育，更需要有家庭的結合，積極照顧。家庭所以是爲成全人的生命的天然結合。

目前，我們社會出現的幾種現象，表現出一種偏激的趨勢。女子爭平等，以男人爲標準，事事要和男人一樣。工作、金錢、地位、衣著，都要男女不分。實際上，男女在生理上和心理上都有差異，女子爭平等，是爭權利平等，不是爭工作和生活的方式同等。女子爭自由，主張單身貴族，單身媽媽，婚外情，星期六舞廳嫖男，結婚不生子女，同性戀。實際上，這種自由終歸不自主，生理受困，心理受困。女子爭自由平等，本是理所當然，但不能違背天然的女性，不要自己傷害自己。

最後補充一句，人的成全生活，為男女結合的生活，為什麼天主教教士和修女都是單身，都是出家人？男女結合為人類成全生活的通常途徑，教士和修女的獨身則是一種非常的生活，這種獨身是為獻身於天主耶穌，專心愛天主為天主工作。教士和修女的獨身生活屬於一個超現世的層面，提前永久的生活。天主教相信身後的永生，永生的生活，沒有男女兩性的要求，只有「人」的生活，且只是精神的生活。教士和修女雖是在人世，雖是有身體，但應努力如同孟子所說：「養心莫善於寡慾」在精神方面發展自己的永生，使生死結成一線，現生和永生結成一體。

女人的要求

明年爲國際婦女年，我們先看看當前婦女生活的情況。

我是個男人，很難說我知道女人的要求；何況我是個獨身的教士，更不能說我知道女人的要求。但是我每天看報紙和雜誌，又常和社會各界人士接觸，便也可以從報章的事實和言論，又從社會的風氣，推知當前女人們的要求。

當前女人的要求，是平等、獨立、自由。

女人要求平等，光從民法上下手，要求修改民法。把冠夫姓，以丈夫住所爲主、子女監護以父權優先，離婚子女歸屬以父權優先等條文修改，以夫妻平等爲原則。再從事實上爭取；家務平等擔負，職業機會平等，薪金平等，參政機會平等。

女人要求獨立：夫妻財產獨立，妻子薪金所得獨立，創業獨立，居處獨立。

女人要求自由：不受婚姻束縛，不受家庭束縛，不受子女束縛。

在實際上，目前在社會上所看見的事實：大學女生人數多過男生。離婚率高，家庭以外工作的婦女日增，女人入三軍軍事學校，單身貴族，單身媽媽，結婚不生育。法務部修改民法。連帶發生的社會事實：家庭不穩，子女失家教，勞工失調，人口老化，男女婚姻人口不平衡，社會不安。男人們的心理，據中國時報民國八三年八月廿二日家庭版所刊登的調查，百分之四十七的男子，不希望太太出去上班。對家務決策有百分之三十八的男子，認為自己是決策的主人。對於做家事，有百分的七十二的男子，認為自己應做家事。在中國時報民國八三年八月卅一日生活版的調查，有百分之九十二的女性認為事業和家庭應當兼顧；有百分之八十六的女性認為和男子「他能，我也能」；有百分之九十四的女性，認為在經濟上應完全獨立自主；有百分之六十八的女性同意從一而終的愛情觀。在中國時報十月台北城的調查有百分九十四受訪者覺得家庭之樂是實際可行的生活目標。這樣看來，實際情形，離女權運動者的要求，還有相當的心理距離；而單身女貴族很少，單身媽媽更少，結婚而不願生育者偶然有兩三個女子。當然，女權運動者帶頭喊話要婦女都向她們的目標走，但婦女問題不是口號可以解決的，解決問題的要素很複雜。

我祇想在原則方面說幾句話。人類祇有一個，人之所以為人，存有的要求也相同，就「人」一層說，男女是平等的。所該有的人權，憲法所賦予的人權，男女是平等。女子所要求的平等，是人性的權利義務平等，而不是以男人為目標，要求女人變成男人。

人類分有男女兩性，人類天然地分成男女兩半，每一個人必然是男或必然是女。天主造人，造了男女兩人，兩人要結成一體，合成一個全人。男女兩性各有所長，各有所短，在生活上須互相協調，互相幫助，互相補充。因此婚姻是天然的男女兩性之完全生活。

家庭也就是天然的生命共同體，是生活的基礎，工作的保障，心靈的安慰。天主選了男女，天然地應有婚姻生活；家庭便是男女生活的天然團體，兩性實際互相協助，互相完成。

自然界的自然系統，不能摧毀，若被摧毀，整個自然界必受傷害，這是目前大家喊「救地球」的痛苦經驗。人性的自然系統，也不容長期大規模的破毀，否則，人類整體將受害，而受害最烈的將是女子。單身女貴族，單身媽媽，外面的生活可能漂亮舒服，心底裡蘊藏的痛苦，有誰知道？女子天然有作母親的要求，天然要求表現母愛；而且養育新的生命，培養有用的青少年，對社會，對國家，對人類，比創造任何事業的意義和價值都要大。夫婦共同安定一個家，安定了家中人的生命，安定了社會的基礎。沒有家庭的獨身主義者，是一塊一塊的石頭，封閉了自己，拆散了國家社會的生命共同體，若普遍出現在一個社會，人類的生命必然受到傷害。結婚而不欲生育子女，若成普遍的事實，自私的心將蝕爛整個社會的生命，人類若想安全地活下去，自然界的天然系統，不要加以摧毀；人類的天然系統也不要任意破壞。

我的生死觀

台灣近兩年，不僅見得各處有淨化人心的講演會，又見到對「死」的問題的討論。中國人素來忌諱談死，台大開「生死學探討」課程，中國哲學會召開中國人的生死觀學術研討論，中正紀念堂舉行幸福人生講座，今年講生死篇。這種現象表示台灣社會已經走到反省的階段，是一種積極的現象。每年十一月，是天主教會追思亡者的月季，現在我想很簡要的說說我老年主教的生死觀，供大家參考和體驗。

人是心物合一的主體，人的生命乃生物合一的生命，生命的表現有身體的生活和心靈的生活。

生命之中心，是心靈，稱為靈魂，中國常以魂為生命的根基。亞里斯多德以靈魂為人的原形（Forma）。人出生，由父母所生，人的身體來自父母，人的靈魂而是由造物主直接所造。

造物主天主乃純粹的精神體，造物主造人之靈魂，是按自己肖像造的，造物主純精神體的生活，為理智之知和意情之愛，人的靈魂的生活也就是心靈的知和愛。造物主本身乃絕對的真美善，造物主所造的宇宙萬物，反映造物主的真美善，人的生活就在宇宙萬物中尋求真美善；然而宇宙的真美善受到物質的限制，都是有限的，都不能滿足人心靈的追求，人的心靈本然地趨向絕對的真美善天主。

按理說，心靈既天然追求真美善，造物主天主爲絕對真美善，人的心靈便自然追求造物主天主。但是天主和人中間的距離，是超越本性的距離，人的心靈本然地不能直接認識和愛天主。然而天主造人時，賜給了原始人超性的能力，能直接知和愛天主，而且賞給原始人不死的特恩。原始人受造以後，造物主爲考驗人的心情，給了一種考驗，原始人勝過了考驗，則常生而直接知和愛天主，若不勝過，則失去直接知和愛的超性力，也失去身體不壞的特恩，因此人乃有死亡。

死亡，是身體的物質變化，物質變化到不能再變化的時候，不能再有生命的活動，便是死亡。死亡，是身體的毀滅，靈魂仍舊存在，仍舊活著，所以天主教信仰說：死亡只是生命的改變，而不是生命的「消滅」。人在世活著時的生命，是心物合一的生活，死後，則是心靈，即靈魂的單獨生活，等到世界末日，人的軀體雖已化成灰，仍舊要復活，人又有身體和靈魂合一的生活，只是身體已經是非物質體，便不再有物質生活。

人死後的生活由現生的生活來決定，人在現世生活時，因信仰和基督相結合，因基督的助佑，追求天主，雖然行爲有過犯，心則悔罪。死時，靈魂處在追求天主的狀況中，便繼續這種狀況，再不改變就是幸福的永生，若在世，不追求天主，在死時，也不追求天主，死後，繼續這種狀況，便是痛苦的永生，兇狠咒罵天主，失去生命的目標永無歸宿。

我的生命觀，生命是天主的愛，每一刻都有天父的慈心照顧，天父總不會把對我有害的東西給我，每一椿事都逃不了祂的注意。我安心去做，不順意的事、傷心的事，一生中不少，耶穌常在提醒我背著十字架跟著祂走，每早行彌撒，和基督結成一體，一天中行祈禱，充加我的力量，每天晚晌，睡到床上，安靜地、獨自地對著天主耶穌，把心中的一切都交給祂，我心中平安地入眠。

現在年老了，心中常空虛一切，唯有天主，與天主耶穌而生活。痛苦是我的十字架，氣力衰不能工作，也是我的十字架，耶穌基督面對十字架在葉瑟瑪尼山園祈禱時，驚惶的壓力，使祂滴流血汗；但是祂甘心奉行天父的旨意，天父遣天使安慰祂，祂起身走向來捕祂的人，安然肩負十字架，我對著死亡前的痛苦和死亡時身體的毀滅，心中常是驚惶，常求主耶穌和聖母瑪利亞助佑，靜心做每天的事。生命是天主的愛，死亡更是天主的愛之開展，伸向永恆的生命。

病中心境

通常大家都說：老年人常有病，不能作事，但是可以多唸經，多思慮，把病痛獻於天主，分享基督的痛苦，是一種很有價值的生活。我也相信，也照樣做，近年習慣唸兩句熱心短誦，白天有空或坐在汽車中，黑夜在床上，唸唸不停。睡眠以前可以催眠，醒來，馬上就唸，不用思索，漸漸再入睡。

前不久，賈總主教來牧廬，他向洪修女說：人病了，不能祈禱，連最熟的經都忘了。最近一個星期，我因心臟積水，氣喘加劇，牙根發炎作痛，日夜睡在床上，兩句常唸的熱心短誦忘了，別的經更想不起來，一身只覺得病痛，矇矇地睡著了，醒來，又覺得是病痛，到起身入衛生間，才想起來熱心短誦，開始要唸，又覺得太長，我便把短誦再改短；又感到太抽象，再又改成更具體的短句。這時要感到的，是有耶穌在身邊，有聖母在身邊，一同受病苦，心情便能平寧。我對洪修女說：在病中，覺到天主耶穌和聖母，離得遠了，要趕緊用心去找，心中覺得孤單一人，心裡開始怕。一開始怕，熱心短誦就唸得不停。

我的病痛還不算重，還能安眠，但已經體驗到病重阻擋祈禱。祈禱不是我們來的，聖保祿宗徒明明說是天主聖神幫我們祈禱，把適當的詞句，放在我們口中。病痛使整個的人都感到病痛，沒有運用理智和意志的機會，連日常的經文都忘了，那能想起祈禱。在這時候，需要有人在他旁邊祈禱，使他聽到；或有人在他耳邊，重覆耶穌和聖母的聖名，他能聽到，心中可以平靜，也可以一同祈禱。

有的慢性重病的人，神志不清，長期癱瘓在床上，看來心靈沒有一點作用，可是有時內心還清明。當牛會卿主教臥病時，我去看他，告訴他說我來了，一點表情都沒有，但最後我說爲他祈禱誦經，他的頭動了一下，我說用天主的名降福他，他的右手動了一下，似乎要抬起手劃十字聖號，這明明表示牛主教聽懂了我的話。當劉宇聲神父躺在加護病房時，我去看他，修女告訴他說羅主教來了，一點表情都沒有，當我拉著他的手，對他說我爲神父祈禱，他馬上用力握住我的手，再也不放，他表示也聽懂了。最近我去看兩位人家說神志不清的神父，每位拉住我的手，臉面顯出感動欲泣，我請他一同唸篇聖母經，都同聲唸誦，舉手劃十字聖號，領受降福。我想爲這等病情的主教、神父、修女、能在病房中佈置小祭台，每天有義工，在房中唸一段時間的經，在病人身旁唸一段福音，外面看來沒有作用；但在病人內心，天主會給他神恩，而且有時他會聽懂，心情歸向天主。這等長期臥病、神志不清的人，全身的感覺是病重，心情則是一片灰白，什麼感觸都沒有；偶爾神志清白，則像飄在大海的一片葉子，要能有人使他聽到祈禱，聽到耶穌和聖母的聖名，使心情有所歸宿。

對於重病臨危的人，傳統是要有人在床旁誦經，有人在耳邊重覆呼叫耶穌聖母若瑟聖名。《聖庇護第十傳》記載他臨終時，送終的人員就是這樣服侍。聖小德蘭臨終時，也是這般情景。最容易破壞這般情景的，是目前常作的臨時急救，急救既不能有效，大家也不想唸經。然而這是最重要的一刻，人世的人送臨終者的靈魂出世，把他送給天主，天使來代天主接收。耶穌基督在十字架上，舉首向聖父說：「天父，我將我的靈魂，交付在你手中」，然後垂頭斷氣。

抄錄兩首小詩

一、訪八里鄉安老院

淡水平平流，
望海樓房盡。
冬日煖長廊，
海風吹門楯。
床床俱白頭，

長凳坐枯臏。
唯聞修女笑，
扶老步履緊。
素手撫銀髮，
愛心舒痛軫。

二、訪苳林隱修院

民八三年正月廿八日

蒼柏聳立樹隱牆，
圍抱清風山門淨。
鍾聲響動繞遠樹，
牆擋塵灰飄經韻。
十畝方田天國雲，
襟懷暢空明如鏡。

忘卻言語忘年月，
已結天主永恆命。

民八三年十月廿五日

歷史的意義

歷史哲學家湯因比曾經嘆惜目前所謂歷史，都祇是考據，考據則祇能作歷史的資料，實際上，現在大學的歷史教授，都想以考據見長，對於教通史則看作沒有出息。

現代社會一般人，也都缺乏對歷史意義的認識，大家都祇看現在，又把以往的事，也都扯到目前，用目前的眼光去評論，如同義大利唯心哲學家克法本（CNOCE）所說，歷史事件都是現前的事件，需要我把歷史的事蹟放在腦裡，我去想，才有這些事蹟。

但是，同時，在另一方面，現在人又主張事事都看成歷史事件，歷史隨時代變，一切事件也都跟著變，世界沒有不變的真理，沒有不變的原則。

實際上，歷史是人類生活的歷程，生活常在變，但在變中又有不變的原則。昨天是母親節，母親節常變，母親愛兒女，兒女愛母親，這個原則是不變的。我們研究歷史，就是在變化無常的史事中，尋求不變的原則。歷史的原則，所有不變的程度，當然和自然科學原則的不變程度不完全相同。自然科學的原則是必然性的，歷史的原則是可能的或然性的，因爲有這種原則，歷史才對人生有意義。

歷史既是人類生活的歷程，歷史便是活的。考據家考據歷史的史事，好似解剖學解剖人體，醫師施行手術則要把解剖學的智識結合起來，用在解剖的活人身上，研究歷史便要把考據的史料，結合起來，結成一樁活的人事。這樁人事，若是以往的事，就要嵌在當時的生活裡，先評判；若是目前的事，便要把以往相似的事情對比，看史事會不會重現。

最近我看到中共出版的兩冊書，一冊講中國清朝和民國所發生的天主教教案，一冊講歐洲中古西班牙的教會法庭，都用現代人的看法，把一切的罪過歸到天主教會，絕不考慮當時社會的宗教和政治的關係。另外，現在國際人士對中國大陸愛國會的天主教會，表示支持，不把英國亨利八世建立國教，法國革命時，革命政府設立獨立教會，以及路德達爾文分裂天主教會時的情形和後果拿來和大陸愛國教會比較，作一番研究。

中華民族是愛好歷史的民族，擁有一部廿四史的民族史，歷代皇帝細心讀歷史，爲能「仰古以治今」，司馬光便編有一部《資治通鑑》，教廷也特別看重歷史，梵蒂岡宮的大小重要門戶上，都刻有某年由某位教宗所修。聖保祿殿內嵌有歷代每位教宗的像。各部大廳也都懸掛歷任部長的畫像，我自己喜歡研究歷史，寫了幾冊傳記，又寫了歷史哲學書，任台北總主教時，在公署大廳懸有歷任總主教像，我離職以後，像都不見了，因爲有人說是太炫耀，其實則是歷史大列。

養成愛歷史的習慣，社會上許多事可以更有改革，在社會運動和政治運動上，可以有根底，在私人生活上，也能使人多反省。

一九九五年

基督的婦女觀

信仰基督的人討論婦女的意義，應該從福音去觀察基督對婦人的看法和態度，以明瞭婦女本身的意義，而不單從婦女的地位和價值去討論。

福音的開端，天使嘉俾厄爾向瑪利亞報告天主聖子降生的喜訊，天使向瑪利亞說：「滿被聖寵者，主與你同在，在女人中你受讚揚。」接著又說：「你將懷孕生子。」天使的話明白說出女人的意義，女人是人，可以和天主同在，充滿天主的聖寵，懷孕生子。瑪利亞生救世主，改造了整個人類。基督誕生四十天後，在聖殿被獻於聖父、先知西默盎預言了基督將成爲攻擊的對象，又預言將有利劍刺透瑪利亞的心。瑪利亞女人將分擔救主的痛苦，協助救世工程。

基督三年傳道，第一次和女人接觸，是在撒馬里亞的的雅各伯井邊，向汲水的女人要水喝。女人是個不守婦道的人，基督明明指出她有五個男人，都不是她的丈夫，但沒有責罵，卻向她講敬禮天主的大道，婦人聽了深受感動。

三年裡再有兩次，基督遇到了不守婦道的女人，一次是在一位法利賽人請耶穌吃飯時，一位風塵女子，跪在耶穌足前，以淚洗耶穌的腳，以香油敷耶穌的足，耶穌說因她愛心，罪雖多，都蒙赦了。再一次，在蒙難前幾天，一隊人抓到了一個犯奸的婦人，引到耶穌前，問該不該依照律法把她處死。耶穌說你們中誰沒有罪，就拿石頭打死她。不料控告的人悄悄都走了，耶穌對婦人說「我也不定你的罪，你回去，再不要犯罪了。」婦女是人和男人一樣，婦女能生育，男人便從生育功能方面蹂躪女人，使女人淪爲淫婦，男人卻犯奸不以爲罪。基督憐惜婦女被侵害，犯奸固然不好，但是女人犯奸，男人是罪首，基督仍舊用禮貌接待她們，寬赦她們。

福音記載耶穌三次顯靈，表現祂深切地體貼到女人的心情。一次是加納婚宴時，耶穌顯靈變水爲酒，以免新婚夫婦婚宴缺酒的難堪，一次是加音城外，一個寡婦送自己獨生子出殯，耶穌看到寡婦的悲痛，自動顯靈復活了她的兒子。一次，在以色列境外，一個外國女子喊求耶穌醫治她的女兒，耶穌稱讚了她的信德，治好了她的女兒。婦女最徹底的感情，是結婚的喜樂，是兒女病痛死亡的悲痛，基督深深表示同感，尊重她們的感情。

福音裡有三次最富人情味的事跡。一次，兩姐妹在家招待耶穌，姐姐瑪爾大忙著廚房的事，妹妹瑪利亞坐在耶穌跟前，全心聽耶穌談話，瑪爾大抗議，耶穌卻說瑪利亞選擇了最好的事。耶穌的這一句話，啓示了教會內兩千年來成千成萬的修女，以聽基督的訓言為生活。再一次，瑪爾大瑪利亞兩姐妹的兄弟拉匝祿抱病死了，葬了四天。耶穌來了，兩姐妹和親戚朋友都流淚痛哭，耶穌也傷心流淚，安慰瑪爾大說：「我是復活，我是生命，誰相信我，永遠不會死亡」，祂使葬了四天的拉匝祿復活了，祂的這幾句話，常是喪事人家的安慰。第三次，耶穌被釘在十字架上，血快流完，全身痛楚，看到自己的母親和愛徒站在旁邊，乃臨終托母，將母親瑪利亞托給愛徒若望。我們教會相信耶穌將自己的母親，留給了自己的信徒，作信徒的母親。

耶穌蒙難時，幾位熱心婦女，在十字架旁，為耶穌送終，又買香料陪葬，清晨去掃墓。耶穌復活了，先顯現給她們，托她們去報告宗徒們復活的喜訊。這是為報答婦女們的愛心。

耶穌基督尊重婦女們的人性特點：尊重瑪利亞是自己的母親，看重婦女們的感情。生育子女，為婦女的特別意義；感情濃厚，又是婦女的特別意義，基督讓婦女以這兩層意義，參加救世的工程，成聖成賢，和男人平等。但是，人世的人，卻在婦女的這兩層意義上，濫用婦女，羞辱婦女、劫取女人的身體、劫取女人的心、破壞了女人的意義，摧毀了女人的身份。基督則聖化了女人的意義，提高聖母瑪利亞的身份，在一切天使和聖人以上，作人類的母后。

介紹跨越希望之門中文譯本

「新新人類」從八十年代末期，開始「新生活主義」，拋棄盛行八十年代的「雅痞」，尋求更能深深反省，生活更活躍，更個性化，住室更精緻。「新新人類」乃能是教宗若望保祿二世所著《跨越希望之門》的開朗讀者。

通常人們看羅瑪教宗，是一位活在神話中的人，是一位和神靈相接而遠離人世的人，又是一位古老倫理的堅執人。教宗若望保祿二世，卻訪問各國信友，走遍了天下六大洲的國家，和民眾，和青年，和學者交談，為全球各國元首政治領袖訪問國家最多和民眾接觸也最多的一位。

去年十月廿一日，若望保祿二世就職十五週年，義大利電視台一位記者，申請用電視訪問教宗，向教宗提出三十五個問題，電視訪問沒有成功，提出的問題，則書面呈報了教宗。教宗體驗申請訪問者的好心，認為所提問題，具有意義，便漸漸親筆用本國波蘭文作答；今年四月底，教宗把親筆稿交與提問題的記者，先以義大文譯文出版。一時，全球各國出版界都作譯本，我們中國的中文譯本也出版，譯本書名用原書書名《跨越希望之門》。

人的希望很多,人的希望變得很快。目前新物理學解說宇宙的原素,都是力。力動生變,傳統的物理原則都失去了作用,一切都是變,都是相對;人們隨著以相對為生活原則。

西方哲學以人為理性動物,理性為人的特性。教宗若望保祿二世說明亞立斯多德和聖多瑪斯肯定人,首先是「有者」,或「在者」,人要從「自己有」,「自己在」去認識自己的生命。笛克爾則以「我思故我在」,他以「思者」作人的存在,歐洲近兩百多年的哲學都是認識論,而又都是反認識論。

信仰天主的存在,不是一個理性問題,而是人的整體生命的要求。人追求幸福,也由人的生命去追求。「我」的生命非常有限,「但是—教宗說—『我』自身具有無窮的願望,且有走向更高級生活的使命」。

人類歷史顯明人類不能從罪惡的痛苦中,自拔出來,更不能自死亡裡拯救自己;人類乃有救恩史。教宗解釋救恩史,乃是天主的愛心,使祂派遣聖子降生,親自經歷人世的痛苦和人心的險惡。耶穌基督是天主又是人,祂再造新的人類,「使人有能力克服兇惡,成為天主的子女。」「救贖工程是創造工程的昇華,昇華到新一層次,受造者被救贖而聖化,甚至神化。」

受了聖化的新人類,心能超越塵世,生命的目標乃在永恆。塵世的遭遇和問題,在天主的愛裡，都能獲得解決。男女問題、青年問題、家庭問題、社會正義、生存的競爭、倫理淪沒、信仰消失，新人類都能由信仰的體驗，和愛心的關懷，給予適當的答覆。

當前的社會，並不使教宗悲觀，因爲人們的內心常懷著對幸福的希望。「青年們—教宗說—追求天主，追求生命的意義，追求正確圓滿答覆我爲繼承永恆的生命，應該做什麼？」

「不要害怕」！教宗在書中，屢次囑咐讀者「不要害怕」！對天主。對耶穌基督，不要害怕！對古老的羅瑪天主教會，對有神話性的教宗，不要害怕！對倫理的困難，對社會的惡勢力，不要害怕！

不害怕的理由，因爲我們有天主的愛。接受基督的福音，乃是肯定自己的人性，欣享宇宙的美妙。世物常有明暗的兩面，由光明方面去看，令人喜樂；由陰暗方面去看，令人恐懼心酸。教宗答覆了三十五個問題，對宗教信仰和現代人心，作了全面的說明，心情常是溫和樂觀，而且還不缺乏幽默感。

《跨越希望之門》，爲最末一個問題的標題，教宗祝望現代人心中常是不安，恐懼各方面的壓力，要能夠把自己從恐懼的壓力下解救出來，面對自己，對別人、對社會、對權力、對信仰，心中常有一個愛心和信心，乃能「跨越希望之門」。

中文譯本出版，教宗樂觀的愛心和信心，可以平寧我們社會的人心，使大家對於人生，具有幸福的希望。

董高樞機的講話

董高樞機上次來台時，於九月廿六日對中華民國主教們作了一次講話。我沒有參加那次聚會，但在羅瑪觀察報英文本週刊讀了董樞機講話的原文，最近又收得主教團月訊的中文譯文，我想把這篇講話的幾個重點介紹給大家。

第一點：福傳。董高樞機爲教廷福傳部部長，當然很注意福傳工作。「從世界層面來說，聖神似乎將教會方舟決定性導向福傳，無論是初傳或新傳。只要觀察一下近年來一切洲際大會議的主題就夠了。」

關於福傳在台灣，「如今此一教會應該在此美麗的寶島更深地向下札根。這種密植深種需要較長的時間，或許較慢……物質進步似乎削弱精神和宗教動力。」「爲使貴國文化接受福音薰陶，你們可在天主教輔仁大學找到卓超的工具，它在界定並建立基督徒信仰與文化及科學間的關係上，能起很大的作用。輔大的功效全繫於它能否保持高尙的忠實性理想。」

董高樞機對於台灣的福傳，指示應向下札根，使文化接受福音薰陶，也指出輔仁大學從創校就得教宗指示的任務。教會本地方經進入中國文化。這種工作是福傳，又是學術工作，須保持高尙理想的忠實性，最忌輕率而又一知半解的行動。文化是人生活的方式，進入文化，是要進入社會人的生活，不只是一種理論。目前中華民族還在建立現代文化的階段中，但是民族文化的建立，是要以傳統文化作基礎。

董樞機又重新用一九九〇年教宗若望對台灣述職的主教所說的話勉勵主教：「台灣的信眾應該不僅保守過去的成就，而更應該將傳揚基督指向那些尙未認識祂的人們。」董樞機說明了福傳要向尙未認識基督的人去傳揚。而不僅祇在信徒中宣講基督。我們不要去爭論名詞，「小小羊群」，「小小羊群」是基督用爲代表自己的羊棧，當然可以代表台灣教會。我們所要講，所要行的，是向尙未信仰基督的同胞作宣傳。董高樞機說：「亞洲也需要基督，你們是『一個年輕教會』的藉口是不能成立的。每一個教會，即使由新皈依者所組成的，教宗若望保祿二世如此指出：以其本質來說，就是福音的傳播者。」

第二點：大陸教會

董樞機借用教宗望保祿在一九九〇年十二月對中國主教所說的話：「深受感動而感謝天主，在這些年來，主教、神父、修士、修女和一般信眾所表現的光輝的榜樣。」同時「或因來自外來的因素，或出自某種內在的因素，而造成的分裂，而覺得痛心。」在目前混亂與分裂的情況下，我們要以真理和愛德面對現實，董樞機指示了下列的範圍。

一、「我們的教會『公教會』，也就是說：『她是普及全世的，不僅在名義的，而且在本質、結構、使命和教義上，也是爲全人類的。』」

二、「因此天主公教會是因信仰的聯繫，與普世各地方教會共融，並與伯鐸繼任人—天主公教會有形領袖共融，合而爲一。」

三、「耶穌基督所建立的教會，以伯鐸爲磐石，伯鐸和他繼人的首席權，不僅是項名銜。而實質上確有行政管轄權。因此與伯鐸繼任人的共融，應該是在信仰和隸屬層面上的。在感恩祈禱文中，爲教宗祈禱是件美好的事，但仍沒有完全與教宗共融。這些爲我們都是信仰的真理，而不僅是紀律問題。它們關係到教會的本質，沒有人的權力可以更改的。天主公教會不是全國或個別教的聯合教會，而是一統的唯一教會。治理某個別教會的主教，應實際並完全與教宗聯合。因此「國籍」教會根本不能存在，也不能繼續與天主公教會合而爲一。」

董樞機在最後提出實際可行的建議：不判斷人和他的意向原則下，對於天主公教會的信仰真理，和本質的明確性，有必要加以推動。同時在忠於伯鐸的人們中，促成圓滿合一的忠實工作，再繼續爲他們祈禱克苦守齋的精神援助。

以上爲董樞機講話的要點，董樞機說得很清楚，福傳向外宣揚基督，爲我們台灣教會的本質工作。今後台灣福傳的工作要向下札根，進入民族文化的現實生活。本陸教會在忠於信仰與教宗聯繫的原則下，要團結合作。

上次香港胡樞機主教受邀訪北京，胡樞機的發言人說梵蒂岡願與中共建交，隨時可以發展。台灣教會宜有心理準備。這些話要屬實，表示發言人根本不懂教廷外交原則。胡樞機訪北京，是中共邀請，不久前也邀請了澳門主教，與梵蒂岡外交沒有關係。在沒有和中共談判有結果以前，教廷不會和中華民國絕交。職業性的發言人，在敏感的問題上，絕對不會說不該說的話。

祭天敬祖

今天接到輔大宗教輔導中心主任許詩莉修女傳真信，說他和戴台馨老師想作一個研究計劃，定名爲「敬天愛人思想與祭天敬祖禮儀」，要求我供給推動輔大祭天敬祖的意義和經過之資料。口頭上，我曾經多次解釋了祭天敬祖的意義，今天因許修女的要求，我就用筆來說一說：

輔仁大學每年舉行一次「祭天敬祖」典禮，在中美堂舉行，有四千學生參加，校長主祭，先行彌撒，後行祭祖。

這項典禮，從我到校長任所後開始，已經舉行了十多年，學校同事中在開始時有許多人不贊成，不贊成舉行彌撒，說是參禮多係教外學生，不懂彌撒意義，不守禮儀規則。但因我堅持，大家漸漸進入狀況，在我退休前兩年，大家都感到禮儀對學生很有意義。

于斌樞機提倡祭祖，引起社會各界注意，也著實由倫理教育協會按照古禮舉辦。我很贊成于樞機提倡祭祖的動機，在家庭制度瓦解和孝道衰微的時期，祭祖有保持家族精神和孝道精神的重大意義。因此，我在任台北總主教任內就開始祭祖民國六十年（一九七一）正月廿五日農曆新年，在主教公署團拜，在大禮堂祭祖、獻香、花、米、酒、讀聖經，這是開始第一次，次年，民國六十一年（一九七二）二月十四日，農曆新年，祭祖，立一民族國家列祖牌位，獻香、花、果、酒、讀聖經，民國六十二年（一九七三）二月三日農曆新年，第一次在聖家堂行祭天敬祖大典，請于斌樞機主祭。民國六十三年（一九七四）正月二十三日，農曆新年在聖家堂祭天敬祖，我自己主禮，以後每年農曆新年，照例在聖家堂行祭天敬禮。全國天主教會聖堂後來都陸續響應，成爲現代全國一貫的典禮。

我到了輔仁大學任校長，有了兩種考慮：第一點、輔仁大學爲教會學校，在教育方面須特別注重人格教育，在生活方面應培植學生有正確的觀念，學校已有人生哲學一課，在教學上要加強，還要培養學生生活好的習慣；因此，學校乃有禮儀週，教孝月，便也要舉行祭祖典禮，教學生愛家庭、重孝道。第二點、輔仁大學爲天主教大學，天主教爲世界一大宗教，歷史悠久，對世界文化影響很大。在輔大求學的青年，都有意願想知道天主教是什麼教，他們的親友也有人問他們關於天主教的問題。我們學校便應該供給他們求知的機會，我便想學校開聖經班和教義班，公開地向學生宣講，來聽的學生自由報名，不問將來願不願意領洗。但當時教育法令不准公開教授宗教乃作罷。雖然在人生哲學課，教授有人講天主教義，但我自己還是給博士弟子開了一班天主教教義和思想，博士弟子有人跟我聽了四年，也有人領洗。爲願意領洗的人，學校中的神父修女有人講道；然而從研究輔大學生宗教生活狀況的調查問卷中，有百分之七十，願意知道天主教教義，他們抱怨學校沒有給他們機會。

彌撒爲天主教唯一重大禮儀，社會也都知道天主教行彌撒，我們也就應該讓學生們見識見識，不然，一個學生在輔大讀了四年書，親友們問他彌撒是什麼，他說沒有見過，親友們都會覺得有點奇怪。可是教育法令禁止在學校有公開宗教典禮，我乃想在學校舉行祭祖，教育部不能反對，祭祖前有彌撒，教育部也不能挑剔，我就決定在輔大舉行祭天敬祖。曾經在民國六十五年（一九七六）十二月廿四日，在輔大附設神學院講演祭天的意義，且仿效祭天古禮綱要舉行彌撒，民國六十八年（一九七九年）三月廿八日（我於民國六十七年八月二日到校）在輔大中美堂主持祭天敬祖典禮，先行彌撒後行祭祖。次年，民國六十九年（一九八〇）四月九日在中美堂主持祭天敬祖典禮，先行彌撒後祭祖，特別標明追念蔣中正總統逝世五週年，于斌樞機八十冥誕，以後每年常在四月清明節前後舉行。

普通社會農曆新正的祭祖典禮，稱爲敬天祭祖，典禮是先拜天地，然後上香獻祭品以祭祖，拜天地不是祭祀，是敬禮。中國歷代祭天的祭祀爲郊祭，乃國之大典，只有皇帝親自主祭，其他任何人都不能代替。祭祖則是官府和民間共行的祭典，家家可以舉行。農曆元旦拜天地和祭祖是兩種儀禮，可以分開，可以同時先後舉行。

輔大的祭天敬祖，也是兩種禮儀，先有彌撒，彌撒爲祭祀大典也爲聖餐聖事。祭祀的名詞在中國傳統裡，凡是對於神靈亡魂的敬禮，都稱爲祭祀、祭天、祭土地公、祭孔、出殯公祭，都稱爲祭祀。在我們天主教內，只有彌撒爲祭祀(Sacrificium)，只能用爲敬拜天主。因此，在康熙年代爆發了「禮儀問題」，教廷禁止了中國信友祭祖祭孔。現在解釋清楚以後，可以敬祖敬孔，但還是不要用「祭」字，以免發生誤會。年來屢次有機關團體邀我到國外祭孔，我都婉拒。輔大在近兩年，祭祖時不行彌撒，只用聖道禮，這和結婚或出殯，沒有彌撒，只有聖道，則純粹是婚禮或告別禮一樣，不加上祭天或敬天，單純地是祭祖。

在教會傳統裡，教會的禮儀是封閉的，只有信友可以參加，在古代望教友只能參加彌撒的聖道部份，到了獻禮經時就要出去。近世紀則不一樣了。教宗在聖伯鐸大殿舉行彌撒，駐教廷外交團都應參禮，外交團的使節中許多不是天主教信友，我們中國的使節，除吳大使父子外，都不信天主教，可是他們常常穿著禮服參加教宗彌撒。學生參加彌撒，不懂意義，應有解釋禮儀的手冊。學生講話，不規則，這也是不可免的事；只要禮儀進行很肅敬，參加共祭的神父衣著端裝，祭服整齊，行禮虔誠，再配合幽雅的歌韻，全場會有宗教的氣氛。何況舉行彌撒的目的，在於向學生介紹彌撒典禮，使他們看見天主教一種隆重，虔誠，也美麗的典禮。這也是間接的福傳。

施予比接受更美

農曆新正是真正的中國年，大家都回家團聚，享受幾天天倫之樂。在忙碌競爭的社會裡，這種享受可算是人生的強力劑。

我則是單獨在天母牧廬，坐在小聖堂裡，翻閱「禮儀日曆」亡者主教、神父修士名單。靜靜地數去，一共四百三十九人。我知道還有去世的神父，名字不在名單之內，如台南的遣使會華克斯神父和同會的董神父，這個名單是去年八月編定的，八月以後到今天已經又有幾位神父去世了，如劉德宗蒙席，高世英神父，數字可能快到五百了。在這份名單中，沒有列出已故的修女，她們的數目，必定也不少！

農曆新年祭祖，活的人團聚，也紀念去世的親人。「事死如事生」，一家的人真正團聚在天倫的愛中。

故去的聖職人員和修士修女，和我們聖職人員是一家人，我想在新年也想想他們。

想想故去的聖職人員和修士修女，腦海中就有聖保祿宗徒所說：「施予比接受更美」。

故去的聖職人員和修士修女，大多數爲外籍傳教士。他們施去了家鄉；施去了健康，在大陸遭中共監禁；施去了享受，來台灣由搭草棚做起，有如金門的羅寶田神父，一生睡木板。他們爲基督施去一切，不求人知。重病回國，還依依不捨。我腦海中浮起藍總主教和滿濟世神父送別的情景。

故去的中國聖職人員和修女，也多是離鄉背井，因中共的殘酷，有家歸不得的人，施去自己的家鄉。來台灣工作，更是赤手空拳起家，茹苦含辛一生，施去了最基本的享受。最近一位七十歲的神父，給我寫信，他自己擦地、洗衣、煮飯。昔年方豪蒙席去世以前向我說：夜間上廁所，因半身不遂，費盡心力扶著牆壁桌椅才能去一趟，同居服務的老人，叫他也叫不起來。中國神父爲基督施去了一切。

施予一切的聖職員，沒有接受人世的報酬，他們只怕施予的不夠，施予的不澈底。這種施予是人世最高的愛：愛天主愛人。人世社會有這種只施予的愛心，天主才寬赦人世的罪孽。

我自己則很慚愧，我施予的那麼少，接受的那麼多！有人對我說：「可以有的，你都有了。害病住第一等醫院，看病有專科主任，住家有人侍候，在社會裡有地位，在學術界有名氣，你還缺少什麼？」我說「現什麼都不缺。過年過節，學生和青年朋友來送禮，表示不知道要送什麼，因爲什麼我都有。我牧盧書房的木器和陳設，看來很華麗，樣樣都是人家送的。只有書籍是我自己買的。」

心裡覺得很過不去，有違聖保祿的教訓，近三年來，因天父恩賜沒有抱病住醫院，（原先每年一兩次住醫院），把住醫院該花的錢，用來印書送聖職員和修女，印了「耶穌基督是誰」、「我們的聖母」、「福音生活」、「宗徒訓示」。作一點施予不接受的小事，追隨我們的聖職員的芳表。

新年元旦

慶生不慶生，
親朋來相聚。
一年一次見，
藉機數舊雨。
一極滿祝福，
舉手求天父。
寒風滿街衢，
白髮雙手撫。

八四年元月一日

農曆新年

水仙照孤燈，
蟹菊對寒窗。
賀年聲已寂，
鄉思滿胸腔。
竹葉雨滴滴，
雁影渡湘江。
獨坐對基督，
天父祐家邦。

八四年正月卅一日

禪靜的反省

信佛習行禪靜的人，越來越多，不是遁入空門，而是為淨化心靈淨化社會。目前佛教的宣傳，「從平面雜誌，到電台空中放送，到電視映像輸出，都展示了佛教傳播力量立體化的堅實力量了。」（大成報　八十四年三月十四日）

淨化心靈和淨化社會，本來是我們天主教的目標。基督很隆重地聲明：「你們不能侍奉兩個主人，不能侍奉天主又侍奉金錢。」退省的避靜，本來是我們天主教幾百年來的修行方式，為什麼目前大眾習行禪靜而不習行我們的避靜呢？當然因為禪靜的內容，是中國佛教習行幾乎兩千年的修行。這種修行和我們的避靜有什麼差別呢？兩種修行的最高意願不同，禪靜是心向佛，避靜是心向天主；但是意願的目標都為淨化人心、淨化社會。兩種修行的方式也各有特色。禪靜的特色，依照中國民族的傳統，較適合中國人的心理；避靜的特色，採西洋傳統和現代化精神，較適合青年人的心境。

（一）禪靜堅持靜和空，習行禪靜的人，坐禪守靜默。空除自心一切思念，尤其要排除對金錢地位的貪念。一連三天、五天、七天，每天四或五小時坐禪，誠實地空心，真能達到淨化心靈。我們避靜時，長時聽講道，長時公共誦經，少有靜默以心對天主的時間；有時間時，則是省察自己的以往，以求改過自新。閒時，則彼此交談。這種避靜是洗刷的工作，好比年底洗窗戶，也是淨化心靈，但是，心靈沒有空，沒有全心交給天主，只是洗刷了外面的行動，心靈若空了，每天以空淨的心對天主，靜靜聽天主的密語，心靈乃能被改造。

（二）禪靜堅持吃苦，一切行動有時間，早起早眠，吃飯、菜蔬素簡，不言不動，飯菜必須吃完。規定掃地、拔草，自整床舖。習行禪靜的人學習勤勞，學習吃苦。這是中國人傳統的勤勞節儉的精神。我們的避靜，生怕來避靜者吃苦，菜要好，事事輕鬆，決不讓些許工作使他們分心。若是年青人行避靜，更要計劃歌唱跳動，使青年人心情愉快。目前家中一兩個子女，父母也是盡量使他們生活享受。青年人以及壯年人都只知道享受，不敢吃苦。做避靜吃苦，不是好方式，青年人不會來參加；但是避靜中有幾點吃苦的訓練或表現，則是好的。基督教訓我們：誰願意跟隨祂，就每天背自己的十字架。

（三）禪靜時唸佛經，佛經講報應，談輪迴。目前台灣社會許多人正在瞑想自己前生是什麼，算命的書充斥社會。講倫理而不講賞善罰惡，倫理就成爲虛套。我們避靜，從第二屆梵蒂岡大公會議後，煉獄沒有了，地獄消失了，大談與天主相融會，舒舒服服進天國，就是普通講道，也不講地獄天堂了。在教宗《跨越希望的門檻》書裡第二十八問題，發問的人就說：「教宗閣下，天堂、煉獄、地獄還存在嗎？爲什麼許多教會人士，對時爭評論不休，但對於永恆、對於天主最終的結合，卻好像再也不談了。」教宗答覆裡也承認是有這種事實。教宗也肯定：「如果不宣揚這些道理，教會還有能力激發人的英雄氣概，而產生聖賢嗎？所謂聖賢，我不只是說那麼偉大的被供奉到祭壇上的聖人，而是指那些教會早期著作所理解的平凡的聖人。」基督在福音裡每次談到作惡的人，就結論說他們被投入永火，咬牙切齒，哀號痛哭中去。神學家可以解釋火不是火，但不能解釋「永火」，都是譬喻，而不象徵罪罰，罪罰就不必想了啊！

婦女大學第五屆結業賀詞

婦女大學第五屆結業紀念冊，要求我寫幾句話，我想最好的紀念話，應當是關於今年國際婦女年的話，教宗若望保祿二世，特別關於今年的婦女年，爲今年元旦和平日，發表文告，提出婦女爲世界和平的製造者，婦女維持家庭的和平，教育子女愛好和平，社會和國家才可以有平安，男人在社會爭權奪利，婦女用心裡的愛心，在社會散發愛心，平衡社會的男人霸氣，社會裡能夠有和諧。

婦女的社會地位，漸次升高，婦女的工作，逐漸擴大，社會的各種行業，政府的各種機關，都有婦女的席位了，明年的總統選舉，已經有婦女聲明參選了。

但是以我這個老年人看來，婦女的最具價值工作，還是安定家庭，教育子女，我不是說婦女的天職是作「賢女良妻」，也不是說婦女祇應作家庭的工作，我祇要說家庭的工作爲具價值的工作。教宗若望保祿二世特別強調家庭工作的重要性，應視看作社會國家最有價值的職業，教育部和社會都認爲大學畢業女生，沒有在家庭外有工作，算爲失業，這種想法最荒唐，婦女在家，主持家事，安定了家庭，使丈夫安心工作，社會得有安定，這種安定家庭的工作，乃是國家社會的基本工作，也是人性的基本工作，家庭既是社會的基礎，也是人心能取得安慰的泉源，雖然目前新新青年，高唱單身貴族，日後五十歲以往，而且就是現在，單身貴族心靈的空虛，精神的苦悶，不是金錢和性慾所可滿足的。青年爲國家的希望，將來的棟樑；可是青年必須受過良好教育，目前，大鬧青年犯罪問題，因爲青年失去了良好教育。良好教育以家教爲基礎，家教以母教爲基本。教育了一個有才有學有品德的青年，對國家社會和人類，作了最有價值的貢獻，在幼稚園工作，算是有職業，國民小學的教育，算是有職業，在工廠作工算是有職業，母親教育子女，算是失業，不是荒唐嗎？家事能成爲大學家政系，或實用民生科學系，主持家政的婦女，算是賦閒沒事做嗎？或者她做的事，比不上一個紗廠女工穿紗，或者比不上一個坐辦公室的女子呆板讀公文嗎？

我不是說婦女祇是在家裡，我是說安定家庭和教育子女的工作，是應當視爲最具價值的工作，女子除了這種工作以外，當然可以做其他種工作，但是社會一般人，另外婦女們把主持家事和教育子女的工作價值，務必要提高，使國家社會建築在磐石上，不要建築在沙灘和泥濘上。

婦女大學供給各位學員進修的機會，使各位學員在專業的學識上有增進，工作的能力加強，可以到社會相關的職業，去發展才能，也使各位在家庭的工作，學識和技術，都有長進。各位學員必定會利用自己的學識，更覺得自己對社會可以有許多貢獻。也加強自己對家庭工作的信念，各自首先增進家庭的福利，穩定自己對社會其他工作的基礎。

生命哲學

去年十二月華視播放公共電視的智慧的薪傳節目和今年三月台視播放的經典人物節目，都介紹了我的生命哲學，認為是結合中西哲學，發展中國哲學的新方向。今天我自己來看看藥，向大家談一談。

近半世紀講中國哲學的大師，方東美、唐君毅、梁漱溟、牟宗三，都異口同聲說明儒家思想的特點，也是中心點，在於「生命」。儒家以宇宙為一道生命的洪流，由天地的大化流行，化生萬物，萬物都有生命。吳稚暉還說就是毛廁裡的一塊石頭都有生命。熊十力更用佛教的海水海波象徵宇宙絕對體和萬物的關係。

這種思想來自《易經》，《易經》講宇宙的變化，即是天地人三才的變化。宋朝理學家以宇宙變化，由太和元氣為根基，元氣分為陰陽，陰陽變化為金木水火土五行，五行結合成萬物。陰陽的結合有化生的能力，化生的能力繼續不停，生生不息。所以《易經・繫辭上・第五章》說：「一陰一陽之為道，繼之者善也，成之者性也。……生生之謂易」，化生乃是天地的大德，是仁，朱熹說人得天地之心為心，故人心也仁。孔子的思想以「仁」作一貫之道。孟子講「親親、仁民、愛物」，中庸更以聖人之道，在參天地之化育，和《易傳》所說與天地合其德意義相同。

儒家這種一貫的生命哲學，目的在講我們人生之道，宋明理學詳細地講修身；但是在形上學方面則沒有講生命的形上意義，我用士林哲學的形上學思想，系統地加以講說。

造物主天主創造宇宙萬物，用自己的神力創造宇宙，天主的神力為「創造力」，所創造的宇宙為一奇妙偉大的動力。這種動力稱為創生力。宇宙就是創生力，宇宙的本性（元形），為天主創造宇宙的理念，宇宙的質料（元質）乃天主從無中所造。宇宙從受造的開始就動而變，變的動力為「創生力」。每次動的質料，用宇宙的質料，動的理由（元形）為天主造這物的理念，每次變動化成一物。現代天文學講宇宙常變，新物理學講物質都是力，物體的最基本原素常在動。

從形上學說：動，是「能」而到「成」，例如我能讀書，我就在讀書，「能」在一實體上，動時，由創生力發動能到成，所成的，或是一種動作，如讀書、走路，或是一件新的實體，如母親生了兒子，或是雕刻家雕了一座石像。宇宙間的變動常繼續不停，在每一物體內也動，這種內在的動，稱為生命。母親生了兒子，嬰兒繼續生長，成為青年、成人、老人，一刻不停。這種生長常是由能到成，因為這個嬰兒本身具有生存的能，由能到成，繼續動、繼續變、繼續長，一旦本身沒有生存的能力，動就停止，便是死亡。

人的存在就是生命，生命使人存在，使人的心物合一，使身體各份子相結合。別的動物植物，都靠生命而存在，肢體相結合。所有無生物的石頭礦物，也由體內一種力量使份子結成一體，這種內在的力量，常動，也是生命。這種力量一停止，石頭或別種礦物就分化。整個宇宙萬物變動的發動力，爲宇宙創生力。

宇宙全體和萬物，都有內在的動，即是創生力，即是生命。宇宙萬物的生命，高低不同，然互相連接，互相完成。宇宙間沒有孤立的生命，人和萬物，萬物彼此都要相通相助，環保的要求，乃是物性的要求。每個物體或是人，即有類性，又有個性；類性和個性在實際上合而爲一，由造物主所定。朱熹曾以爲個性來自氣，聖多瑪斯主張來自物質，實則來自造物主的造物理念。中國人普通稱爲命！個性理念，爲物質的本體，天主造宇宙時已往就存放在宇宙物質裡，物質變動到了這種理念可以出現的環境，理念出現而化成一物體，或一新種的物體，乃有物種的進化。人的理念乃是靈魂，直接由天主由創造力，給予創生力而生一個人。一個人出生後，繼續成長，身體常在變。身體是人的本體，身體變是本體變，然而這個人常是這個人，即是因爲元形靈魂沒有變。靈魂和身體的動或變，在外面有外形表現，造成附加的形式，如胖瘦、高低。宇宙萬物和人，由造物主所造，應該歸於造物主。造物主天主乃純粹的絕對精神體，人本性沒有能力可以上達造物主的本體，天主聖子乃降生爲人，以神性的生命賦給人，人便能認識並愛慕天主的本體，獲得身後永生的幸福，整個的生命，無論本性超性都是天主的愛，也是萬物彼此的相愛，所以說「生命是愛，愛是生命」。

母親的偉大—慶祝母親節

今年初報載美國甘迺迪家族的老母，蘿絲去世，享年一百零四歲。輿論界恭維她是「風雨中屹立不搖的玫瑰」，以家庭爲終身事業，培植了一位總統，兩位參議員。晚年喪夫喪子，兩子都被刺身亡，她卻說：「我絕不會被這些事打倒，我還有四個孩子，以及孫子們讓我掛心，我絕不倒下來，或被磨得粉碎，如果我倒下來，甘家的士氣就會沈下去。」（中央日報民八四年正月廿五日版）。扶柩送葬有兒子甘迺迪參議員夫婦，三個女兒，兒媳參議員羅勃·甘迺迪的遺孀，以及二十八個孫兒子和四十一個曾孫輩子女。甘迺迪家族爲美國著名的政治家族。

在我這有老年思想的老人看來。蘿絲甘迺迪真是一位女強人，成就了一位女子的偉大事業，不僅因爲是總統和參議員的母親，而是她栽培了一位總統，兩位參議員，建立了一個聲望很高的家族。全球輿論都予以讚揚。

母因子貴，妻因夫貴，乃是天然的事。不過當前年青女子的想法，卻有不同。女子要自創事業，自建地位，以自己的事業和地位而受尊敬，不能再容男子們的男子心態來讚揚母親和妻子的光榮。

可是，事業和地位的價值就不一定了。作一個上班族，當一個女秘書，任副或總經理，事業和地位似乎比母親和妻子的事業和地位高，實際上則培植有作爲的兒子，安定一個有天倫樂的家庭，工作的價值遠遠超過經商或工廠生產，甚或政壇事務以上。

遠東經濟的發展，許多學者說是儒家家族精神的動力。台灣目前的經濟，不是都是家族經濟嗎？就連除教會的私立學校外，台灣私立學校不也是家族學校嗎？母親和妻子在家庭精神裡，地位和身價不能看得低！至少，在民主時代，要與男人平等；而且母親，比男人地位高。

我們天主教恭敬聖母瑪利亞，就因爲她是耶穌的母親。地上的男人都在她以下，連天上的天使也在她以下。我們教會也恭敬許多聖女，她們都是以自己的工作和人格，超凡入聖。教會初期的聖女，都是殉道的烈女，近世紀有保持貞節而捨生，還有保持胎兒的生命而捨生的烈女。

今年爲國際婦女年。婦女們大多數都是家中的母親。每一位母親的工作，都是神聖的工作，在目前台灣的社會裡普遍興起母親家教的急迫性，避免使破壞社會生活的青年犯罪的洪水，淹沒大家的家庭。在外工作的母親，深切地要體貼教育子女的責任；因爲解決青少年犯罪所提出的各種方法，最基本的方法是家教。

當著社會風氣不看重母親職位的時候。我們天主教人士要有勇氣，和教宗若望保祿二世站在社會第一線上，保衛「母親」的尊嚴，一位善盡「母親」職責的女子。是國家民族的恩人。女人可以作的工作當然很多，工作的範圍也很廣，但是「母親」家教的工作，爲女人工作中最神聖，最有價值的工作，掛在國家教育工作的前站。

國家的政策以經濟發展爲目標，乃是爲求存在的需要。隨著發展經濟，學校教育以科技居先，社會生活以金錢爲動力。創造經濟奇跡，成了國家的榮耀；創立財富事業成爲男女強人的驕傲。家庭事務乃看成創業的障礙，和工作自由的鎖鏈。解放女人走出家庭，放棄子女。結果造成國際印象，疑問台灣是否適於生活？社會亂象叢生，從立法院的暴力，到青年人縱火。這是四十年來，學校教青年人賺錢，不知道人格；社會鼓勵父母工作賺錢，不教子女。若繼續不變，台灣真將是不適合生存！

真正的國際平等

一九三九年七月二十六日，我由羅瑪到比國，拜訪隱居比國布魯琪聖安德隱修院的陸徵祥神父，留居了兩暑期，每天上午下午和陸神父談話兩小時。陸神父述說了生平在駐外使館和外交總長國務總理的事蹟感想，我當時每天作筆記，作我後來寫《陸徵祥傳》的資料。

今天，翻開這份筆記，我看到八月四日有下面這一段陸神父的談話：

「但是，我想還有一種最大的不平等，除非我們自己努力，絕對不能打消，即是中國也需要和別的國家一樣，要有聖人。政治的不平等條約，只要人家願意，人家就可以給我們取消。爲祝聖中國主教和任命中國樞機，只要教宗願意，也就可以有。至於中國聖人，則除非中國人自己努力成聖人，別人絕對沒有辦法可以幫他。我國中國一天有了聖人，我們才可以說和別的國家，在各方面都並駕齊驅了。」中國殉道的「亞聖」，已經有了多位，但修行的亞聖和聖者還沒有。

天主教會有謚封「亞聖」（眞福品）和「聖者」的典禮。在各國信徒中，生活嚴肅，人品高尙，胸襟廣闊，發揮了天人合一的精神，足以作人的典範，或爲信仰而殉道，死後已在天主左右。教廷查明事跡，諡封爲「亞聖」，再諡封爲「聖者」，受諡封爲「亞聖」或「聖者」，即受全教會的敬禮。吳經熊先生曾經說：「我崇拜但丁和歌德，但我不會在他們的像前下跪。我卻在十九世紀法國的一位廿四歲無名小卒的修女聖德蘭像前下跪禱告」。

在台灣服務的修女，最近有兩個修會慶祝她們的會祖受封爲「亞聖」真福，多位主教受邀由台灣趕到羅瑪參禮。我在一九七五年十月十五日參加聖言會福若瑟神父列真福亞聖典禮，和代表當天列品的亞聖本人的國籍主教七人，與教宗保祿六世，在聖彼德大殿廣場臨時搭建的祭壇共祭，我代表中國，因福若瑟神父一生在山東傳教，福若瑟神父爲中華教會兩位修行列品亞聖之一，另一位爲方濟傳救修女會亞松大修女，兩位都不是中國人，福神父爲奧國籍，亞修女爲義大利籍，陸徵祥說當日慨嘆地希望有中國籍的修行亞聖和聖人，他自己勉力也鼓勵我勉力修行成聖。梵蒂岡第二屆大公議會聲明每位信教的人都有修行成聖的責任。中國儒家傳統有荀子和朱子所說的：「求學，始在爲士，終則爲聖人。」莊子以人人應成真人，佛教以人人成佛。祗是中國儒家的聖人，目標太高，要是心無私慾，萬般成金，「溥博如天，淵泉如淵」的人格，民莫不敬，言莫不信。孔子以後，中國不再見聖人。天主教的聖人，是全心奉獻天主的人，遵守天主的規誡和福音的勸諭，克制私慾，愛心愛人，死後已升天國。諡封典禮舉行以前，要經過長期的嚴格審查。所言所行，所寫所著，由教廷諡封部組織審查法庭。言行都超乎尋常的好。可作諡封的候選人，還需死後顯靈，作爲升天的證據。地方的教會出了聖者，表示地方教會的精神生活，達到了相當成熟的境界，乃能產生聖者。但是聖者的修行，則是自己的努力，中國教會有了修行的聖者，才可以和歐美的先進教會並駕齊驅。

一個國家在國際間的地位，由政治經濟決定。一國國民在國際間的地位，則在於生活的品質。我們中華民國的國民，現在以經濟開化，政治民主的身份，求與歐美日本的國民平等，便應具有開化和民主國民的生活品質。

白髮

1\. 不見星夕已多年，
習坐書桌伴青燈，
閒看窗沿花葉綠，
時進聖堂精神升。

2\.
三頓家餐三覺睡，
閉門不問人愛憎，
祇教弟子思哲理，
逢人還勸把慾勝。

3\.
八十四年度人生，
榮華權位雲氣蒸，
一襲青衫掛十字，
清晨步上祭壇磴。

4\.
白髮蒼顏吾老矣，
手捧聖經窗欄憑，
一角雲天雨淅淅，
身後永生心情凝。

民八四年，四月七日

生活的單純安定

我們來談談心，話話時常。

李清照在她的詞中，曾經說「守著窗兒，獨自怎生得黑，梧桐更兼細雨，到黃昏點點滴滴，這次第怎一個愁字了得」！描寫她銀髮年時喪夫的心境，她感到孤苦。孤獨的苦，銀髮族體驗很多很深，少壯時也能深深體會，古人詩中，多有孤燈孤客的悲痛。杜甫曾說：「清秋幕府井梧寒，獨宿江城蠟炬殘，承夜角聲悲自語，中天月色好誰看。」杜牧曾說：「旅館無良伴，疑情自悄然，寒燈思舊事，斷雁警愁眠。」崔塗在除夕有感：「亂山殘雪夜，孤燭異鄉人」。人生若只有孤伶一身，心裡感到像在沙漠中，周圍一片木呆；或者像掉在冰水中，一身浸在苦悶裡，一位老者，四目無依，他的日子，真是獨自怎生得黑？！

我常是獨身離開家鄉六十多年，從沒有回家，現在已經退休，一生沒有感到孤苦。手頭常有工作，日間時間表常滿，沒有時間獨自唱苦，放下了外面的工作，進到聖堂更覺得有天父同在，聖母也在傍，我自認的神親姊姊德蘭不會捨棄我，夜間醒來不馬上入眠，找護守天使談幾句。

老年的生活，最好的是單純清明，少壯時，手頭事情多，外面交際繁，心頭還要想種種計劃，心靈的思慮很複雜。在祈禱時，要向天主述說的事，要求的恩惠多著哩！老年退休了，馬上，心頭沒有一切計劃了，外面的交際消凋了，手頭的工作輕鬆了，因而整頓一下自己的生活，生活都屬於自己了。陶淵明曾對自己說：「世既與我而相遺，復駕言兮焉求！」人家不要你了，你去找人家幹什麼？腦子裡空了，心靈也虛了，不是空虛什麼都沒有，不是放棄一切只有悲觀，而是只想永生，只想天主，永生和天主相結合成爲一個理念、一個思慮、一個愛情，在住處牧盧，耶穌在聖堂的聖體櫃中，爲我守了三十四年，三十年我只早晨晚間陪陪耶穌，現在可以多陪祂了。永生不是欣賞天主的生活嗎？現在雖不能面賞，心中是可以賞了，這不是永生的前奏嗎？

不是說成天守在聖堂裡，活在人世還有爲天主該作的事，在人世用人世的方法宣揚天主，讚頌天主；在人世幫幫旁人。就好像在天堂用精神的方式頌揚天主。這些工作目標，只有爲天主，不看世人，工作若多，心情歸於一。

老年人的生活，單純了，容易滿足；清明了，絕不雜人世的利害愛憎，克除私慾。目標很高遠，在於永生。所想的、所要的，是天主；天主在心中，心靈平靜安定。老年人的生活，是可愛的。

聖人們則是青年或壯年，不等到老年，才有這種心境，他們終生的生活目標，只是天主，所看的、所追求的，也只是天主，他們一生心靈純潔安定，老年人迫上粱山，不是這麼做，生活必定孤苦愁悶，這麼做了，心靈快樂。不是青年人有前途，老年人只有回憶，青年人和老年人都是生活爲永生，目標相同，前途相同；而且老年人距離生活的目標，已經很近了，他不預備自己走到目標，還想什麼？還有什麼可想！

當然我很感激在我身邊照顧我的人，她們誠心用照顧家人的心情照顧我，令我免去人世間的人情孤苦。照顧我的修女，更是用服務基督以服侍病人老人的心，令我在衣食生活中，無憂無慮。所以我該永久歌頌天主的仁慈。

靜坐默禱

中國古代的文人（文人也就是官員）在案牘的灰塵裡，常尋求時刻以靜心，古文裡乃有許多篇的遊記和樓亭記，例如歐陽修的〈醉翁亭記〉、王禹偁的〈黃岡竹樓記〉、蘇軾的〈赤壁賦〉。度道家生活的詩人，則更避俗以隱居漁[illegible]，如柳宗元的〈江雪詩〉所說：「千山鳥飛絕，萬徑人蹤滅，孤舟簑笠翁，獨釣寒江雪。」佛教的僧尼，從魏晉南北朝，就實習坐禪，在四級禪靜裡，一級一級往上升，後來南禪六祖慧能，更教人頓悟成佛。現在台灣各界人士，群往寺廟，學習禪靜，靜息貪欲。

天主教在巴肋斯坦開始時，宗徒們奔走各方宣傳福音，他們領有天主聖神，在忙碌傳道生活中，心中祇有基督，聖保祿就說：「祂生活，不是我生活，是基督在我內生活。」但在第二世紀時，已經有信友，避世隱身，終生在埃及的沙漠裡，穴居野處，日夜默禱和讀聖經，第五世紀，在巴肋斯坦已經建立隱修院，隱修士度團體生活。在第六世紀義大利聖本篤，創立了本篤會，會士每天祈禱作工，會士有男有女，分院隱居，會院遍佈全歐，在第十二世紀聖方濟和聖道明者創修會，修士修身以佈道，天主教會內從此充滿各色的男女修會，成千成萬的修士修女，尋求靜心，事奉天主。

修會的生活，守齋守靜默，每日行彌撒祭祀，歌唱聖詠日課，但還有默想，每人每天半小時回味聖經的一段思想，整理自己的心靈生活，天主教的心靈生活，是同耶穌基督生活，自己的思想和情緒，融會於基督的思想和情緒裡。

歷代都有聖人，以默想作默禱，自己和基督對話，又有聖人，受天主特恩，在默禱中面睹天主，身體的感官和理智，頓時停止作用，衹有心靈面對天主，歷時可久可暫，但平日不有面睹天主的特恩，心靈也緊緊和天主相結合，絕對不想外事。

目前社會各處都是工作熱，以往士農工商每天都可以有休閒的工夫，現在幾乎一週都得不到休閒，大家都想法尋地休閒，而在休閒中心靈也得不到休閒，乃有人是往寺廟尋找一刻的靜心，天主教人士，連聖職人員和修女們，也感得內心充滿俗慮，不能靜心對越天主，因此便有人倡導靜坐默禱天主。

靜坐默禱，外面姿勢採用佛靜方式，但不拘守一式，地點在聖堂或工作室，坐則正坐挺腰，腳可屈可盤，兩手或平放膝上或合置腹前，雙眼閉而稍開，呼吸平穩，先深呼吸，後徐吐氣。口閉不言，腦中來回唸一句經文。或坐一小時，半小時，一刻鐘，每天不斷。

靜坐默禱，用爲靜心，排除一切思慮，心裡衹有腦中的一句經文，心走開，一發覺，立即回歸經文。靜心祇是方法或路途，天主教和普通一般的靜坐不同，是不以靜清思慮和情慾爲目的，而只是方法，以排除心中的思慮情慾，整個的心歸向天主，歸向天主的表現，是以腦中所唸的一句經文，敬拜天主。

默禱的敬拜，非常誠切，非常深入，既能持久，乃能印刻心上，通常內祈禱，雖能口誦心維，心情也常飄浮不定，事過即熄，默禱使愛主的心，越熾越熱，使心靈熔化，熔化在天主的愛內。靜坐默禱，不是默觀，面睹天主。若是天主願意恩賜特寵，使人在靜坐默禱中和祂當面相對，特寵非常可貴。

靜坐默禱若不以歸向天主爲目的，便不是默禱，祇是通常的打坐，靜坐全心靈歸向天主，則是超性的默禱。但不一定心靈進入靜定和天主相融洽的境況，應忘記外物，然而一心歸向天主，可以體驗天主的臨在，心靈的安定，天主必不讓人白白找祂。

在忙亂的工作中，在複雜煩人的思慮中，每天能靜坐默禱，心靈可以安定，情緒可以穩定，生活的目標常在眼前，小則可以減輕貪欲，大則可以成聖。

天台止觀和聖德蘭的默禱

七月卅一日到八月四日，在佛光山舉行天主教與佛教國際交談會，主辦負責人衷誠歡迎我抽空蒞臨。我空的時間是有，身體的健康則缺，不能往高雄參加。乃寫了「佛教天台止觀和聖德蘭的默禱」，及「般若的空觀和聖十字若望的黑夜」二篇文章，這是其中的一篇。

佛教天台宗的止觀，爲天台創宗大師智顗的「摩訶止觀」，這本書的名詞，「摩訶」爲大乘，「止觀」爲禪法，即是大乘禪法。「止觀」的禪法分爲兩部，第一部「止」，降伏心結煩惱，空除一切念慮；「觀」，啓發自性光明，取得智慧，自見心中佛性。實際「止」即是「定」「觀」即是慧。智顗說「若夫泥洹之法，入乃多途，論其急要，不出止觀二法」泥洹是涅槃，即不生不滅，方法雖多，急要的是止觀兩法，實行止觀的方法，在「修習止觀坐禪法要講述」的書裡，提出十點，「具緣第一，訶欲第二，棄蓋第三，調和第四，方便第五，正修第六，善發第七，覺魔第八，治病第九，證果第十。」

「具緣第一」，修止觀的人，要具備的五個條件（助緣），一、守戒律，二、懺悔，三、誓滅罪原，四、堅持清淨心，五、衣食住按法具足。

「訶欲第二」，訶責情慾，使不煩心。欲爲五欲，色、聲、香、味、觸、五欲，即目耳鼻舌身，五種感官所引起的情慾，須嚴加節制。

「棄蓋第三」，捨棄五種煩惱障道，一、外面五官所引發情慾，內心意念被動，覆蓋善念，應該捨棄。二、棄瞋惡蓋，即不惱恨人，三、棄睡眠蓋，不恣意放縱手足四肢。四、棄掉悔蓋，即克制身口心放逸，五、棄疑蓋，應信心堅定。

「調和第四」，調和五事，即身、息、心、眠、食五事，使用得宜。

「方便第五」，方便法門有五：一、樂欲，心樂佛法。二、精進，堅持志向。三、憶念，念世間一切都是欺人迷人的虛相，念禪法令人安定得道。四、巧慧，衡量世間逸樂是虛假，禪定之樂爲智慧。五、一心分別，明見世間諸事可惡可患，善識定慧可尊可貴。

「正修行第六」，正式修行止觀的方法，分爲二種，第一、坐中修行，即靜坐修習。分五階梯，先收粗心，次收浮心，再安心，然後入定，細心克服偏執歪邪之念，再於定中得智慧，最後有均齊定慧修止觀，第二、歷緣對境修習，即在行事中，隨境隨緣作修習。

「善根發第七」，修習止觀過了第六正修行，便有種善根發生：一、外善根，所謂布施、持戒、孝順父母尊長，二、內善根，所謂諸禪定法門善根：明善根發相、不淨觀善根發相、慈心善根發相，因緣觀善根發相，念佛善根發相。

「覺知魔事第八」，惡魔破壞善根，應善識魔事，魔有四種：煩惱魔、陰魔、死魔、鬼神魔。

「治病第九」，修習止觀，須調和身、心息以絕病源。

「證果第十」，修習止觀者，經過上面的九梯，可以得達止觀，即觀一切是空，是假相。作有空二諦觀。再往上修，超越空假二諦，達到中道一諦，行於中道正觀，即不有不空，於一切事物無所染者，一切佛法皆現眼前。

天台宗乃中國佛教最高的兩宗之一，最高兩宗的華嚴宗和天台宗。止觀，兩宗都有，內容相仿佛。佛教以人生爲痛苦，痛苦由人自造，因人愚昧把虛無的事物，看成實有的東西，便生貪心，貪心使人煩惱痛苦，佛教便想把人從痛苦中解脫，救人以智慧去除愚昧，明心見到宇宙萬有都是假的，連人自己也是假的。人在自己心裡，藏著唯一的實在體，即是佛，即是萬有的根源。唯一的實體佛，向外面有所表現，好比海水起浪，佛向外面的表現，就是宇宙萬有，都祇是形式，不是實在，人是佛的一種表現，人都認爲萬有都是實有的，而不認識自己的根源—佛。佛教教人用心觀認識佛，佛在人心理，心觀先教人淨心，克除私欲，認識萬物爲假，斷絕貪心，心清淨　佛在人心就顯出，佛本來是光明。佛顯現在光明中，人便消失在佛的光明中，進入涅槃。心觀就是「止觀」，「止觀」的坐禪法分爲兩個階段，從第一到第五，爲預備階段。從第六到第十爲修行階段。在預備階段中，須克除人心的內外障礙，就是所謂「止」。第六正式修行，講各種修習方式，然後發生各種現象，最後到第十的證果，就是所謂「觀」。

聖女大德蘭，是一位專務祈禱的聖女，同時卻又是一位苦修會工作最多的修女。她是一位神祕生活者，獲得默觀欣賞的特恩，心常和天主相結合，有似新娘對於新婚夫，她描寫了祈禱和天主結合的歷程，寫了一部書，題爲「心靈堡壘」，以堡壘像徵心靈的境界，堡壘的殿宇，分爲七進庭院，一進一進向裡面走。

第一進庭院，爲初習靈修生活的境界。住在第一進庭院的人，心嚮堡壘外的禽獸，愛慕人世間的俗務。所得第七進庭院所發出的光明，很稀微、很暗淡。

第二進庭院，爲進入靈修生活的境界。這一進庭院的人，誠心努力求上進，實踐祈禱。然而不幸屢次接受誘惑，傾向俗務，但跌倒又站起來。

第三進庭院，爲靈修生活已有相當者的境況，克己有規律，德行已高尙，但卻有根深的自信力，沒有完全信托天主的信心。

第四進庭院，爲進入神秘生活的境界。人的努力已漸減低，天主的恩寵則逐漸加多。天主的恩賜爲心靈的安慰，人的心靈附在天主泉源上，安慰神恩的心由天主泉源流入人的心靈，心靈消除了畏懼，一心愛慕天主，在無聲的祈禱中，和天主相對無言。

第五進庭院，爲進入結合生活的境界。人的心靈進入和天主結合的生活，好似新娘預備迎見新郎，心靈已面對天主，接受「默想欣賞」的神秘生活。

第六進庭院，爲神秘生活的境界。人的心靈已常和天主相結合，但接受許多內外的考驗，病痛、失意、批評、羞辱。而心靈不退縮，甘心忍受。

第七進庭院，爲神婚的境界。心靈進入神秘生活最高深處，和天主相結合，有似新婚夫婦，兩心成一心，兩愛成一愛。心靈享受「默觀欣賞」的神恩，安靜安樂。

七進庭院的第一進爲克除外面物誘，第二進爲懺悔，第三進爲信心，第四進爲進入默禱，第五進爲生發神秘善境，第六進爲魔鬼和病痛，第七進爲靜默欣賞，和天主結合的神秘境。

把聖德蘭的心靈堡壘的七進庭院和天台宗的止觀十境，兩相對照，看來很相似，首先克除內外障礙，安定心思，使心靈清淨。佛教和天主教的止觀和默禱的目標，都是心靈的活，使人回歸根源，佛教的萬有根源爲真如，即是佛。真如不是一個確定的人格性絕對實體，而是一個籠統不能界說的實有，宇宙一切爲真如的外面表現，人也是表現之一，人要在內心見到真如，止觀就達到目的。天主教信天主以創造力創造了宇宙萬有，人也是天主造，而且人的靈魂是按天主的性相造的，靈魂以信仰歸於天主，在人死後，靈魂以和天主相結合爲永生。人在人世，領受洗禮，得有天主性生命，以信、望、愛三德，在心靈上與天主結合；默禱就是和天主結合的歷程和境界。

默禱的心靈堡壘和天台宗的止觀，相似而頗相同點有二點，第一點是經過的歷程，第二點是最後的結果，但是不相同點很多，最重要的有四點，第一點，兩者的本性不同，天台宗的止觀，在人的本性界；天主教的默禱，在人的超性界，超乎人的本性。止觀用人力，默禱用神（天主）力。第二點，兩者的出發點不同，止觀的出發點是認爲宇宙萬有爲虛假，人認萬有爲有是愚昧，止觀使人去愚昧，得智慧。默禱信宇宙萬有實有，但屬物質體，能阻心靈歸向上主，人須要超越宇宙萬有。第三，兩者的方法性質不同，止觀用人的智慧看清萬物的空虛，自心就明淨；默禱以祈禱呼求天主，以聖神助祐，清除自心罪污和雜念。第四，最後結果不同，止觀以人心清淨得智慧光明，真如或佛自然顯明，人便自我消失，和佛整合，這種結合是本體結合。靜觀在人心清淨，信望愛三德，把人的心靈和天主相結合，不是本體結合，而是心力的結合，就是在默觀欣賞天主的特恩中，人仍舊是人，人還自立存在。

般若的空與聖十字若望的黑夜

般若為梵語，意思是智慧，智慧在觀萬物為空，般若也解釋為空。佛教以人生的痛苦煩惱，來自人心愚昧，誤以萬物為有，心生貪欲，貪欲帶來一切煩惱痛苦，為解脫人生的煩惱痛苦，須人心有智慧，看清楚萬物為空為假。

佛教「大般若經」，由南北朝時鳩摩羅什譯成漢文。在鳩氏以前已經有部份譯文，中國佛教道安法師，也早講般若空論。「大般若經」有印度龍樹的「大智度論」作為註解。

般若的主要思想為「蕩相遣執」，就是說：「一切法皆不合不散，無色無形，無對一相，所謂無相。」意思是一切事物，都為因緣所生，沒有自己的本性也沒有實體，因此都是空的。可以人心不要執著事物為有為實；但也不要執著事物是空，否則人心就偏在空一點上，心就不空了。大般若經講空，分為十八空，龍樹加以解說。經的十八空和龍樹的解說，都沒有多大意義，十八空裡許多是重覆的，真切地講般若的空，應該是「三種智」：「一切智」、「道種智」、「一切種智」。

「一切智」，是一切聲聞與辟支佛的智，聲聞為佛教小乘的弟子，聞佛的聲教，悟四諦的理，四諦為苦集滅道。辟支佛為悟十二因緣，也稱為緣覺。聲聞和緣覺都是初得道的人。這些人所有的智慧，在於知道一切東西都是因緣所合成，沒有本性本體（相），所以是空。這種知，祇是一種籠統的知識，也是普通的抽象知識，知道一切物都是空，也是相等，即空如性和平等性。因而人自身也是假的，人應知道無我，不要貪求享樂，應克一切貪欲，守持佛戒。

「道種智」，為菩薩的智慧。菩薩是求佛果的大乘人。聲聞和辟支為小乘人，往上則有大乘人。菩薩的智慧，在於知道一切相應以解脫痛苦的善行。即知道一切種種差別之道法，行六度自利利他圓滿佛果之善行。六度為六種善行：布施、持戒、惡奪、精進、禪定、智慧。先行散財，隨即持守戒律，雖被侮辱譏笑，務必忍耐。不顧人間榮辱，堅持修習佛道靜坐，使五根調伏，得有禪定，人神安定，對世物沒有貪念，對自己的智識也認為假，然後乃有菩薩果，知道真法界，即知道佛。

「一切種智」為佛的智慧，直接透視一切法的實相，實相為無相。一切法雖有差別，但實際上一切法的實相都同是一實相，即是佛，故差別消失，名為寂滅相，萬物完全平等，而且祇是佛的實在，人自身也不存在，沒有知識沒有意志，進入涅槃，和佛融而為一。

天台宗智顗根據「中論」的空假中三諦，說「一切智」觀空，為慧眼；「道種智」觀假，為法眼；「一切種智」觀中，為佛眼。「一切智」的慧眼，觀看萬物為空，既不實際存在，更不值貪愛。慧眼人守戒，戒除貪心。「道種智」的法眼，觀看佛教的道法，知道痛苦的根由，又知道破滅痛苦根由的相應法。一切名言是假，一切知識是假，連自身的我也是假我，不單克除一切貪欲，也克除一切知識。慧眼人空了對外物的貪念，法眼人克除了精神方面一切念慮。人的心身內外都空，了無一念，但是心是執著「一切是假」。「一切種智」的佛眼則觀看一切為一，亦空亦假，不空不假，不生不滅，一切平等，萬物為佛，佛為萬物，圓融為一。

聖十字若望為天主教靈修生活的導師，他教導人以祈禱同化於天主，同化於天主過程，則在犧牲和刻苦中進行。人有身體和心靈，身體有感覺，心靈有念慮，為走向天主，必須克制感覺和念慮。聖十字若望稱這種刻苦為「黑夜」，使人心靈虛空，像是一個漫長無光的隧道，「黑夜」分為感覺和精神方面；兩方面又各分為主動和被動方面。

在感覺方面的主動黑夜，人自動克制感覺的貪念，凡是有意識的貪念都克除，努力追求空虛對一切事物的想望。

主動黑夜的意義，是人靠天主通常普遍聖寵的助祐，自動克制自己。對於感覺的感官，首先加以克制，飲食和身體的動作，凡不合誡律的都不能行。進而克制感覺的情慾，克制貪慾，克制想像，克制記憶，克制快感。使人的心身內外，都能清潔純淨，心中沒有一項不合倫理的想念，外面沒有一種不合倫理的舉動，在祈禱方面，放棄語言祈禱和思考的默想，採用無言而一念的默禱。這種對於感覺的內外克制，是一種整理，一種清除，一種聖化的工作。人心經過這一番整理、清除、聖化的工作，適當地預備和天主相結合。但是必須經過另一番同化的工作，人心須要靠天主特別的聖寵，由天主來整理，清除和聖化的工作。在主動黑夜裡，人自己作主，人的意志是主人。為能同化於天主，人的意志要消失，要溶化在天主的愛，以天主的聖意為意志，天主作為人的主人。這是被動的黑夜，被動的感覺黑夜，天主撤去了祈禱或默禱時，心神所感受的安定甜蜜感，反而感到乾枯、苦悶、疑慮，似乎天主遠離了他。但是心中不亂，堅持願意和天主結合的愛心。天主乃恩賜默觀的聖寵，人心體驗自己的卑微，自己的罪污，自己在精神方面一無所有。同時體驗天主對自己的無限愛心，心中愛天主的愛，越往上升。越體驗天主的愛，自己越體會自己不敢當，自己不配，心中深感痛苦。因痛苦而深惡罪，而深願愛天主，把自己的意志，完全毀了，完全憑聽天主的定奪。這樣達到和天主的圓滿結合。

佛教般若的空和聖十字若望的黑夜，都為空虛人對事物的想念。佛教在信仰方面，信仰有佛，在哲學方面認定佛為唯一的實體(實相)，實體向外表現乃有萬物，實體即是佛，在每一物件內，人心便有佛，稱為佛性。人心因無明(愚昧)掩蔽了佛性，傾向外物；般若教人以各種方法，除去無明。以得智慧。得一分智慧，多一分清淨；人心清淨增多，心的智慧隨著上升，及到得道成佛。般若的空，一方面是認識的空，一方面是意願的空，達到圓滿的境界，則佛是一，又是一切萬有，萬有是空又是不空，佛是一又是多。人心的佛性呈現，人便成佛。

聖十字若望的黑夜，克除人的私心，完全以天主的心作爲自心，這種克除私心工夫，是用意志的努力，不用理智。人知道自己和萬物都是實在的，人和萬物的關係也是實在的；人要努力使這種關係的影響反乎尋常，引起痛苦的要引起愉快，引起快樂的要引起痛苦；使人的行爲不受理智的領導，而受信仰的引導。再向前廢棄自己的意志，以天主的意志爲意志，自己完全被動。因著信仰把自己的意志融會在天主的意志內，一切聽憑天主的定奪。

般若和聖十字若望都引人最後空虛了理智和意志，由般若而入涅槃，人自己消失了，存在佛身中，聖十字若望引人到和天主圓滿的結合，人的自我存在而提升超性界，理智和意志的功能達到最高點，靜對全真全善全美的天主。

歌頌生命

教宗若望保祿二世，今年三月二十五日，頒發了「生命福音」通諭給全球天主教會人士，嚴肅地申明人類生命的高貴價值，譴責現代社會的功利主義，危害弱勢群的生命，呼籲全球好心人合力抗衛，使弱小無力的人可以生存。

生命乃天主最大的恩賜，沒有生命，就不存在，不存在就是沒有，就是虛無。天主從虛無中使一個物體成爲有，是愛這個物體。一根小草、一朵野花，福音上說都受天父的特別照顧；因爲一個生命生出來了，繼續須要天主的照顧，假使沒有天主的照顧，馬上又歸於盡，所以每個生命都是天主的愛心。我們信仰基督的人，受了領禮，分享基督的天主性生命。人的生命本來是按天主肖像造的，具有靈明的心，能知能愛，分享了天主性生命以後，更能參加天主聖三的神妙生命。愛慕全美全善的天主，生命的尊高，升入天主的生命以內，價值的高，超越宇宙萬物以上。在人世以後，還可在天和天主長在。

生命非常美妙，宇宙萬物連成一生命整體，山水日月風雲，變換莫測，朝陽晚霞，海畔湖側，景色秀麗，激動了多少文人墨客，作文稱羨。香花美草，飛蝶鳴禽，引起了多少詩人騷客，作詩詠讚。人的一生，從出母胞到白頭，從學話到作文，從哭涕到歌詠，從反省到默禱，這其間的變化，真是神妙莫測。舉目一看，高樓大廈，名勝古蹟，彫刻繪畫，核電飛彈，莫不是人的建設，人的生命美妙更創造美妙。

生命卻是非常脆弱，不用說狂風暴雨，吹倒樹木花草；一隻蝴蝶好好飛翔，小孩用一根小竿，就一下把它打死。一隻雄壯的獅子，狂奔怒號，獵人的一鎗就叫它倒地死去。一個強壯的年青人，胸廣體胖，心臟一停，就一命歸天。白髮的老人，更是風燭殘年。生命可貴又美麗，但脆弱無比。

教宗乃呼籲保衛生命。生命既很脆弱，怎麼能讓無理無情地破壞。

現在社會充滿了功利主義，一切以利益爲主，一切以功用爲重。老年殘廢的人，爲社會是一種擔子。久病不癒，中風癱瘓，木呆植物化的人，爲家庭是一件包袱。意外懷孕，強暴受精，畸形胎兒，妨礙母親的生活。功利主義便使用種種手段，殘害這些人的生命。首先對於全弱無能的胎兒，強迫墮出。胎兒無辜無靠，任憑殺害。教宗含淚苦求，生來就有愛子女的婦女，千萬莫要硬心殺害自己的血肉！這班純淨無罪而被殺的胎兒的血，從地上喊到天主台前，天主不會輕易放過墮胎的婦女和主張墮胎的政府，有一天必定爲胞兒伸冤！

沒有人世功用的生命，在靈性方面仍舊具有自己的高貴價值。他們是天主的子女，是基督所救贖。宇宙間的資源和人世的財富，是天主爲一切人用而造的。社會財富雖係人所積蓄，但財富的意義，依照造物主讓人有錢是爲供大家用。婦女可以和丈夫共同決定少生兒女，但應使用自然方法節育，且不可祇顧自己私人享受，而不顧民族的利益。

教宗呼籲全球人類建立愛惜生命的文化，使每人生命安遂天年。我們中華民族的傳統以仁道爲主，仁就是生，在天地爲生，在人爲仁。人得天地之心爲心，天地化生萬物，人應與天地和德，參贊天地的化育，愛護生命。

聖殿禱聲

少年鐘聲飄村田，
白鷺沙鷗齊起飛，
一日三報晨午暮，
暮鐘催人牽牛歸。

壯年聞鐘羅馬城，
白鴿群繞聖殿嬉，

鐘聲登床伴入夢，
夢魂常入祭壇煒。

而今白雲繞煙城，
汽車機車卡車圍，
了無鐘聲無鳥聲，
少年狂歌衝心扉。

民國八四年七月二二日

哲學大辭書

八月廿六日收到輔仁大學出版社寄來的哲學大辭書第二冊，我虔誠地感謝天父，恩賜這件好禮物，也非常地讚佩編委會負責人的辛勞。前年哲學大辭書的第一冊出版，我興奮地歌頌上主的仁慈，恩賜這一樁最艱難的工作，能夠達到完成的階段。

民國七十年七月廿七日首次召開了哲學大辭書籌備會，即開始組織編審委員會，隨後著手編輯工作，由李震教授任主編，擬定撰稿者名單和辭書條目，計劃辭書爲九冊，分中國、西洋、佛學三類哲學。辭書的編輯既然廣大，需要的人手和經費，當然很多，以輔仁大學一座私立大學的人事和經濟，一定不能擔負，我們便和中國時報出版部門接洽，談定了合作的條件，簽定了草約，後來卻因撰稿人選和內容審查，各有意見，便停止合作契約。我們向國科會申請津貼，國科會答說編輯辭書，不是研究工作，否決我們的申請。最後祇能向德教會的援外機構求助，取得了每年資助費用。然而資助不多，編輯委員會不能多用工作人員。在這種克難的窮苦情形下，編委會埋頭工作，一年又一年，不敢放鬆，更沒有失望。三年前，出版了《哲學字典》一厚冊，爲整齊劃一，大辭書的譯名和術語。兩年前，終於出版了《哲學大辭書》第一冊，我們沒有先要人預訂，沒有收預訂的錢。去年，原定出版第二冊，因關於佛學條目的稿子，不能如期取得，乃延到今年。佛學條目的撰稿人，在開始時我找不到，延遲延遲，到了兩岸交往相當開放後，才尋覓大陸學者撰寫，交稿的時間很難控制，我們卻仍希望以後每年能出版一冊。

哲學大辭書的編輯，為一種大型的學術研究工作，集合中西哲學史、哲學家、哲學思想作綜合而又分析的研究，加以撰述，供給研究哲學的人，一種基本而又圓滿的參考書。

輔仁大學為一綜合性大學，然以人文科學為重。在大陸時曾出刊輔仁雜誌。在民族學上具有國際性的學術價值，輔大停辦時，雜誌遷到日本和德國，我們希望再遷回輔仁大學。

在台灣和國際哲學界具有高度學術性的「哲學與文化」月刊，已經兩次取得教育部優良刊物的獎金。民國六十五年（一九七四年）三月廿三日傅佩榮先生給我送來第一期「哲學與文化」，這個名字是方東美先生取的。刊物原先的名字為「現代學苑」，「現代學苑」是我在民國五十六年（一九六七年）二月四日決定從台南遷到台北出版。「現代學苑」的前身為「現代學人」。民國五十年我到台南任主教，接過這個原在台北發行的刊物，改名「現代學人」在台南出版。連起來看，這個雜誌在台灣雜誌中資格很老了。我到輔大以後，這個刊物，成為輔大的刊物了。七年前，輔大設立了中西文化研究中心，以獎助金鼓勵教授作學術有計劃之研究，又在民國七十年設立中國天主教資料館，現在已成爲天主教史料研究中心，召開學術研究會議。

我常說教育部評鑑大學，向外公佈結果，祇以智育作根據，智育又以理化工技教學作根據，在大學的成績排列中，輔仁大學幾乎排在尾部，但在實際教育上，輔大不僅是在德育、體育、群育可以居別的大學以上，祇是人文學術研究也可以站在大學的前列。連「益世評論」雖不是純學術刊物，但各篇短文中都有哲學、社會學、政治學各方面的學理，而且作爲學校向社會的一種正式社會政治的雙週刊，在大學中還算是特出。

宗教座談會

民國六十二年（一九七三年）十二月廿四日聖誕前夕，聖公會龐德明主教邀請了台北各宗教領袖，到他的聖約翰堂聚會，到會的有于斌、羅光、王寒生、陳東慶、凌逸梅、譚國良，吉顯江、趙東書、江潮、張佩興、宋今人、李松蒲、王承通、宋今火、雷法章、謝松濤、葛程德明、趙家焯、賴河妹、朱道欽。聚會的宗旨爲聯絡各宗教，成立交談會，以佛教道安法師，回教謝松濤、理教謝東書、軒轅教王寒生、基督教龐德明，天主教羅光等人爲委員，次年民國六十三年二月十一日，在聖公會大樓舉行第二次會議，天主教由劉鴻愷神父代表出席，決定名稱爲宗教座談會，會員爲七宗教主持人，（第一次為六宗教，加上道教），召集人龐德明主教，祕書朱道欽。民國六十三年開了六次會議。地點輪流在各宗教辦事處。其中第四次在通化街天主教總主教公署。羅光總主教主持。其他各次會議，羅總主教請胡德夫副主教或房志榮神父代表出席。民國六十四年七月五日在通化街總主教公署舉辦宗教聯合演講會，以後宗教座談會常在總主教公署開會，常由羅光總主教任召集人並主持。爲在內政部備案，屢次派員交涉，都以已有宗教聯誼會，不宜再有宗教聯絡組織，且座談會名稱不適於長久性組織，內政部拒不接受。民六八年夏雷法章和羅光總主教親自往內政部和邱創煥部長面談，乃於民六八年九月廿一日內政部函復備查。那時天理教已經在內政部備案，也加入宗教座談會，會員乃爲八宗教代表。每兩月或三月開會一次。參加者常爲十到十二人，基督教雷法章、龐德明主教，後來張培揚主教和現在的簡啓聰主教，佛教悟明法師，回教謝松濤教授，理教鐘翔九總管，軒轅教代表都常到會，天主教袁國慰神父和馬天賜神父有時來參加。賈彥文總主教也代主持幾次會議，一種通訊錄也辦了幾年。民國七十九年我因身體不適，乃辭召集人之職，共推簡啓聰主教繼任。

近年因雷法章先生病逝，悟明法師，回教謝松濤先生年老多病，不能出席，座談會的通訊刊物也停辦，簡主教乃感到開會的困難。

宗教座談會歷年來開會就是宗教交談，開會氣氛非常融洽，對政府的宗教政策，大家常能取一致的態度，當教廷宗教交談主任委員畢業多迪樞機訪台時，座談會開會歡迎，畢樞機驚嘆在國際上這種座談會是絕無僅有的。

我現在擔任主任委員的宗教研究委員會，是文化復興運動總會的一個委員會，委員爲各宗教代表，爲學術性的委員會。三年來會經研究宗教與家庭倫理，宗教與婦女，神學院宗教教育，殯儀公祭典禮，佛教與道教的異同點。

我到台北時，胡德夫副主教參加基督教合作委員會，但天主教不是正式委員，祇是贊助員。兩年後，路德會主管張牧師催迫我接受主任委員職，天主教乃正式加入該委員會，我連任一次主席，以後，賈、狄、單三位主教都擔任過主任委員。

亞洲主教團協會的宗教交談委員會，由我任首次主任委員，一直連任十年，我乃自動辭職，這個國際性委員會每一兩年開會一次，參加者均爲天主教專家，常討論原則問題，會後發表宣言。

從我的經驗裡，我體會宗教交談的幾種困難。

第一，當梵蒂岡第二屆大公會議提出宗教交談文件時，開始就受到幾乎全體傳教主教的反對，反對的主教大約七百人。反對的理由：若是認同各個宗教都有救恩，信徒都可得救，何必向教外人傳道，傳教事業，化爲空。後來經解釋，宗教交談爲生活交談，天主教人和其他宗教人士，互相認識，互相友好。在回佛教的國家，天主教能有平等待遇，在天主教國家，別的宗教，也就有平等待遇，在開始反對的主教，才勉同意。

第二，亞洲的主教對宗教交談不感興趣，神父們也少有感興趣的，當教宗若望保祿二世第一次來馬尼拉，馬尼拉辛樞機召開亞洲傳教牧靈會議，宗教交談組由我任主任，參加的主教，僅只有斐濟的一位主教，其餘有五位神父專家顧問。

第三，爲交談，沒有對其他一種宗教，有專門研究的主教神父，參加的人也不感到興趣，因常聽宗教人士談教義教儀，聽來聽去，常是那麼一套，對於不多研究的人，實在乏味。所以要緊培植專業人才。就如天主教本地化，和本地神學，原則大家都知道，也談了多年，就是沒有專門人才，便不能實際去做。若是一知半解，反而招致人家的反感，教外人的譏刺。

一、週　年

當年雄心擴天國，
單身單箱到台南。
台北一番三十年，
塵暗主教紫衣襤。

教未傳，
髮先白，
情何堪，
誰料今生夢衡陽，

身老台北滿腹慙。

民八四年九月八日
初到台南就職週年

二、牧廬

少年出紅塵，
半生住永城，
台北後半生，
牧廬白雲盈。
晚年事不閑，
多伴經韻聲，
心天長一色，
新月白露清。

民八四年八月三十日

婦女的家庭責任感

聯合國第四屆世界婦女大會，已經在十月十五日閉幕。來自一百八十多國的一萬七千多代表，討論十二天，最後宣佈「北京宣言」和「行動綱領」兩種文件，教廷代表團團長安格雷頓·馬麗女士聲明教廷接受文件中有關貧窮、教育、和平、資源、發展的部份，但反對有關健康的一章，因為過於強調性生活。在代表團出發以前，教廷的指示注重家庭、婚姻、家庭工作各項問題，在閉幕文件中，沒有佔重要位置。

這次婦女會議的結論文件，將來若能脫離以往文件的檔案命運，能得見諸實行，為提高婦女在社會的角色，必有好的影響，但在時間上則不知道「待諸何年」。在台灣今天社會的趨勢裡，婦女問題的基本點，是一個負責的問題，就是對家庭的負責。當然負責家庭，也是男人的責任，不過目前問題的情況，特別凸顯出女人的一部份。

在目前台灣社會，新新女子的生活形態，凸顯出不結婚，寧願單身，寧願同居，不願結婚。有的結了婚，不願生子女，最多生一個。

這個情況的來由，是心理上認為婚姻是一套鎖鏈，子女是一大包袱。逃避婚姻的第一種方式，爲單身生活。心理學者解釋逃婚是「懼愛」，很多逃婚的人懼怕愛人，也懼怕被人愛。越逃越怕，到了後來沒有勇氣面對婚姻了。心理學者又說，在逃避婚姻的人，愛和恐懼相偎相依，希望愛，但又怕，心不能安，便不能有幸福。

單身女郎，不都是「懼愛」，而是求自己的自由和享受，稱爲「單身貴族」，然而中國時報九月三日有一段報告，標題爲「單身非貴族」、「獨身非主義」。一些時髦單身貴族經過幾年的生活經驗，體驗出這樣的單身根本不「貴族」，也不「黃金」，簡直是「廢鐵」，實際上單身貴族表面上不結婚，心中其實很想結婚，只是找不到適合的對象，在感情上有挫折感。有些單身族人只想做候鳥，跟輪流的對象都談戀愛，人變了心理氣候，就換人，傷害了人也害了自己。

同居和同性戀，祇是感情的結合，感情一旦變了，就各自分散，自己心靈不安，害得社會也不安，很可悲的是他們或她們良心上並不覺得犯罪，社會輿論也矇著良心替他們或她們喝采。

男人、女人生性喜愛子女，結婚不願生子女者很少；而且不願結婚卻願作單身媽媽。但是目前獨生子或女的家庭日漸增多，女人嫌多胎困累，一胎就夠了。可是獨生子或女在父母雙倍關愛和壓力下，人格的養成，所有的問題很多。中央日報本年九月十一日，有一篇專欄文章討論這個問題，獨生子女要求有好待遇，有享受，習慣作自己喜好的事，怕挫折，人際關係冷漠。父母在他或她小時候必須特別予以教育，避免這些不正當的心理，可惜的事，是目前專心教育子女的父母太少！

假使你嫌天主教或儒家傳統過於守舊，過於鎮制你的自由，你便走到道家的自然主義，把一切的人造禮教制梏都打破，你找到什麼呢？你找到男女天性要同居，天性要生子女，天性要有家庭。所以在原始的民族裡找不到沒有家庭的民族。

假使你追求滿足、追求幸福，獨居心靈的空虛，離婚心靈的挫折，獨生子女對心靈的緊張，同性戀或同居的心靈不安，都不能使你滿足或幸福，自然地接受人性的指示，在家庭的門窗以內，你可以獲得生活的溫暖，工作的支持，心靈的安定，這就是人生的幸福。

我們獻身於基督的獨身男女，我們須要在時刻和基督相連心和基督的心相結合，然後覺得在天父的精神家庭裡有愛的溫暖。

對外語的經驗

報載教育界和家長已經有共識，在國民小學開始教外國語。外國語越在年輕時學，越容易，越輕鬆；但同時，也越容易忘，越難有成效；按照課程表一星期內兩節或三節外語課，像習行已久的國中高中，外語課的成效，不等於零，就等於近乎零。爲了聯招考試，學生祇好埋頭往補習班補習。因爲學外語，想要學好，必需用密集的方式，天天要讀，天天要習。輔仁大學的外語學院對於第一年新生，就採密集教學。

我也向大家談一談我對學外語的經驗。

今年六月卅日，我在天母本堂被邀向外國聖職人員講中國哲學大綱，我用蹩腳英語講了八十分鐘，我問他們聽懂了沒有，他們齊聲答應聽懂了。我想他們客氣，其實大概祇聽懂了一半，因爲我的英文發聲原來就不好，又是第一次用英文講中國哲學，又沒有預先寫講稿。

我在羅瑪傳信大學教了二十五年中國思想史，前二十年用拉丁文講，後五年，用義大利文，沒有多大困難，拉丁文是我唯一專攻的外文。在衡陽聖心修院，三年初中，每天有拉丁文課，教文法；三年高中，每天也有拉丁課程，教寫作和會話，到了羅瑪留學，大學課程的講授和考試（口試），都用拉丁文，沒有語言困難。

羅瑪傳信大學住校的宿舍，組織是一種修院，專供教士住宿，學生都不是義大利人，用語則是義大利文，學校卻不開義文課，學生要自修。因此我們日常生活中，義大利文的笑話真多。最有趣的一條：一次，一個學生的長袍的衣領破了，他寫張紙條放在衣袋裡，叫工友把衣送給在學校服務的修女，他在紙條上寫著：「我的心破了，請你修補。」修女接到衣，一看紙條，臉上發紅，馬上找修女長上，長上馬上找經濟主任，經濟主任有語言經驗，馬上指出，衣領和心，在義大利文字母有些相近，學生分不清楚，便把衣領寫成心了。

英文和法文，我是自修的，雖然請了每種語言的兩位同學指點，但是發音總帶義大利文腔，都不正確，文法也不清楚，閱讀非常好，會話便蹩腳了，拉丁文正式學過，說、看、寫、都用來很舒服，到德國時，還可以用拉丁文同德國主教神父交談。德國老一輩的教士，拉丁文都好。第二屆梵蒂岡大公會議時，德國科倫的總主教樞機和教廷教義部部長樞機（義大利人），兩人常在大會開辯論，兩人又都兩眼失明，站起來，就用拉丁文發言，慷慨盡情，博得大會鼓掌。

我也曾學德文，第二次世界大戰時，我住在梵蒂岡城內一處德國神父宿舍裡，也請了一位德國老太太一星期三次來教。但是，當時心理上很反對德國，便沒有好心學德文，只能翻字典看書，現在很後悔當時沒有下工夫。

第二次世界大戰前，羅瑪教廷和天主教會的公共語言為拉丁文，外文為法文，大戰以後開始用英文。教宗若望二十三世正當其衝，他一生任外交官，習用法文，七十八歲當選教宗就溫習英文，指定教廷國務員一位愛爾蘭籍高級職員，每晚作助教，幫助練習發音，當美國總統甘迺迪官式拜訪時，教宗若望二十三世用英語致答問，當教宗從祕書手中接過英文答問稿時，幽默地微笑向在旁的正副國務卿細聲用義文說：「現在你們聽一聽這一遍漂亮的英文罷」，送走了客人，教導英文的職員向教宗恭喜，教宗笑說「老年人學英文，能夠過關，真不錯罷！」

現在交通便利，旅行方便，出國觀光者多，學習英文便不可疏忽，學習時，應該有好老師，每天要學，要練習。

最後，我講一個不懂一句外文，而能走遍天下的偉大人物的故事。我在駐教廷大使館曾經接待張大千畫師三次，畫師一句外文不懂，到以前，用電報通知謝壽康大使。到時間，謝大使到機場，進入大廈，直到登機的出入門口，張大千畫師長髯飄飄，長袍瀟灑地走來，還提著他的隨身水壺。他提水壺坐飛機，是在機上因語言不通，喝不到水，有一次，飛機先到，早晨很早，謝大使趕到入機門，寂然無人，查問入境護照檢查人員，問有無看見一位長鬚中國人，檢查員說「那位中國神父，我們要他進去了。」謝大使在出境處看到張大師，張大師說「他們看見祇剩下我一個人，護照檢查員對我招手，我拿出護照，他連看也不看，就讓我過來了。」謝大使說人家以爲你是神父。張大師說「在巴西，我走路，人家都口口聲聲叫神父，向我鞠躬，都托我這一領長衫所賜的福。」

一九九五年八月五日

雜感一

八五老人不事事，
長對祭壇靜靜坐，
侍兒端飯呼不應，
寧謐陽光天人合。

雜感二

松楓叢蔭一銅像，

孤單冷靜誰相問！
昔聳大門人群敬，
俯聽青年笑聲韻，
綠葉陽光殘照裡，
車奔人走流年運。
秋草黃花滿校園，
處處高樓誰主郡？

一九九五年十月十六日

青少年的煩惱

大成報本年十月廿四日在標題「孩子我願意」的一篇文章裡，述說一樁家庭事故，每個月有二、三十萬的家用錢的家庭，妻子還高興開店舖，丈夫事業大，每夜有應酬，一男一女的小孩，一直在富裕裡長大。一天，念國中二年級的男孩，竟因偷竊被抓進警察局，警察叫他的母親去領回，丈夫罵太太不管家，罵完又出去消夜了，男孩回家溜進自己的房間，母親來看時，他已熟睡了，母親嘆息說：「家裡面只有東西太多，不要的拿去丟掉，從來不缺什麼，孩子一直是心肝寶貝的兒子，你爲什麼沒告訴過媽媽，你的煩惱和不痛快」。中國時報本年十月廿四日曾有一篇報導，題目爲「當性話題泛濫到你家」，小標題「爸爸媽媽面對孩子怎麼辦？」報導中說：「第一個在國內積極推廣性教育的師大教授晏涵文，對於這樣的現象不但沒有喜悅，反倒感到憂心忡忡，他指出，性的問題從完全不能說，轉變爲現在的亂說，而亂說並不等於民主，中國中庸之道，應是有節制，現在幾乎已經沒有人說不能有婚前性行爲了，取而代之的是「豪爽女人」，「情慾自主」等論述。」

中國時報本年十月十一日，有篇「小心美的過火」，文章裡說：「撩人的封面女郎固然能滿足男人的幻想，但是這樣的女人，如果對男人單刀直入的話，男人的反應多半是嚇得發抖，落荒而逃，這也是漂亮的女孩很少約會的原因。一位前龐德女郎就表示，每當她開始跟一個男人交往的時候，這個男人總以爲她一旦碰到更有錢更英俊的對象，就會立刻變心，所以從來沒有男人用真心來對待她，另一方面女人也不喜歡跟太漂亮的女人爲伍，以免自己的老公動這種美女朋友的歪腦筋，總之美的過火的女人是最孤獨的動物，她無法獲得兩性之中任何人的真心喜愛」，男人所最欣賞的是女人友善的微笑，溫熱的眼神和幽默逗人的個性，女人的真誠和親和力，可以令人難於抗拒。

目前缺少父母的教育，電視把淫亂暴力引進家中，輿論鼓吹自由，喜歡做什麼，就做什麼，青少年不知道走什麼路，隨著社會趨勢和不良朋友勾引，青年犯罪率直向上升，在學校殺傷同學，打傷老師，在社會飆車殺人對抗警察，而且台灣機車少年騎士喪命率，世界第一。

另一方面，少年心靈最徬徨。大成報本年十月二十一日報載，根據台北市立婦幼醫院青少年保健門診近一年的統計，體型不滿意，情緒問題，臉上長滿「違章建築」是他們最常見的問題，而胖哥胖妹或「排骨酥」也是少年十五、廿時的煩惱，另外，去年青少年的自殺，門診中也發現，學生對壓力調適及放鬆方法，也是心中的煩惱，升學的壓力煩惱中最大，還有性慾的誘惑。

面對青少年的煩惱，我們不能責罵青少年，我們要幫助他們解決問題，輔導他們把心中煩惱說出，最好的又是最重要的方法是父母的照顧和教導，中國時報今年十月五日有一篇「母親的緊箍咒」，作者女權論者，抗議把青少年犯罪、飆車、吸毒、色情以至失業，都歸咎身兼職業婦女的母親或單親媽媽的失職。我們也真不能把青少年犯罪的責任，都說是母親的失職。原因很多，也很複雜，但是從積極方面說，父女，尤其是母親的照顧和教導，可以真正地使青少年向善，可以擋住電視誨淫誨暴的宣傳，可以預防不良朋友的勾引，當母親的不要發愁，沒有自己的職業定位和肯定，認定客觀的現狀，珍惜自己每日的生活，把思想放大彈性，眼光放遠視線，把握可以調適成長的機會，將發現全職主婦這條路是無限寬廣的，我借用大成報的「孩子我願意」那篇文章作者的話「孩子是上帝賜給父母最大的一項產業，世間人縱使有再多的美好追求，總敵不過孩子從呱呱落地到長成大人之間，一付出辛勞之後，得到的那份喜悅，好好珍惜這項產業，去耐心的陪伴和經營，縱使平添了幾絲白髮，也將成爲最榮耀的冠冕」。

一九九六年（一月至五月）

主婦的煩惱

主婦的煩惱真多哩！十一月一日號的益世評論有一篇林真寫的「女人如何過日子」一文中說：「無聊、無聊、無奈是許多女人生活的共同話題，單調、寂寞、孤獨是少數女人的生命寫照，心不甘情不願，卻又不得不禮尙往來，虛應故事，使得女人的日子變得苦澀難捱。……女人的日子不同於男人，女人生命之旅有其歷史包袱，社會壓力，傳統「相夫教子」及「賢妻良母」的話題，迫使許多女子身陷獨守空閨，盼良人的煎熬折磨而無法自拔，萬一不幸，遭人遺棄或生離死別，更是惶恐莫名，忐忑不安。」

十一月四日，中國時報有一篇「台灣夫妻失和爲那樁」？文中說：「在台灣，夫妻失和的因素很多，金錢問題首當其衝，是最主要的根源。根據千代文教基金會的調查，容易發生爭執的夫妻，家庭較有暴力。在這些人中，有三成四的人表示，因爲家中金錢的支配問題，常常與配偶爭執，也有二成七的人表示收支不能平衡，是常爭執的原因，此外『兒女的教育問題』、『配偶不幫忙做家事』、『一方忙於工作，忽視家庭』、『對方飲酒，吸煙賭博』、『對方用言語羞辱』、『生活習慣不同』，也都名列前茅。」……千代基金會表示，有暴力的家庭，家人間的連接相當薄弱。當一個人在工作或生活上遭受不如意時，無暴力的家人，有八成八會給予安慰，有暴力的家庭，只有六成三會這樣做且有百分之六十三的家庭，其家人會「惡言譏諷」。

十一月裡中國時報有一篇「有自己的丈夫，又怎麼樣？」是女性主義何春蕤寫的，她說：「當妳無助、痛苦、寂寞時，譬如颱風之夜，妳感冒發燒家中有竊賊潛入……他不能來陪妳，助妳一臂之力，因爲他要陪老闆、陪客戶，他更可能在陪朋友唱KTV、打麻將、喝啤酒，你無法陪他進出公共場合，只能自己在家照顧孩子、整理家務，沒有機會打扮自己，妳只能做一個活在他背後的黃臉婆，……千萬別以爲把『婚姻』放在前頭，什麼事都得忍耐，用『婚姻』來做擋箭牌還是有可能萬箭穿心的，套一句豪爽女人的話『婚姻啊！多少罪惡假你的名而行。』」

十一月五日，中國時報有一篇避孕生涯規劃的文章，文章說：「人類做愛頻頻，但只有極少數的時候想生小孩，避孕因此成爲一個重要的課題，避孕方法林林總總，已有數十種，不過真正有效，而且容易爲大眾所樂於採用的，則寥寥可數。尤其每種方法都有利有弊，而且對於某些人而言，有些方法可能不適用，因此如何選擇適當的避孕方法，實在是現代人從青春期到更年期都該了解的大事」。

女人的煩惱真多哩！我抄了好幾段的報紙文章，因爲是我一位老年的修道單身主教，自己不懂得女人們的問題，只好用親身有經歷的人所作的報告，作討論的資料。爲提議協助女人減輕煩惱的方法，我還是怕「隔靴抓癢」，便先引用別人的經驗，最後我說幾句「老生常談」。

十一月五日中國時報的家庭生活週刊上說：「務實的婚姻生活，並不是只有柴米油鹽醬醋茶而已，且包含了更多的退讓，睜一隻眼閉一隻眼，包容與寬恕的藝術。如果你是個正在考慮結婚的人，建議你，和情人安排一次長途旅行，在旅途中學會認識彼此。如果你已經在籌備婚禮了，請開始學會淡忘過去的濃情蜜意，面對真實的人生。如果你是個新婚人，學會撒點謊，學會道歉，以及學會信任，將是你一輩子都學不完的課題。」

大成報十一月四日的家庭婦女欄，登有孫越的體貼伴侶的指示。「宇宙光終身義工孫越就是一個能夠爲另一半而轉圜自己夢想的體貼伴侶，……孫越認爲，人生原本就有許多遺憾，只要能夠轉換自己對得失的詮釋，自然就能以另一種心境看待必然的遺憾。」

大成報十一月六日有一篇「新同居分居」：「新分居是對於傳統婚姻封閉面的一個反

動，婚姻並非完全佔有，相對的，它需要有各自的空間，在婚姻中是絕對不能消滅任何一方的人格，所以對婚姻的態度是需要有絕對的忠誠與倫理性。『新分居』並非是要夫妻相隔兩地，飽受相思之苦，而是一種精神上，生活上所保有獨立空間，婚姻雖然是男女兩人緊密的結合，但仍需要擁有獨立人格，互相尊重，互相體貼」。

抄了許多人家的話，我最後說幾句「老生常談」。

天主造了人類，沒有造痛苦，沒有造煩惱，而且沒有造死亡，「痛苦、煩惱、死亡，是人類的罪過招來的，幾時有人類，不免有罪惡，不免有痛苦煩惱和死亡，基督降生救人從罪惡中出來，以痛苦、煩惱、死亡，作爲罪惡的補贖代價，使痛苦和一切不順意的事不作負面的包袱，而作積極面的補罪價值，人不要怕受苦，且可以安心接受。

人生來有求幸福快樂的天性，雖因人類罪惡和自然環境阻礙，而不能獲得，但是人要努力去爭取，在合理的範圍內，能得幾分就得幾分幸福。主婦爭取幸福快樂的合理範圍，相當廣闊，向丈夫爭取，向子女爭取，向自己爭取。婚姻的幸福，須要每天去爭取，爭取的方法和方式，只要合於倫理，都可採用。然而不是女權主義者所宣傳，丈夫外遇，妻子也就外遇，這種方法，不是爭取幸福，是爭相增加煩惱痛苦，主婦本人在目前有爭取自身幸福的途徑，看書、看報、進修班、插花、烹調、社區工作，宗教信仰生活。

宗教信仰生活，適合每個主婦。不識字者，忙碌無空者，智識高者，生活清閒者，都能每天有自己的宗教信仰生活。相信人世的幸福和痛苦都是一過即逝的，十年、二十年、甚至四、五十年，也都要過去，身後永福才是永久的。心中有信仰，便有天主，有天主在心裡，天主必會施恩，使在煩惱痛苦中心神安定，在安定中可有快樂。

銀髮族的煩惱

根據行政院主計處目前所公佈的統計資料，在全國五五六萬戶中，有7%的比率是單身戶，單身族中銀髮族最多，又根據專家的估計，在公元兩千年時，台灣老人比例將佔總人口比率的8・5%，因此大家都感到銀髮族的生活將會是社會重要問題。

銀髮族的煩惱，我不要藉報章上的報告去認知，我自身可以有親身的感受，因爲我的髮已全白。

銀髮族的煩惱，首先來自心理上的感受，退休以前有工作，心理上有工作能力，有受人重視，有對社會有貢獻的感受，退休後，這種成功的積極感受消失了，感到自己工作能力退化了，不能做計劃也沒有人來問了，自己感到成了廢物，心理上一片灰暗。退休以前，工作忙碌，退休以後，不知該做什麼，不知要做什麼，而且沒有事情可做，從忙而閒，心理不能適應，還有原先忙著不回家，和家人疏遠，家人習慣不常相見相聚，退休以後，一天常在家庭，子女反而不習慣，看爸爸常坐在家裡，自己一方面也不能馬上適應這種家居生活，若是銀髮族喪夫喪妻，心理的孤獨感受非常深。

自身體方面，銀髮族的煩惱，隨著年歲的增加，逐漸添多。身體行動不便，不便單身出門，須要人幫助，老年人身體常有病，病在醫院，病在家，都須人照顧，慢性病，中風癱瘓更不能缺人照顧。

單身的銀髮族，心理孤單，身體孤單，滿腹悲哀。

但是煩惱不是造物主天主所造的，而是人自己所造的，人自己所造，人自己應該解除，不能說老年人生命就是煩惱和悲哀。

壯年人就要想自己的銀髮時代，生活就要有計劃，就要在公事外有自己的生活，我一生不贊成大家所稱讚的以工作地爲家，以學校爲家，以工廠爲家，以辦公室爲家等等，那是公私不分，工作力不平衡，喪失了自己，壯年工作時，在工作時間以內，盡力去做，但是辦公室的事不帶回家，自己在家要有自己的工作，我有祈禱、有讀書、有寫稿、有畫畫、有養花，退休以後，決不會不知道要做什麼，決不會不知道怎樣遣發時間，現在社會各方面的社會工作，需要許多義工，退休的人也可以擔任義工，而且社會正興起各種進修的學術班，銀髮族也能「學而時習之，不亦樂乎？」，三代同堂地相近，互相照顧，使「老有所歸，少有所養」。

在經濟第一的時代，上面所講的解除煩惱的途徑，銀髮族手頭沒有錢，就走不通，政府和社會便要大力相助，用老人福利制度和社會服務組織，照顧老年銀髮人。

照顧的類型可分爲三種，家庭照顧、社區照顧、機構式照顧。家庭照顧由家人提供老人生活起居上的照顧，政府應發給老人福利金，使收入低的家人能減輕負擔，社區照顧由社區各項組織，協助本區老年人在家中接受照顧。機構式照顧則由各式的協助，安老中心供給照顧。據最近統計台灣省辦的公費的公私立仁愛之家，計有三十一所，私立安養中心約有一百四十多家，可供床位，不上一萬，其中公立私立公費因條件嚴格或服務較差，床位則虛空。

我看近月報章，多有報告和研究照顧銀髮族的文章，顯示社會人士已經體驗到台灣老人在社會形成了問題，將連在青少年問題上，兩問題的性質不相同，價值則都影響社會人士。

從教會立場看銀髮族問題，銀髮時期乃最寶貴的時期，爲預備進入永生的時期。人生的終極目標爲身後永生。少壯時期每人天天化於工作，很少時間想到人生目的，而且時常違背主誡，負有罪債，退休後，手頭清閒心頭少了雜慮，就應該想起天主，想到身後，努力祈禱和天主接近，把病苦煩惱獻於天主，補償罪債。老年時不能爲天主做大事，也不能多做事，但是天主不看事，祇看人心，人心在熱或薄，熱心愛天主做事，小事成大事，無事成有事。

這樣，老年的生活可以免去煩惱，心靈安定。今年重陽，我給台北市長陳水扁一封短信說：「重陽日，承贈敬老金千元，謹致謝意，非謝敬老之金。謝敬老之情，我年屆八五，賤體尚壯，授理寫稿，祈禱獻祭，日以爲常，心情平靜，知足自樂，天主教信仰給與老人永生希望，不顧已往，仍看將來，老者與少年齊驅此白髮人之樂事，謹以奉告。」

爲使銀髮族享受這種安樂生活，我們必須協助他們進入這種信仰境界，若不能進入信仰境界，至少引他們安定自己的心，我們天主教會各種機構盡力設置老年康樂處，小型或中型的閱報、下棋廳房，替他們開辦進修班，發動或參加老人服務工作，給他們講解教義、指導、多做祈禱。

我在輔仁大學組織聖光社，擬由學校教職員中義工，爲新莊貧苦老人服務，因自己年老不能動作，聖光社的服務工作，不能開始。目前已有幾座醫學院，組織社區醫療服務，我真希望輔大醫學院與護理系、公衛系能有好心教職員，擔任發起聖光社社區服務工作，在上面我說不贊成以工作地方爲家，我又要冒大不諱說不贊成「十年樹木，百年樹人」的標語，十年樹木，樹沒有長成，就近砍伐了，樹要有百年生命，才真爲有用之木，栽培人，十年後就要有用，等百年以後，還有什麼人可用！說教育政策，是百年政策，教育就僵硬不化，教育政策每十年應檢討一次，我們政府有百年樹人，因此教育政策常是落後。閒話說完，話歸正題，我希望醫學院教職員爲社區服務，帶頭培育學生服務的精神。輔仁設立醫學院的宗旨之一，就是因爲目前醫師爲著薪金常集中在大醫院，中小型醫院聘不到醫師，立意培植服務的醫師，願下鄉到小醫院就職，聖光社服務社區老人，乃是這種精神的起步點。

現代人的煩惱

現代人最求享受，最求快樂；但是現代人最沒有享受，最沒有幸福。以往科學不發達，汽車飛機還沒有發明，中國人老死不離家門。家門內數代同居，父權管理生活，人們卻能安居樂業，自足多福。歐美人民雖不時有戰爭，然都能安於宗教信仰，家庭祥和。第十九世紀科學發達了，交通便利了，第二十世紀更是天下一家，一天之中走遍天下，強權野心人發動了兩次世界大戰，死了千千萬萬的人。人們則忘記了戰禍，個個尋求更愉快的生活，生活的工具更電動化，休閒的娛樂更情慾化，行動更自由，個人利益高於一切。婚姻不合就分離，子女更少，減輕負擔。錢是賺得多了，性行爲是放蕩了，生活的規律是破滅了，每個人炫耀著自己的尊嚴，青年人被人看不順眼，馬上動刀動鎗。看來每個人都了不起，看來每個人都抓住了自己的生命，都可以爲所欲爲。

但是，不婚的單身貴族苦著要做單親媽媽，離婚的父母苦著看破碎家庭的兒女，不滿丈夫外遇的妻子，拿著錢包去找牛郎，社會滿是搶竊，綁票，擠兌，倒會，學校也仿效社會欺詐，也仿效選舉。最後，滿街滿巷，鬧著選舉風潮，一次選舉，跟著又一次選舉，報紙電視滿是騙人、罵人的野語狂言，更不堪的爭著使同性戀合法結婚，喜氣洋洋地聲明愛滋病也是異性相近的產物。

　　這樣的現代人真正快樂嗎？坐汽車的人真正比坐牛車馬車的人更幸福嗎？搭乘飛機逛遍地球的人真正比不出門的人更幸福嗎？按理說，應當是更幸福。實際上，則是每個人的心都不安定，每個人的慾望都沒有滿足，而且每個人還不知道究竟該怎麼樣生活。這就是現代人的煩惱。

　　煩惱的來源，現代人不以人為人，而以人為畜牲，現代人相信達爾文的進化論，人由猿猴變來，不過是禽獸的一種，有什麼特別價值？既然是禽獸的一種，飲食和男女性慾便是人的生活，告子曾說：「食色性也」。人一出生，就面對死亡，有生必有死，既然這樣，人便盡量享受現在的一生，沒有來生的希望，禽獸以身體為主，人也不以心靈為重。可是身體在「食色」沒有規律，必要受傷。物質的快樂不能滿足人心，越快樂，心越空虛。多數物質慾望的人在一起，越使人心孤單。

　　我們要反過來，人是由絕對精神體天主按照自己肖像所造，靈魂直接來自天主，身體來自父母，心由靈魂和身體相結合而成，以靈魂為生活的根基，人不是禽獸，人是神的肖像，人的生活不在物質的享受，而以取得真美善為滿足。人間世的真美善，祇是局部的真美善，人心的欲望卻無窮盡，須要在身後靈魂歸於天主，能坐享全部整體的真美善才能心滿意足。

人不是宇宙的中心，也不是宇宙的主宰，所謂超人乃是心理的變態。天主創造了萬物，曾交與人類掌管，供人類的需要，但是須在萬物的物性規律以內，不能濫用，否則人自己受害，人，不是孤獨的人，他是生在人世，他的生命和別人的生命相連，和宇宙萬物的生命相連，要互相調協，常有平衡，以單身爲貴的人，不是渡正常生活的人，以個人利益爲生活目的的人，不是渡正常生活的人，以爲所欲爲而不顧旁人和社會秩序的人，不是渡正常生活的人。

渡正常生活的人，以心靈主宰身體，以獲享真美善爲目的，以個人和社會取得平衡，以愛心連繫別人和萬物，以心歸生命根源的造物主而常能安定，在心靈安定中乃有快樂，消除煩惱。

若不能達到這種境界，但能同中國古代的賢哲，以「上不愧於天，下不怍於人」爲樂，以面對自然的山水美景，作文詠詩，陶逸心神爲樂，以一林清水，一簞白飯，不貪不奪爲樂，以妻兒團聚，天倫和睦爲樂。這樣的人生，若能爲現代人，爲新新人類所接受，也可以解除現代人的煩惱。

新年話家常

在一年開始時，大家都希望在這一年中愉快地活著。在最近幾期的發行人的話，都是談人生活的煩惱，這一期新年後的發行人的話，要和大家談談生活愉快。

今天（正月三日）中國時報有一篇〈妳想心「乾」情「怨」過一生嗎？〉結了婚的女子，動不動就有罪惡感，怕沒有盡到責任。作者說是自己過分擴張了責任感，責任感是有建設性的，但過度擴張的責任感也有破壞性。

人常有生活的欲望，生活常有工作，每個人爲生活都須要做點事，每個人生活的環境不同，要做的事就不相同，但都要去做。做生活所要做的事，就是生活的責任感。一個人若什麼都不要做，祇做一些自己喜歡做的事，他的生活就不完滿。責任感是對自己生命負責，沒有責任感，就是對自己的生命不負責。對生命負責，做自己生活中該做的事；對自己的生活，每個人都希望愉快幸福，做生活中該做的事，便要愉快地去做，生活才會愉快。責任感便不是外來的壓力，而是自己對生命的負責，去做生活中該做的事，做時心情輕鬆，以求自己生命的發展。當然在實際上，外面環境常使做自己的事時，感到不是爲自己的生活去做，又常感到願意做好而不能做好；因此，責任感變成了外來壓力，不能負責時又產生罪惡感，破壞了生活的愉樂情緒。這時，便同孔子、孟子所說：「上不愧於天，下不怍於人。」就要心安意滿。照基督的指示，全心爲愛天主，遵奉了天父旨意，做了自己該做的事，便心滿了，而且爲天主做事，心情常會愉快。

今天（正月三號）大成報有一篇短文：「老二哲學」，說明不要常求第一位，「攀爬上頂峰，成爲人上人，乃是俗世常情，然而，高處不勝寒的強者寂寞，卻往往不經意尾隨而至。」還有樹大招風，容易被人擠下去，易經乾卦的第六爻，便是「上九，亢龍有悔」佔在頂峰，動頓得咎。大成報的作者說：「所以，在一片『大哥大』的熱動熱潮中，也許『老二哲學』可以讓我們過得泰然自若些……無欲無求，知足常樂絕非消極，相反的，能夠誠心誠意擁抱生命中所有過往的瞬息，才是大氣魄」，這種氣魄乃是《中庸》所說：「君子居安以俟命，小人行險以徼倖。」（第十四章）君子人安心在自己的地位，盡心做好自己的事；至於升遷乃上天的命，君子人平平心情聽上天的安排。小人則一心想往上攀，不安於位，使用所有手段，不顧危險，不守道德，結果，雖能得到所求，也心煩意亂，又易遭毀棄。

中國古人早就講過：心滿是福，隨遇而安。自己學習了隨遇而安。聖保祿宗徒在致斐理伯人書上就說自己學習了隨遇而生活，沒有錢過沒有錢的生活，有錢過有錢的生活，心中滿是快樂。天主教的生活觀，心不在現世的福利，心在愛天主而求永生的幸福，求錢求位不是天主教人生觀的目的，衣食足便心安了。

現在台灣社會天天亂哄哄地，有兩性問題。男女兩性本來要和平相處，平等相愛；現在社會卻把男女兩性問題，歸結到兩點：一、權利的爭鬥；二、性交的自由。兩點的爭辯和爭取的行動，又不按理去做，弄的婚姻不幸福，家庭不快樂，人的生活受了污染。

關於男女兩性相處之道，要回到人之所以爲人的道理上。人類天生有男女兩性，兩性爲互相配合以成完滿的生命。兩性平分，權利平等。兩性各有自己的特點，生理上，心理上，心靈上各有各性的特長，也各有各性的缺點，兩性的生活和權利，要配合各性的特長，不要採平頭的平等主義。兩性天然相愛，天然要結爲夫婦，天然要生子女。保持這些天然的要求，保持天生的特點，男女生活是幸福的，破除天然的要求，毀棄天生的特點，要求男女平頭的平等，實行自由放蕩的性交，男女生活祇有痛苦。我希望女權運動者肯定這兩點原則，希望講學校性教育者不要把性教育弄成性交誨淫，男女兩性生活該受教的事很多。

哲學者的責任

去年年底，十二月十日，中國哲學會年會，我卸下了中國哲學會理事長的職務，十八年的時間，擔任了中國哲學會理事長的職務，開始以駐會常任理事名義，兩年後，學會組織章程訂定後，即以理事長名義負責。當時已故張起鈞教授和還健在的嚴靈峰教授堅持由我負責，因我先有台北主教公署，後來有輔大秘書處作後盾，人手不會缺乏。十八年，學會舉辦了幾次學術會議，又派遣會員參加歐美召開的哲學會議，鼓勵會員創作。

近幾年輔大挍長李震多次赴大陸，和大陸多數大學哲學教授連繫，舉辦了數次兩岸哲學教授共同研討會。去年九月卅日，我參加了兩岸倫理學研討會，大陸與會教授十八位，來自大陸不同的大學，另有新加坡香港教授四位，台灣方面，有三十位教授參加，我在會場說了幾句話，以倫理問題乃兩岸目前最緊急又最重要的問題，哲學者應該站出來說話。在哲學與文化月刊今年正月號，我寫了一篇簡短社論，說到這個問題。我把這篇社論，轉載於後，供大家參考。

哲學與文化從十一月份開始登載這次在輔大舉行倫理研討學術會議的論文，大約連續三期還不能刊完全部論文。

研討倫理問題，在目前的哲學界應當看爲最適當也最需要的工作，中國傳統哲學以講論「人生之道」作爲主要對象，以形上學作爲根基，道家以「道」作根基，儒家以「性理」作根基。今天我們講哲學，當然要擴展哲學的範圍，和西方哲學相配合，新儒家就是在做這種工作。

但是對著目前的社會，完全摧毀了傳統的倫理，大陸因唯物辯證論的矛盾作法，把傳統倫理作爲對立的敵人，一切都予以蕩平。台灣則因著自由的放蕩，推翻了一切傳統的倫理規矩，祇看近日台北報章的消息，兩個十八歲十九歲的青少年女性殺一個十八歲的少女，加以分屍掩埋。一個十五歲的青年強姦三十四歲的少婦。一座橋下挖出五具嬰屍，判爲私醫幫助墮胎。全台灣十五歲到十九歲的青年女子，一年生產三萬多嬰兒，大都爲非婚子女，教養發生問題，若看經濟界的欺詐、盜用公款、非法倒會，還有青年男子坐檯作牛郎。這些青年將來成爲社會的主層，社會還有什麼倫理道德可言！在教育界，中小學學生打傷教師，學生彼此暴動；大專學生和教授把學術政治化，學校鬧選舉。

面對這些事實，有責任講倫理的人，卻不知怎麼講，而又不敢講。

講倫理而除掉「人性」的「率性之謂道」，便祇講公益，把義作爲公益，利作爲私利。

立法院立法就祇看公益，不講倫理，社會則祇講私利，隨各自的心意，既然這樣，須設法講倫理了。而且社會風氣造成了潮流，大家不敢逆著潮流走，目前談男女兩性的文章最多，而是把「性」和「性交」連合一起，「性」就是「性交」。所謂性教育，就是性交教育。目前，婚前、婚外、非婚的性交，誰也不敢說是惡、是不道德。社會提倡女權的人，又高談「性高潮」、「性放浪」，以豪爽女人自稱。若有人反對或批評，就被冠爲衛道的老朽。

講哲學的人，現在應當站起來，無論傳統或新時代的倫理，總有一種長久的基本原則。基本原則在於「人之所以爲人」，人的生活要是人的生活，而不是動物植物的生活。

哲學不是空談，也不是玄想，事事追求根底，追求人生的根底，指示人度人的生活。對於目前的社會，我們負有這種責任。

恭賀農曆新正，平安幸福

農曆新正就到了，大家習慣拜年，昔日恭賀陞官發財。錢和官並不代表幸福，而且常帶來煩惱和罪惡，俗氣很深，現代人們賀年，多多祝福平安幸福。

人活著誰不想安安寧寧地工作，卻常感到工作環境的不安定，誰不希望擁有一個安樂的家庭作為心靈的避風港，卻常遇到婚變和代溝。誰不追求愛情的圓滿、事業的成就、地位的提高？卻常遭到誤會、絕情、嫉妒的種種阻力，到了老年，誰不想望親人的照顧和關懷？卻常悲怨子女離散，伶仃孤單。人生究竟是苦是樂？究竟有什麼意義？

人生是愛，愛有苦有甜。

宇宙萬物是上天所造的，宇宙萬物中最高最優秀的是人，人是上天造物主按照自己的本性所造的，具有心靈能思想，能自主，能愛恨，造物主造人，要人享福，沒有罪惡，沒有病苦，沒有死亡。人卻是愛自主，不願遵循造物主的誡命，背叛祂成為造物主的敵對，因此失去了上天造物主的愛，喪失了造物主的恩賜，而受罪罰，病苦，勞累，和一切罪惡都集到一身，於是人生成了痛苦之淵。上天造物主憐憫人的苦境，遣派聖子降生人世，捨生致命，贖人的罪，更把人的心靈結合救世主的心靈，享有聖子的心靈生命，成爲上天造物主的義子，稱上天造物主爲天父，再獲得上天造物主的愛，重新接受天父的恩賜。聖子救世主就是耶穌基督。

耶穌基督三年講道，宣講人類生命的意義，揭示人類生活的幸福。耶穌的宣講紀錄，就是天主教的聖經，稱爲福音。福音告訴人，人的生命是永久的，因爲人的心靈依照古代荀子所說，是虛而靈，不是物質，而是精神，精神體受造後，自己不會消滅，除造物主以外，也沒有一個力量可以消滅他。造物主造了人，愛自己所造的人，又救人脫離罪過的傷害，使人可以達到生命的目的，人生來愛身體的舒服和享受，造物主把所造的宇宙萬物供人使用，人生來追求真理、美麗、善德，古來孟子就說仁義禮智，是人心靈生來就有的力量，要由人自己去發展，但是人的一生，從古到今，一直到將來，都不能由宇宙和人世，取得人心對真善美的滿足，尤其善惡賞罰的正義，在人世無法完全實現，因此人身後靈魂永久生存，回向造物主，認識造物主的絕對真美善，體驗造物主賞罰善惡的正義。

現世的生活，有重大的意義。從母胞出來後，人生活在世界上，身體逐年成長，心靈漸漸發展，身體有衣食住各方面的要求，心靈有求知求愛的傾向，能夠得到這兩方面的需要，人就會心裡滿足，覺得幸福。這種幸福是人生性所追求，乃是造物主所定的，是好而合情的。但是身體對衣食住的需要和享受，有應當的限制，超過了限制，人的身體就會受害，心靈方面在知識和感情兩方面的發展，要走正當的途徑，若是走偏了，心靈也會受到傷害。天主教按照基督福音的道理，指示人求現世幸福的路途，幫助人克服困難。困難的來源，首先是各人的慾情，又有旁人的鬥爭，再又有環境的艱苦和各種病痛，基督救世主勉勵我們，協助我們，安定我們的心靈，堅強我們的毅力，使我們在順境和逆境中，心常滿足知足而樂。而且陪伴我們走過人世的路程，引導我們進入永生，達到生命的目的，欣享天主的絕對無限的真美善，享受永福。

諸位父老兄弟姊妹和弟子們，歡迎你們來聽基督的福音。

不吉利—吉利

今年元旦，我慶八十五歲生辰，第一位送來一盆多而美的蘭花，竟寫著某某敬輓，大家看不吉利，十八日晚農曆除夕後，痰堵呼吸，幾乎畢命，這更不吉利，年節第二天就趕著進醫院，心屬不利，便以今年我不吉利，是個凶年。平常的事也向這方面想。

在家服務的黃清泉司機和妻子同兩子女回家過年，因我住醫院乃請他們，馬上回台北，他們過年的第三天就動身，午後兩點打電話到我家報告已至西螺，但當天晚上十一點半，走了九個鐘頭還不到，莫非出了車禍，心頭很不安，再過三個鐘頭，才來病房說平安到了。感謝天主，沒有添了一件不吉祥的徵兆。

廿八日午後五點，清泉的兒子柏芳來到醫院，因爲他放學回家沒有人開門，他想媽媽在病院照顧我，但他的媽媽已經回家快半小時了，柏芳留在病房陪我吃晚餐，我給他一半的飯和菜。吃了以後，打發他回去，法蒂修女從我的病房打電話回去，阿泉接電話他問妻子阿珍在那裡，修女告訴已回去一個鐘頭，清泉說家裡沒有人，他從學校回來，是由三樓修女開門。法蒂修女和我怪阿珍跑那裡去了，但是她普通不會跑開，等一會，法蒂再打電話回家，沒有人接，阿泉也不在結果她是到家看到柏芳的書包丟在後門裡，想他到附近同學家去找，阿泉聽說太太不在病院，便出去找，沒有，還是回家，這樣大家還是在家中相見，我的心也就平安了。

不吉利，因爲報告死亡，死亡不是不吉利，而是每人生活的終點，前年台灣興起講死亡的風氣，現在已經平息了，死亡每人都有，爲生活終點，然而終點祇是對現世生活說，實際則是一個關卡，過了關卡有兩條永恒的路，一條歸向天主，和天主永恒生活；一條是遠離天主，和天主永遠隔離的生活，即是所謂天堂地獄，死亡的意義，在於死亡以後兩條路的選擇，這種選擇要在死亡以前的現世生活中決定，我既有死亡的預告，又是老人的風燭殘年每一刻，都可以死，因此，人世的事物對我已沒有可貪可戀可怕的意義。每天每刻所想的，是和天主同在，所做的事，都遵守天主規誡，都爲愛天主而做。所有痛苦和不順心的感受，都奉獻於基督和基督同受苦，爲補償罪債，心靈超越人世之上。

況且，我現在的生命，是從死中再回來的，是天主特別給我的，在年飯後，痰堵氣管沒死，是天主大恩，因此現在的生命已經不是普通的生命，而是要時刻歸於天主的生命。

不吉利的預兆成了很吉祥的恩惠，警告死期將近，指示一心歸向天主，激勵以痛苦償罪，好好渡過死亡一關而邁向永恒，結合天主的生活，豈不是最吉祥的恩惠嗎？

教宗若望二十三世，非常幽默，也常對自己幽默，當他慶祝八十一歲大壽時，在傳信大學聖堂行祭，我因在羅瑪參加大公會議，便到母校參加教宗聖祭，聖祭畢，教宗向大家致謝，引用古經住若伯的話：「主賞賜了我生命和慈惠，主的恩惠保全了我的精神。」教宗很樸實地說：「所引的這段話是聖教會追思亡者，所唸經文，大家不要以爲不吉利。在自己壽辰，自己引用追思亡者的經文，決不以死亡爲不吉利。另外一次，教宗接受和平獎，和平獎由義大利總統和瑞士總統所送，接受典禮，在梵蒂岡隆重舉行，義大利總統親自送獎章，教宗接到獎章，自言自語地說：「一切都和平安息，獎者和受獎者，都安息於和平中。」「安息和和平中」乃是聖教會祝福亡者的祝詞，教宗自己祝福自己平安去世，認識生命意義的人，不以死亡爲不吉利，而乃是永恒吉利之門。

務實內政，務實外交

躺在榮總病床上，心不想外面的事，也厭惡電視的選舉的嘈雜；但是心不能忘記全中華民國的命運，一心求天主垂憐，保佑全台灣人民，我求天主在選舉風暴──這次選舉真是一場風暴，平息以後，塵埃落地一切進入憲法軌道，當選總統職位的全國領導人，必要靜心，務實內政，務實外交。

務實內政：首要督導政府，並且自身作則，提升社會倫理。近月因著各種因素，社會紊亂，首先是經濟界擠兌，夾款潛逃，趕買美金，再則是火災連起，多為人為縱火。又多次假造鈔票，大量走私軍火和毒品。在此之外，競選時的言論和態度，失盡了傳統君子相爭之道，造成攻擊，誣害的市井小民的潑婦罵街。今後務實的政府，關於社會倫理道德生活，必須切實改正，更不能假藉黨的利益，把社會道德工作政治化。

務實內政：重要在提升經濟，不容否認，近年台灣經濟沒有繼續向上，原想成為東亞經濟運輸中心，沒有達到目的，今後政府必須在經濟上多費心思，而不是在黨的政治上多費心性。產業升級，是必要走的路。科技研究，更不容緩。

務實外交：外交須有實力基礎，武力是一種基礎，政治力是一種基礎，經濟力是一種基礎，中華民國的外交，以經濟力爲基礎。近十年來，亞洲四條小龍，在國際舞台上己有地位，前一兩年，歐美和中華民國的沒有國交的國家多有派部長來台，接洽商務。中華民國的商務代表遍在歐美各國，再加上中華民國在文化上有實際基礎，故宮博物院的典藏是我們文化的寶庫，我們的文化代表也駐在多處。

務實外交必須在經濟和文化的實際基礎上往前走。決不可在沒有政治力的空氣中，進行政治化的泡沫外交。總統出國新聞，沒有政治基礎，祇在國際新聞放出一個小孩玩的泡沫，進入聯合國，沒有政治力絕對打不破中共的否決，一些友好國家人士大聲喊一喊，也等於幾點泡沫。要緊，藉著經濟和文化的基礎，先進入聯合國的文教，糧食，衛生國際組織。

一切務實，一切靠我們自己，不可因中共演習，美國干涉，我們以爲自己有了靠山。我們失了大陸，就是因靠美國。有了經濟力，有了文化力。有了倫理這樣的社會，中華民國不要怕外國承認，將來他們自然因著本身利益來台北設館，我們沈著氣等著看。

悅樂—樂觀

程顥和程頤開始求學時，老師命他們研究顏回的悅樂精神。顏回居陋巷，吃白水清粥。孔子說人不堪其憂，回則不改其樂。顏回是樂道，自己知道人生的意義在心靈的安寧，心安而足，知足而樂。

人生的憂苦，就是來自不知足。人世的不足，是物質，物的不足，物質的物有量有限，但對於身體可以增加舒服，大家便都爭取。物既小、爭者多，當然就不足，大家就心不滿，乃就不安，就不悅樂。

人的心靈不是物質，所需要的也不是物質，從心靈的生命，雖然希望無窮，但因希望的不是有限有量的物質，而是無窮的精神，大家便不必爭，隨便自己取。取得了，心覺滿足，足而安，安而樂。

顏回的悅樂，就是取得了心靈的需要。儒家從孟子解說心靈的需要，在發揚心靈的生命，心靈的生命，爲仁義禮智四德。儒家傳統便以修德爲悅樂的基礎。

然而儒家在實際生活中，並不循著傳統，而是以道家的悅樂爲悅樂。道家貴自然，擺脫一切人爲的制度，日與自然爲鄰。後代儒家學者常以遊山玩水，彈琴賦詩爲悅樂。

人生爲什麼要有悅樂，悅樂使人心身都受益。在心理方面，悅樂使心理生命正常，人際關係敦和。在生理方面，使身體輕鬆，飲食睡眠如意。在工作方面，愉快有趣。在心靈方面，精神愉快，心神寬闊。因此，對於生活，乃有樂觀。

樂觀的生活，才是成功的生活。悲觀的人，事事覺難，處處不安，勉強工作，很少有成。雖不悲觀，但對生活都看成遊戲，看作沒有價值，只作自己該做的。這種生活，沒有計劃，沒有事業。樂觀的人，才對生活事業，既作計劃，又有心，才能有成就。

可是真正事事樂觀的人，天下有幾個？因爲人世的困難真多，各方的壓力很大，非有堅定的悅樂心，決不能常有樂觀。

堅定的悅樂心，需要有堅定的悅樂基礎，堅定的悅樂基礎，必定要超出變換的世物以上，必定要是絕對的精神，就是造物主天主。天主造了我們，救贖了我們，指定了我們生活的目標，給予我們生活的工具，而且以天父的愛心，照顧我們。我們的生命要回歸天父，天父以基督引導我們。天父既不變，既不消失，我們與天父親近，心中便悅樂，悅樂常不變。

人世痛苦不能免，痛苦不能失，死亡也不能免；但是在痛苦和病苦中，我們同基督相連，以基督的愛心而受苦。死亡乃是基督救贖人類的祭祀，我們死亡，也是同基督一併行祭祀。死亡以後突出新生命，永遠常存。

我現在臥病在床，常默想人生的意義，想到上面所寫的悅樂和樂觀，在病苦中仍能悅樂樂觀，因此寫出供大家參考。

病床隨筆之一——信仰

在四旬齋期，在日課安日讀經，讀古經出谷記，以色列民族由梅瑟率領逃出埃及，在西乃曠野地週遊四十年。四十年裡，天主要求以色列人絕對的信仰，純粹的信仰，毫無依靠的信仰。西乃曠野是不毛之地，沒有水草，不產生任何食物，一遍無際的黃沙。

以色列民族四十多萬人，還有牲畜，要有水喝，要有麥吃，這些在曠野裡找不到，四十多萬人在這種境遇裡，急著失望抱怨梅瑟，梅瑟自己也一無所能，立刻轉告天主，天主說：「天主我是全能的，你用杖打石巖就出水，明天天明，天降瑪納，養育人民。」

以色列人起營走，又缺水，又抱怨梅瑟，天主再吩咐梅瑟以杖擊石取水，以色列人又抱怨，天天吃瑪納，平淡無味，想起在埃及吃魚吃肉，吃水果。天主這次怒了，雖然起風，颳了一大批候鳥墜地，使以色列人飽吃一個月，但是降罰地裂，天火，毒蛇，把抱怨的人，一概消滅，若不是梅瑟代求，全族人都要變成灰燼，連梅瑟自己稍微有些疑慮，也遭了罰，不能引以色列人進天主所許之地。

天主所要求的信仰，完全沒有一點人事的依據，純依仗天主的德能，普通人不能達到這種程度，祇有亞巴郎相信天主許給他無數的後裔。而甘心把一百歲生的獨生子奉天主命祭殺奉主，天主賞識他的信心，不要他殺子，讓他的後裔成了一個民族。